中国磁浮交通
基础理论与先进技术丛书

龙志强　翟明达　王志强·等
著

磁浮列车

状态监测、故障诊断与容错控制

Condition Monitoring, Fault Diagnosis and Fault-tolerant Control of the Maglev Train

上海科学技术出版社

内 容 提 要

随着磁浮交通技术走向工程化和商业化应用，人们对磁浮交通系统的安全性和可靠性提出了更高的要求，状态监测、故障诊断与容错控制是实现上述需求的有效途径之一。本书将中低速磁浮列车和时速 600 公里高速磁浮列车作为研究对象，以解决工程实际问题为目标，对磁浮列车的状态监测、异常检测、故障诊断以及磁浮控制系统的故障诊断与容错问题进行了分析和论述。

本书是国防科技大学磁浮团队承担北京和长沙等中低速磁浮工程项目、"十五"863、"十一五"、"十二五"科技支撑计划以及"十三五"重点研发计划高速磁浮课题相关研究工作的总结。国防科技大学磁浮团队历经 40 多年的技术攻关，完成了电磁悬浮原理研究、集成试验、整车验证、运营线建设与维护的研制历程。全书以准确的数据、大量的仿真和现场试验为基础，深入浅出地全面介绍了中低速磁浮列车和高速磁浮列车的状态监测、故障诊断与容错控制关键技术，可为磁浮技术在运载工具、旋转机械、军事装备研发中的应用提供参考。

本书对磁浮交通领域的系统设计、研究和运用维护的工程技术人员，以及高等院校相关专业教师、学生等具有较高的参考价值。

图书在版编目（CIP）数据

磁浮列车状态监测、故障诊断与容错控制 / 龙志强等著. -- 上海 : 上海科学技术出版社, 2023.7
（中国磁浮交通基础理论与先进技术丛书）
ISBN 978-7-5478-6221-6

Ⅰ. ①磁… Ⅱ. ①龙… Ⅲ. ①磁悬浮列车－设备状态监测②磁悬浮列车－故障诊断③磁悬浮列车－控制系统－容错技术 Ⅳ. ①U292.91

中国国家版本馆CIP数据核字(2023)第107488号

磁浮列车状态监测、故障诊断与容错控制
龙志强　翟明达　王志强　等　著

上海世纪出版（集团）有限公司
上海科学技术出版社　出版、发行
（上海市闵行区号景路 159 弄 A 座 9F - 10F）
邮政编码 201101　　www.sstp.cn
山东韵杰文化科技有限公司印刷
开本 787×1092　1/16　印张 15.5
字数 330 千字
2023 年 7 月第 1 版　2023 年 7 月第 1 次印刷
ISBN 978-7-5478-6221-6/U・142
定价：138.00 元

本书如有缺页、错装或坏损等严重质量问题，请向印刷厂联系调换

编委会

中国磁浮交通基础理论与先进技术丛书

主任

陈小鸿

副主任

（以姓氏笔画为序）

丁叁叁　王　平　周晓明　盛雄伟

委员

（以姓氏笔画为序）

万建军　龙志强　刘万明　闫晓言
李耀华　佟来生　张昆仑　徐洪泽
梁　潇　翟　鸣

前言

磁浮列车状态监测、故障诊断与容错控制

  当代轨道交通发展日益繁荣，尤其是城市轨道交通已成为人们关注的焦点，但是地铁造价昂贵，城市轻轨噪声又大。磁浮列车系统利用电磁力实现列车的无接触悬浮和导向，避免了传统铁路中车轮和轨道间的机械接触，克服了轮轨列车提高速度的主要障碍，减小了轮轨噪声，对改善交通运行状况将起到积极的作用。

  国防科技大学从 1980 年开始磁浮技术的研发，以常文森教授为代表的老一辈专家学者率领团队进行了 40 多年的技术攻关，使我国的磁浮列车技术从原理探索走向了工程化应用。近 10 年来，中国依靠自身的技术，先后建设了长沙磁浮快线、北京中低速磁浮运营示范线、湖南凤凰磁浮旅游线以及广东清远磁浮旅游线等。2019 年 9 月，中国提出"交通强国"战略，《交通强国建设纲要》指出要强化前沿关键技术研发，合理统筹安排时速 600 公里级高速磁浮系统等技术的储备研发。2021 年 7 月 20 日，中国自主研制的时速 600 公里高速磁浮交通系统成套装备正式面世。上述研究与应用为磁浮交通技术发展提供了坚实的技术基础和政策指引。

  磁浮列车根据悬浮原理可分为常导电磁悬浮型、超导电动悬浮型、超导钉扎悬浮型、永磁斥力悬浮型和永磁电动悬浮型等类型。这些类型国内外均有研究，但目前实现商业运行的只有常导电磁悬浮型磁浮交通系统。常导电磁悬浮型磁浮交通系统根据运行速度的不同，分为中低速和高速磁浮系统，中低速型磁浮列车最高速度为 120～160 km/h，主要解决城市内部的交通运输问题，造价与轻轨相当；高速磁浮列车最高速度为 400～600 km/h，适合作为大城市间的交通工具。虽然常导电磁悬浮型的中低速和高速磁浮列车在牵引、导向、供电以及运行控制方面存在较大差异，但两者的悬浮原理非常相似，均采用主动式的电磁悬浮原理，利用在车体底部的可控悬浮电磁铁和安装在导轨底面的铁磁反应轨之间的吸引力使列车悬浮。因此，常导电磁悬浮型的中低速和高速磁浮列车在悬浮控制系统的设计方面有许多相似之处，这也是常导电磁悬浮型磁浮列车的专有系统。本书所研究的常导电磁悬浮型磁浮列车,由于其为主动式悬浮控制,实现了车辆与轨道的非接触运行,因此带来了许多工程方面的优势。然而,这也导致每辆车的电气系统变得相对复杂。此外,大多数磁浮列车都采用多编组,这无疑加剧了状态监测、故障诊断和容错控制的任务负担及复杂性。

故而,本书以中低速磁浮列车和时速 600 公里高速磁浮列车为对象,针对磁浮列车的状态监测、异常检测、故障综合评估以及磁浮控制系统的故障诊断与容错问题进行了分析和论述。全书共分为 8 章,具体内容如下:

第 1 章介绍磁浮交通发展概况,给出磁浮列车状态监测、故障诊断与容错控制研究概况,设计磁浮列车状态监测与故障诊断平台。

第 2 章针对磁浮列车悬浮状态异常检测问题,介绍基于单维时间序列数据、基于多维时间序列数据异常检测算法和基于长短期记忆网络的磁浮列车悬浮异常在线检测方法,给出磁浮列车运行试验验证结果。

第 3 章介绍一种新型的稳定性监测指标,通过将监测到的稳定性能分为四个等级进行性能评估,为悬浮系统提供一种控制器评估方法。

第 4 章以磁浮列车悬浮系统为对象,研究其故障诊断问题,介绍悬浮系统执行器、传感器和控制器的故障诊断方法,为系统级故障诊断提供依据。

第 5 章采用模糊综合评估方法对系统级故障进行综合评估,建立模糊综合评估模型,结合中低速磁浮列车的运行数据进行试验验证。

第 6 章介绍基于分布估计算法的模糊参数优化方法,通过使用分布估计算法对评估模型进行逼近建模,实现模糊评估模型参数自动学习和优化,给出测试结果。

第 7 章针对中低速磁浮列车悬浮系统的容错设计问题开展研究,介绍悬浮传感器、悬浮控制计算机、悬浮斩波器以及悬浮系统级的容错设计方案。

第 8 章针对高速磁浮列车悬浮系统的容错控制问题进行研究，给出高速磁浮列车悬浮系统的分级容错控制方案，并针对微小故障、传感器故障、单悬浮点故障分别给出对应的容错控制方案，仿真和试验验证给出方案可行性。

本书由国防科技大学龙志强主编并统稿。具体编写分工如下：第 1、4、5、6 章由龙志强撰写，第 2 章由王平、梅子撰写，第 3、第 7 章由翟明达撰写，第 8 章由王志强撰写。许雲淞博士为第 3 章撰写提供了基础资料，吕治国、胡海林博士等参与了前期研究工作，杨彪、梅子等做了大量细致的整理校对工作。在项目研究和书稿撰写的过程中，作者参考和借鉴了大量的国内外高水平参考文献资料，在此也由衷地对文献作者表示感谢。

感谢合作单位北京控股磁悬浮技术发展有限公司、国家磁浮交通工程技术研究中心、中国中车股份有限公司等一直以来对本书研究工作的支持。国防科技大学中低速和高速磁浮技术的研究是在常文森教授亲自带领下，克服重重困难发展起来的，同时国防科技大学磁浮研究中心李杰、吴峻、李晓龙、窦峰山、刘耀宗、周丹峰、戴春辉等 20 多位专家教授也一直参与本书相关的研究工作，在此一并表示衷心感谢。

由于作者的能力有限，本书中的不足及错误之处在所难免，欢迎各位同行专家、学者及广大读者批评指正。

龙志强

2023 年 3 月

目录

第1章	绪论	1
1.1	概述	3
1.2	磁浮列车发展现状	5
	1.2.1 国外磁浮列车的发展现状	5
	1.2.2 国内磁浮列车的发展现状	11
1.3	磁浮列车状态监测、故障诊断与容错控制研究概况	21
	1.3.1 状态监测研究概况	21
	1.3.2 故障诊断研究概况	23
	1.3.3 容错控制研究概况	25
1.4	磁浮列车状态监测与故障诊断系统设计	26
	1.4.1 车载状态监测与故障诊断系统	28
	1.4.2 地面状态监测与故障诊断系统	31
第2章	基于数据的磁浮列车悬浮异常状态检测	33
2.1	概述	35
2.2	基于单维时间序列数据的异常状态检测	37
	2.2.1 基于快速沃尔什变换的特征提取	37
	2.2.2 基于超球体思想的特征选择	39
	2.2.3 基于高斯分布的异常阈值设定	40
2.3	基于相关分析的多维时间序列数据的异常状态检测	42
	2.3.1 传统的典型相关分析方法	43
	2.3.2 基于Box-Cox变换的异常阈值设定	44
	2.3.3 异常检测算法流程	45
2.4	基于加权相关系数的多维时间序列数据的异常状态检测	47

  2.4.1 基于自相关长度的数据长度选择 ··············· 47
  2.4.2 基于加权相关系数的异常检测 ················· 48
  2.4.3 异常检测算法流程 ························· 49
  2.4.4 磁浮列车悬浮状态异常检测试验 ················ 51
 2.5 基于长短时记忆神经网络的异常状态在线检测 ············· 57
  2.5.1 基于LSTM神经网络异常检测基础 ················ 57
  2.5.2 基于LSTM神经网络的悬浮状态异常检测 ············ 61
  2.5.3 磁浮列车悬浮状态异常检测试验 ················ 62

第3章 磁浮列车悬浮稳定性的状态监测与评估 ··············· 69
 3.1 概述 ······································· 71
 3.2 悬浮系统的数据结构与稳定性指标 ···················· 71
  3.2.1 悬浮系统的数据结构 ······················· 72
  3.2.2 悬浮系统的稳定性指标 ······················ 73
 3.3 基于数据驱动的悬浮系统稳定性监测 ··················· 74
  3.3.1 稳定性指标的实时数据实现 ··················· 75
  3.3.2 数据驱动的稳定性监测 ······················ 76
  3.3.3 稳定性指标的适用性分析 ····················· 79
 3.4 磁浮列车悬浮系统稳定性评估 ······················· 80
 3.5 仿真分析与验证 ································ 81

第4章 磁浮列车悬浮控制系统的故障诊断 ··················· 83
 4.1 概述 ······································· 85
 4.2 基于Kalman滤波器的悬浮系统故障诊断 ················· 86
  4.2.1 基于Kalman滤波器的故障检测方法 ··············· 86
  4.2.2 基于Kalman滤波器组的故障诊断方法 ·············· 88
  4.2.3 基于Kalman滤波器的故障诊断仿真 ··············· 90
  4.2.4 基于Kalman滤波器的故障检测试验 ··············· 96
 4.3 基于强跟踪滤波器的悬浮系统故障诊断 ················· 97
  4.3.1 基于强跟踪滤波器的状态与参数联合估计方法 ········· 98
  4.3.2 基于强跟踪滤波器的悬浮系统故障诊断方法及仿真 ······ 100
  4.3.3 基于强跟踪滤波器的悬浮系统故障诊断试验 ·········· 101
 4.4 基于全维状态观测器的执行器故障诊断 ················· 102
  4.4.1 系统参数变化故障的等效模型 ·················· 102
  4.4.2 基于状态观测的故障诊断算法 ·················· 104
  4.4.3 执行器模拟故障分析与诊断 ··················· 104
  4.4.4 执行器故障对悬浮系统的影响 ·················· 106
  4.4.5 执行器的故障诊断仿真和试验 ·················· 107

  4.5 基于信号比较的加速度传感器故障诊断 ⋯⋯⋯⋯⋯⋯⋯⋯⋯⋯⋯ 110
    4.5.1 加速度传感器故障诊断 ⋯⋯⋯⋯⋯⋯⋯⋯⋯⋯⋯⋯⋯⋯⋯ 110
    4.5.2 故障诊断仿真分析 ⋯⋯⋯⋯⋯⋯⋯⋯⋯⋯⋯⋯⋯⋯⋯⋯⋯ 114
    4.5.3 加速度传感器故障诊断试验 ⋯⋯⋯⋯⋯⋯⋯⋯⋯⋯⋯⋯⋯ 119

第 5 章 磁浮列车的故障模糊综合评估 121
  5.1 概述 ⋯⋯⋯⋯⋯⋯⋯⋯⋯⋯⋯⋯⋯⋯⋯⋯⋯⋯⋯⋯⋯⋯⋯⋯⋯ 123
  5.2 故障模糊综合评估方法与模型分析 ⋯⋯⋯⋯⋯⋯⋯⋯⋯⋯⋯⋯ 124
    5.2.1 故障模糊综合评估方法 ⋯⋯⋯⋯⋯⋯⋯⋯⋯⋯⋯⋯⋯⋯ 124
    5.2.2 故障模糊综合评估模型分析 ⋯⋯⋯⋯⋯⋯⋯⋯⋯⋯⋯⋯ 126
  5.3 故障模糊综合评估模型 ⋯⋯⋯⋯⋯⋯⋯⋯⋯⋯⋯⋯⋯⋯⋯⋯⋯ 128
    5.3.1 中低速磁浮列车系统组成 ⋯⋯⋯⋯⋯⋯⋯⋯⋯⋯⋯⋯⋯ 128
    5.3.2 评价集与因素集层次的划分 ⋯⋯⋯⋯⋯⋯⋯⋯⋯⋯⋯⋯ 130
    5.3.3 模糊综合评估模型的建立 ⋯⋯⋯⋯⋯⋯⋯⋯⋯⋯⋯⋯⋯ 133
    5.3.4 因素隶属度和因素权重值的分配确定 ⋯⋯⋯⋯⋯⋯⋯⋯ 134
  5.4 故障模糊综合评估流程与试验 ⋯⋯⋯⋯⋯⋯⋯⋯⋯⋯⋯⋯⋯⋯ 138
    5.4.1 故障模糊综合评估流程框架 ⋯⋯⋯⋯⋯⋯⋯⋯⋯⋯⋯⋯ 138
    5.4.2 故障模糊综合评估试验分析 ⋯⋯⋯⋯⋯⋯⋯⋯⋯⋯⋯⋯ 140

第 6 章 基于分布估计的模糊综合评估参数优化 143
  6.1 概述 ⋯⋯⋯⋯⋯⋯⋯⋯⋯⋯⋯⋯⋯⋯⋯⋯⋯⋯⋯⋯⋯⋯⋯⋯⋯ 145
  6.2 分布估计算法的设计思想与特点分析 ⋯⋯⋯⋯⋯⋯⋯⋯⋯⋯⋯ 146
    6.2.1 分布估计算法的基本思想 ⋯⋯⋯⋯⋯⋯⋯⋯⋯⋯⋯⋯⋯ 146
    6.2.2 分布估计算法的特点分析 ⋯⋯⋯⋯⋯⋯⋯⋯⋯⋯⋯⋯⋯ 147
  6.3 分布估计算法的参数优化方法 ⋯⋯⋯⋯⋯⋯⋯⋯⋯⋯⋯⋯⋯⋯ 148
    6.3.1 参数编码及初始化参数 ⋯⋯⋯⋯⋯⋯⋯⋯⋯⋯⋯⋯⋯⋯ 148
    6.3.2 适应度的计算 ⋯⋯⋯⋯⋯⋯⋯⋯⋯⋯⋯⋯⋯⋯⋯⋯⋯⋯ 149
    6.3.3 概率估计模型的构建 ⋯⋯⋯⋯⋯⋯⋯⋯⋯⋯⋯⋯⋯⋯⋯ 150
    6.3.4 训练和测试模型 ⋯⋯⋯⋯⋯⋯⋯⋯⋯⋯⋯⋯⋯⋯⋯⋯⋯ 151
  6.4 分布估计算法的性能测试与比较 ⋯⋯⋯⋯⋯⋯⋯⋯⋯⋯⋯⋯⋯ 152
    6.4.1 分布估计算法的参数影响分析 ⋯⋯⋯⋯⋯⋯⋯⋯⋯⋯⋯ 152
    6.4.2 分布估计算法与遗传算法的效果比较 ⋯⋯⋯⋯⋯⋯⋯⋯ 156
    6.4.3 分布估计算法与其他机器学习算法的效果比较 ⋯⋯⋯⋯ 156
  6.5 基于分布估计的模糊综合评估参数优化设计与实现 ⋯⋯⋯⋯⋯ 158

第 7 章 中低速磁浮列车悬浮系统的容错设计 161
  7.1 概述 ⋯⋯⋯⋯⋯⋯⋯⋯⋯⋯⋯⋯⋯⋯⋯⋯⋯⋯⋯⋯⋯⋯⋯⋯⋯ 163
  7.2 中低速磁浮列车悬浮系统控制架构 ⋯⋯⋯⋯⋯⋯⋯⋯⋯⋯⋯⋯ 164
  7.3 悬浮传感器的容错设计 ⋯⋯⋯⋯⋯⋯⋯⋯⋯⋯⋯⋯⋯⋯⋯⋯⋯ 166

####### 7.3.1 悬浮传感器的冗余设计 ····· 167
####### 7.3.2 悬浮传感器的可靠性设计 ····· 170
####### 7.3.3 考虑悬浮传感器故障的主动容错控制 ····· 172
7.4 悬浮控制计算机的冗余设计 ····· 178
####### 7.4.1 控制计算机的冗余设计方法 ····· 180
####### 7.4.2 基于双机热备的悬浮控制计算机的冗余设计 ····· 182
7.5 悬浮斩波器的可靠性设计 ····· 186
####### 7.5.1 基于 IGBT 模块的悬浮斩波器分析 ····· 186
####### 7.5.2 基于 SiC MOSFET 模块的悬浮斩波器优化设计 ····· 188
7.6 悬浮控制系统的容错方案设计 ····· 191
####### 7.6.1 基于搭接结构的悬浮系统冗余设计 ····· 191
####### 7.6.2 基于端部电磁铁加长的悬浮系统冗余设计 ····· 194
####### 7.6.3 一种分布式悬浮系统容错控制方案 ····· 196

第8章 高速磁浮列车悬浮系统容错控制 ····· 199
8.1 概述 ····· 201
8.2 高速磁浮列车悬浮系统容错控制方案 ····· 202
####### 8.2.1 高速磁浮列车悬浮系统基本结构 ····· 202
####### 8.2.2 高速磁浮列车悬浮系统分级容错控制结构 ····· 203
8.3 基于 Youla 参数化的容错控制方法分析 ····· 205
####### 8.3.1 控制器 Youla 参数化分析 ····· 205
####### 8.3.2 控制器 Youla 参数化的两种实现形式 ····· 207
####### 8.3.3 基于 Youla 参数化的悬浮系统分级容错控制结构 ····· 208
8.4 考虑微小故障的单悬浮系统容错控制 ····· 212
####### 8.4.1 基于梯度下降法的 Youla 参数在线更新 ····· 212
####### 8.4.2 微小故障条件下悬浮控制系统容错控制仿真分析 ····· 217
8.5 基于信号重构的单悬浮系统主动容错控制 ····· 218
####### 8.5.1 加速度传感器故障情况下间隙微分信号重构方法 ····· 219
####### 8.5.2 单间隙传感器故障情况下悬浮间隙信号重构方法 ····· 220
####### 8.5.3 基于信号重构的传感器故障容错控制仿真 ····· 221
8.6 基于搭接悬浮结构的主动容错控制 ····· 224
####### 8.6.1 悬浮搭接结构单点故障时的数学模型 ····· 225
####### 8.6.2 容错控制器设计 ····· 226
####### 8.6.3 搭接结构故障仿真与试验 ····· 227

参考文献 ····· 232

第 1 章

绪 论

当代轨道交通发展非常活跃,最受人瞩目的就是城市轨道交通的发展。我国城市交通拥挤不堪,交通状况亟须改善,但地铁造价惊人,城市轻轨噪声又大。磁浮列车系统利用电磁力实现列车的无接触支撑和导向,避免了传统轮轨列车的车轮和轨道间的机械接触,克服了轮轨列车提高速度的主要障碍,减少了轮轨噪声。随着磁浮交通技术走向工程应用,特别是随着时速600公里高速磁浮技术的研发与运用,人们对磁浮交通系统的安全性和可靠性提出了更高的要求,状态监测、故障诊断与容错控制技术则是实现上述需求的有效途径。本章在介绍电磁悬浮型磁浮列车技术特点与发展概况的基础上,论述了磁浮列车状态监测、故障诊断以及悬浮系统容错控制研究概况,介绍了磁浮列车状态监测与故障诊断系统。

1.1 概　　述

根据悬浮原理,磁浮列车可被划为电磁悬浮型、超导电动悬浮型、超导钉扎悬浮型、永磁斥力悬浮型和永磁电动悬浮型等。超导电动悬浮型磁浮交通系统主要应用于高速环境,日本对超导电动悬浮系统的研究较深入;超导钉扎悬浮型、永磁斥力悬浮型和永磁电动悬浮型系统均处于探索研究或原理研究阶段;电磁悬浮型磁浮系统较成熟,根据运行速度不同又分为中低速和高速磁浮交通系统。中低速磁浮交通系统最高速度为120～160 km/h,主要解决城市内部的交通运输问题,造价与轻轨相当,最大优点为绿色环保。高速磁浮交通的最高速度为400～600 km/h,适合作为城市间的交通工具。本书主要以实现了商业运营的电磁悬浮型磁浮列车(简称"磁浮列车")为对象进行介绍。磁浮列车采用非接触运行方式,与普通轮轨系统相比,它具有振动小、噪声低、线路铺设条件宽松、易于实施、易于维护和绿色环保等特点,具体如下:

1) 振动小、噪声低,有利于环境保护,且乘坐平稳、舒适

中低速磁浮列车采用电磁引力使车辆悬浮在轨道上面,不存在车轮和轨道接触产生的噪声或振动,车辆运行噪声很低;据测定,在距离轨道10 m处的峰值噪声为64 dB。同时,由于没有车轮磨耗,也不会在运行中产生粉尘等空气污染,有利于环境保护;列车运行时处于悬浮状态,车身与轨道之间无接触,运行平稳,舒适性好。

2) 转弯半径小,爬坡能力强,线路适应性好

磁浮列车的行驶和制动不再依赖轮轨间的黏着力,而是靠直线电机产生的电磁牵引力,因而车辆具有很好的加减速性能及爬坡能力,正线上的最大坡度可达7%。中低速磁浮列车的转弯半径可以很小,正线上的最小转弯半径为75 m,在城市大的道路交叉路口

即可完成转弯。因此,中低速磁浮列车轨道交通线路在狭窄地域,特别是建筑密集的城市区域,有较强的线路适应能力。

3) 建造和维护成本低

磁浮列车爬坡能力强、转弯半径小,适合复杂地形和密集城市空间,可以做到不拆迁或少拆迁,不征地或少征地,从而可降低建造成本;磁浮列车车体重量轻并均匀地分布在轨道上,因此可以使桥梁结构轻量化,从而降低土建结构的投资。

此外,磁浮列车与轨道没有接触摩擦,可以降低车辆和轨道的维护费用。车载计算机系统可对车辆进行自动监测和诊断,且该系统采用模块化维修,节省了维修工作量、降低了维护成本。

4) 列车"抱轨"运行,行驶安全性好,运营速度高

高速磁浮列车最高运行时速可达 600 公里,列车"抱轨"运行,车轨一体,不会发生脱轨和翻车事故;即使停电,有车载电源维持悬浮,直到安全停车;冗余部件设计等使得高速磁浮列车具有很好的安全性能;此外,线路设计方面,中低速和高速磁浮线路适合高架,相比地下线路具有更高的安全性。

磁浮交通系统主要由磁浮列车、线路轨道、牵引与供电、运行控制四大系统组成,其中,除磁浮列车外的三大系统与传统轮轨系统的原理相似。磁浮列车除了悬浮系统外,其车辆结构和车载电气都与传统轮轨的结构类似,具有很好的技术继承性。因此,我国发展磁浮交通产业,在关键技术攻关、装备制造和工程实施等方面具有雄厚的技术储备。

中低速磁浮列车和高速磁浮列车的悬浮原理也非常相似,均采用主动式的电磁悬浮原理,利用车体底部的可控悬浮电磁铁和导轨底面铁磁轨之间的吸引力使列车浮起。因此,高速和中低速磁浮列车在悬浮控制系统的设计方面有许多相似之处。

虽然磁浮列车主动式的悬浮控制使得车辆与轨道脱离接触而带来许多工程方面的优点,但也使得每辆车的电气系统变得比较复杂,且运营的磁浮列车大多由多编组组成,因而进一步加重了状态监测、故障诊断的任务量和复杂性。此外,磁浮交通系统中的运行控制、牵引与供电、线路轨道等系统的部件或设备发生故障时,也会影响列车系统的运行。

以我国研制成功的北京中低速磁浮示范线和长沙磁浮快线的磁浮列车为例,每辆车共有车载电气设备 40 多台(大部件),可能发生的主要故障有 400 多种。因此,当列车的电气部件发生故障时,对故障的严重程度迅速给予准确评价是故障诊断系统的一项重要功能,其评价结果的准确性直接关系到列车能否继续安全行驶和维护检修的工作量。对一列磁浮列车而言,各个部件或设备故障等级并不等同于列车的故障等级,如多个低等级的部件或设备故障可能会引起一个严重等级的列车故障,并且轨道的随机不平顺、运行控制设备故障也会影响列车的运行。因此,需要各车辆级诊断计算机采集本车的部件或设备故障信息,并通过列车总线传送到列车级诊断计算机,列车级诊断计算机在综合各车辆级诊断数据和其他相关系统(主要包括车载运行控制系统和轨道随机不平顺)的诊断数据

基础上，根据所建立的故障综合评估模型，迅速对列车安全运行的影响程度进行评估，确定列车系统的故障等级，提示驾驶员或列车自动驾驶系统采取相应的措施，以避免事故发生。

以中低速磁浮列车为例，一辆 5 转向架中低速磁浮列车的悬浮导向功能由 20 套相同的悬浮控制器独立实现。单台悬浮控制系统出现异常，将影响车辆的悬浮性能，因此需要对悬浮状态进行在线和离线判定，对其稳定性能进行实时监测。此外，如果某套悬浮控制器出现故障，不仅要确定设备故障位置，还要确定设备故障等级，最终为磁浮列车故障综合评估提供基础数据。根据国内外磁浮列车的实际运行经验和对磁浮列车系统的综合评估结果分析可知，悬浮控制器是磁浮列车中十分关键的子系统。如果其中某辆车的个别悬浮点出现传感器或执行器故障而不进行处理，将可能引起对应的悬浮点失稳或失效，进而影响磁浮列车的正常运行。在高速磁浮列车中采用搭接结构方式实现车辆的悬浮与导向，通过悬浮控制器的硬件冗余提高系统可靠性。目前，考虑在城市内运行时小转弯半径的需求，中低速磁浮列车采用独立模块式结构实现车辆的悬浮与导向，该类磁浮列车结构简单且没有硬件冗余。由于悬浮控制器中传感器和执行器故障是导致控制系统失效的主要原因，因此在磁浮列车悬浮系统传感器和执行器故障诊断的基础上，进行了加速度传感器故障和部分执行器失效时的主动容错控制研究。

1.2 磁浮列车发展现状

当前世界上只有电磁悬浮型高速磁浮列车和中低速磁浮列车实现了商业示范运营，超导电动悬浮型的高速磁浮交通系统接近应用的水平，日本正在建设其运营线。其他类型的磁浮交通系统如超导钉扎悬浮型、永磁斥力悬浮型和永磁电动悬浮型的磁浮交通系统也都在积极探索研究中。

1.2.1 国外磁浮列车的发展现状

世界上最早的磁浮列车结构是德国工程师 Kamper 在 1922 年提出的，并申请了专利。20 世纪 70 年代，联邦德国开始实施 Transrapid（简称"TR"）高速磁浮交通计划，最初的 TR01、TR02、TR04 列车也是这种结构，支撑采用电磁悬浮主动控制，推进采用短定子异步电机进行牵引，但这种结构方案只适合于中低速运行，德国后来放弃了 Kamper 的短定子和倒 U 型轨道的方案，而转向长定子同步电机牵引的高速磁浮技术的研究并大力发展，目前在上海运营的高速磁浮列车则是从德国引进的高速磁浮系统（TR08）。

1) 中低速磁浮交通领域

1969年,在联邦德国政府支持下,德国克劳斯-马菲公司(KM公司)采用Kamper的方案,研制了一台重80 kg试验小车,后来将其列入Transrapid计划,称为Transrapid 01,简称TR01;1971年,克劳斯-马菲公司研制出的TR02型磁浮试验车也投入使用,该试验车重11.3 t,可乘坐8人,试验速度达到164 km/h,如图1-1所示。与此同时,德国MBB公司成功研制了一台磁浮试验车,如图1-2所示,该试验车重4.8 t,设4个座位,在660 m试验线上的试验速度达到90 km/h,其悬浮与牵引原理与TR02类似,但增加了有源电磁导向控制功能。1974年,克劳斯-马菲公司又研制出了TR04型磁浮试验车,该试

图1-1 德国TR02型磁浮试验车(1971年)

图1-2 德国MBB磁浮试验车(1971年)

验车长15 m,重18.5 t,设20个座位,最高试验速度达253.2 km/h,如图1-3所示,该车的悬浮与导向均采用电磁悬浮主动控制方案,通过短定子直线感应电机牵引。

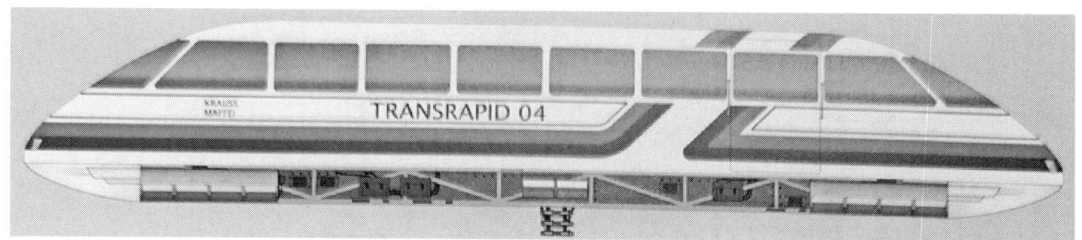

图1-3 德国TR04型磁浮试验车(1974年)

日本在德国Kamper技术专利的基础上,开始中低速磁浮技术的研发,至今已有近60年,其先后研制了HSST(High Speed Surface Transport)——01到05号磁浮列车。1991年4月,在名古屋市建成面向应用的长1 530 m的中低速磁浮试验线,研制HSST-100S型实用化磁浮列车,如图1-4所示,该系统通过了日本政府组织的专家评审,专家对其给出了"HSST-100S系统面向城市交通的商业运营技术已经成熟"的结论。1995年5月,日本制造了加长型的HSST-100L原型车,并在试验线进行验证测试试验,如图1-5所示。

图1-4 日本HSST-100S型中低速磁浮列车(1991年)

为迎接2005年的名古屋世界博览会,日本在1999年决定建造长8.9 km的中低速磁浮商业运营线——"东部丘陵线"。线路从地铁藤丘站至爱知环线铁路的八草站。线路总长8.9 km,轨距1.7 m;线路中隧道1.4 km,高架7.5 km,正线最大坡度6%,最小平曲线半径75 m,设9个站。2001年开工;2002年完成了首列Linimo中低速磁浮列车设计制造,如图1-6所示;2005年3月6日东部丘陵线正式运营。

图 1-5　日本 HSST-100L 型中低速磁浮列车(1995 年)

图 1-6　日本 Linimo 中低速磁浮列车(2002 年)

东部丘陵线全线配置 9 列车,每列三编组,定员 244 人(104 座),最高时速 100 公里,且实现了几乎无人运营,不仅列车可以无人驾驶,就连很多车站也没有站务人员值守。全程单线运行时间 15 min,周末、节假日及工作日白天时段运行间隔均为 10 min,近期又调整到 8 min,工作日早晨高峰时段为每隔 7 min 一班。发车时间为早 5:30—晚 12:05,一日最高发车数量为 262 列。在世博会期间(2005 年 3—9 月),运送 2 000 万人次,单日最大客流为 18 万人,日均约 10 万人。在 2016—2018 年这三年,年累计运送旅客分别为 817.8 万人次、915.8 万人次和 909.6 万人次,单日最高载客 3.15 万人次。

为解决大城市交通问题,韩国在 20 世纪 80 年代开始发展中低速磁浮列车。2007 年,韩国在对比了三个主要城市后,最终将磁浮示范线选在仁川国际机场到仁川市之间。总共有三期工程,第一期建 6.1 km,第二期建 9.7 km,第三期建 37.4 km。2016 年 3 月,第一期工程已经开通运营,如图 1-7 所示。韩国仁川机场磁浮列车采用两编组、无人驾驶模式,单辆车采用 4 悬浮架方案,设计时速最高可达 110 公里,轨距为 1 850 mm,最小曲线半径 50 m,正线最大坡度 7%。空重 19 t/车,满载为 26.5 t/车,载客能力为 115 名乘客/车。

图 1-7　韩国中低速磁浮列车(2016 年)

2011 年,德国马克斯-博格集团公司基于高速磁浮的研究基础,提出了一种内嵌式的中低速磁浮交通系统结构,建设了一条长 800 m 磁浮试验线,2012 年研制了一辆内嵌式中低速磁浮车,如图 1-8 所示。车与轨道采用内嵌式布局,悬浮架置于轨道内部,形成轨道环抱悬浮架的结构方案,悬浮电磁铁采用 U 型结构,牵引直线电机布置在悬浮电磁铁内,反应轨采用倒 U 型结构,内置在 U 型轨道内,形成悬浮、导向、牵引于一体式的设计结构。

图 1-8　德国内嵌式中低速磁浮列车(2012 年)

2) 高速磁浮交通领域

高速磁浮交通系统可解决大城市之间的交通运输问题,在国外,主要有德国研究的常导电磁悬浮型高速磁浮系统和日本研究的超导电动悬浮型高速磁浮系统。下面主要介绍德国常导电磁悬浮型高速磁浮技术的发展概况。

德国高速磁浮交通系统采用常导电磁悬浮技术。1971年,德国第一辆磁浮原理车在660 m长的试验线路上进行试验运行。1975年,Thyssen Henschel公司在卡塞尔(Kassel)工厂的HMB1号试验线上率先实现了线路侧长定子直线同步电机驱动的磁浮车运行。1976年,Thyssen Henschel公司在HMB2号试验线上进行了载人长定子试验车的运行。1979年,汉堡国际交通博览会展出了TR05磁浮铁路示范线,并进行载客运行。1980年,埃姆斯兰德的高速磁浮试验线(TVE试验线)正式开工,1983年6月投入试验运行,同年年底达到时速300公里。1986—1989年,由Thyssen公司牵头研制了面向应用的TR07磁浮列车。1993年,TR07磁浮列车在TVE试验线上最高速度达到450 km/h。1999年9月,面向实际应用的需求,德国研制了TR08型高速磁浮列车,如图1-9所示。2000年12月,中国决定引进德国TR08磁浮技术,建设了上海浦东国际机场高速磁浮示范运营线(简称"上海磁浮示范线")。

图1-9 德国TR08型常导高速磁浮试验车与TVE试验线(1999年)

在上海磁浮示范线建设基础上,德国按照慕尼黑机场线要求,于2007年研制了TR09型高速磁浮列车。TR09型高速磁浮列车是按照慕尼黑机场线要求和德国有关城市轨道交通法律要求建造的,设计时速300公里,其设计效果如图1-10所示。与TR08相比,TR09根据线路特点(机场专线)为列车设计提出了新的要求,包括更高的承载能力以运送更多旅客(包括座位和可供站立的空间)、更宽的车门以使旅客能更快地上下车、提供分离的用于放行李的空间、列车内部更高的净空高度。此外,针对上海磁浮示范线运营经验,对核心系统做了改进:如取消供电轨、改用无接触供电方式,这是 TR09 在技术上的最大改进之处;悬浮电磁铁磁极主要从工艺做了改进,在同样使用寿命条件下,悬浮电流可以加大,使得悬浮能力增加 10% 左右,但电磁铁的参数没有大的变化;对导向电磁铁进行了优化和减少,进一步减轻了重量,以提高承载要求;对电气设备也进行了升级。

图 1-10 德国 TR09 型常导高速磁浮列车效果图(2007 年)

1.2.2 国内磁浮列车的发展现状

从 20 世纪 80 年代开始,中国的一些大学和研究机构开展了磁浮列车技术基础性研究,较早的研究单位有国防科技大学、西南交通大学、中国科学院电工研究所和中国铁道科学院等。考虑本书是以电磁悬浮型的中低速和高速磁浮交通技术为背景撰写,因此,本节也主要综述中国在电磁悬浮型磁浮交通领域的研究现状。

1) 中低速磁浮交通领域

国防科技大学从 1980 年开始磁浮技术研究,1986 年研制成功了内嵌式磁浮试验小车。1989 年,国防科技大学研制成功中国第一辆小型磁浮原理样车,该车集悬浮、导向与推进于一体,车重约 80 kg,可承载 1 人,在 10 m 长的轨道上往复运行。1992 年,国家科委正式将"磁悬浮列车关键技术研究"列入国家"八五"重点科技攻关计划。1995 年 5 月,国防科技大学联合中国铁道科学院、长春客车厂研制成功全尺寸单转向架磁浮列车系统,该车最多可乘载 40 人,悬浮重量 6 t,被评为当年的全国十大科技进展。

1999 年 3 月,在北京磁浮公司的支持和筹划下,国防科技大学在学校建设了中低速磁浮列车试验基地,研制了中国第一辆全尺寸的中低速磁浮试验样车(CMS03),试验车长 15 m、宽 3 m,最大承载 130 人;建设了长 204 m 的试验线,线路平曲线半径 100 m,坡度 4%;2001 年 11 月 25 日,该中低速磁浮试验样车通过中试评审,如图 1-11 所示。

2005 年 7 月 29 日,北京磁浮公司、国防科技大学联合中车唐山公司研制的中低速磁

图 1-11　北京磁浮公司、国防科技大学牵头研制的 CMS03 磁浮列车和 204 m 试验线(2001 年)

浮工程样车(CMS03A)下线,于 2005 年 12 月在长沙试验线上安装、调试完毕,并与试验样车(CMS03)进行两车连挂试验。在国家"十一五"科技支撑计划支持下,2008 年 5 月,北京磁浮公司、国防科技大学在中车唐山公司内建成了 1 547 m 试验示范线。2009 年 5 月,北京磁浮公司与国防科技大学等单位研制成功了两编组的实用型磁浮列车(CMS04),并开始进行线路运行试验,运行速度达到 105 km/h(图 1-12),该项目于 2010 年 3 月通过国家的技术审查验收。

图 1-12　北京磁浮公司、国防科技大学、中车唐山公司研制的实用型磁浮列车和 1 547 m 唐山试验线(2008 年)

西南交通大学从 1986 年启动磁浮技术的研发,1994 年研制成功了一辆可载人的磁浮试验车,车重 4 t,试验线长 36 m,轨道宽度 1 m,如图 1-13 所示。

2004 年,西南交通大学联合中车长春公司等单位,在成都青城山建设了长 425 m 的

图 1-13　西南交通大学研制的小型磁浮列车(1994 年)

中低速磁浮列车工程试验示范线,线路最大坡度 2%,最小平曲线半径 250 m。研制的中低速磁浮列车(CFC-01)如图 1-14 所示,该车长 11.2 m、宽 2.6 m,自重 18 t、载重 4 t,座位 30 个,设计最高速度 60 km/h。

图 1-14　西南交通大学、中车长春公司研制的中低速磁浮列车(2004 年)

　　为推进中低速磁浮系统在上海市城市轨道交通方面的应用,国家磁浮交通工程技术研究中心在牵头研究高速磁浮交通技术基础上,在上海市政府支持下,联合国内相关高校和机构,于 2006 年年底建成了一条 1 700 m 长的中低速磁浮交通试验线,研制了一列三编组的中低速磁浮列车,2008 年 12 月实现了时速 101 公里的试运行,如图 1-15 所示。

　　2012 年 1 月,中车株洲电力机车有限公司(简称"中车株机公司")研制的(三编组)中低速磁浮列车成功下线,2012 年 9 月在 1 600 m 长的厂内中低速磁浮试验线上,进行了运行试验,最高运行速度达到 100 km/h,如图 1-16 所示。

图 1-15 国家磁浮交通工程技术研究中心牵头研制的中低速磁浮列车和试验线（2008 年）

图 1-16 中车株机公司牵头研制的中低速磁浮列车和试验线（2012 年）

西南交通大学、中车大连公司合作开发了空簧中置的转向架结构方案，于 2017 年完成单辆磁浮车上线调试，在上海临港中低速磁浮交通试验线进行了运行测试，最高试验速度达到 121 km/h；2018 年 11 月又研制了一列三编组的中低速磁浮列车，设计目标速度 160 km/h，如图 1-17 所示。同期，西南交通大学、中铁（成都）磁浮科技公司基于空簧中置的转向架结构方案，合作开发了设计速度 200 km/h 的单辆中速磁浮试验车，如图 1-18 所示，该试验车在上海临港中低速磁浮交通试验线也进行了运行测试。

此外，长沙铁建重工也在同时期启动了中低速磁浮列车的研发工作，研制了一列中低速磁浮货运试验车。

综上所述，表明我国已经基本掌握了中低速磁浮列车的各项关键技术，并成功研制出了试验样车、工程样车和实用型磁浮列车，我国已经具备了发展中低速磁浮系统的技术基础。

图 1-17　西南交通大学、中车大连公司研制的中低速磁浮列车(2018 年)

图 1-18　西南交通大学、中铁(成都)磁浮科技公司研制的中速磁浮列车(2018 年)

2013 年以来,我国先后开工建设了北京、长沙、清远、凤凰等中低速磁浮运营线或磁浮旅游线,其中长沙磁浮快线于 2014 年 5 月开工,2016 年 5 月 6 日开通试运营,如图 1-19 所示。长沙磁浮车宽为 2.8 m(与地铁 B 型车相当),列车长度(三编组)为 48.28 m,车辆最大高度(距轨面)为 3.7 m,额定悬浮间隙(8±2)mm,最高运行速度为 100 km/h,空车自重(中间车)为 24.5 t,最大载荷(中间车,AW3)为 9 t,最大载客量(三编组)为 363 人(半节车用于行李托运)。自开通试运营以来,截至 2023 年 2 月 28 日,长沙磁浮快线已安全运营 2 490 天,累计开行 361 225 列次,运营总里程 668 万 km,客流总量 1 967 万人次,运行图兑现率为 99.9%,列车正点率为 99.9%。2021 年"五一"当天,创造了 1.8 万人次的历史最高日客流。

2021 年 4 月,湖南启动了长沙磁浮快线东延建设,长沙磁浮东延线接入黄花国际机场 3 号航站楼,延长线路全长 4.454 km。

图 1-19　长沙磁浮快线磁浮列车(2014 年)

北京中低速磁浮示范运营线(简称"北京 S1 线")于 2013 年 10 月正式开工,2017 年 12 月 30 日开始投入运营。线路西起门头沟区石门营站,东至石景山区苹果园站,线路全长 10.2 km,其中高架段 9.953 km,隧道段 0.283 km,线路轨距 2.0 m,最小转弯半径 75 m。共设车站 8 座,全部为高架站。在石门营站北侧设车辆段一处,初期配置 10 列,共计 60 辆车。北京 S1 线采用六编组,列车长度为 89.6 m,车体宽度为 3.0 m,定员载客量 1 032 人,如图 1-20 所示。磁浮列车的额定悬浮间隙(8±2)mm,最高运行速度为 80~100 km/h,空车自重(中间车)为 24 t,最大载荷(中间车,AW3)为 12 t。

图 1-20　北京中低速磁浮示范运营线磁浮列车(2013 年)

湖南凤凰磁浮文化旅游项目共分三期实施。一期工程以张吉怀高铁凤凰站为起点,到民俗园隧道口,全长 9.121 km,设 4 座车站。该中低速磁浮列车采用三编组,车宽 2.8 m,轨距为 1.86 m,设计时速 100 公里。湖南凤凰磁浮旅游线于 2019 年 7 月开工建设,2021年12月开通试运行,正在进行运营的磁浮列车如图1-21所示。

图1-21 湖南凤凰磁浮旅游线磁浮列车(2021年)

广东清远磁浮工程旅游专线(简称"清远磁浮")于2018年5月正式开工建设,目前正在进行试运行调试。清远磁浮作为清远市南部旅游集聚区重要交通配套设施,线路衔接广清城际银盏站,东端止于磁浮长隆主题公园站。沿线设磁浮银盏站、磁浮莲湖站、磁浮长岗站(预留)和磁浮长隆主题公园站共4站,在龙塘镇设银盏停车场1处。工程线路全长8.014 km,其中高架段6.67 km、路基段0.57 km、隧道段0.54 km。列车采用三编组(可采用3+3重联运行),车体长度为48.28 m,宽度为2.8 m,定员载客量340人,额定悬浮间隙(8±2)mm,最高运行速度为120 km/h,空车自重(中间车)为24.2 t,最大载荷(中间车)11 t,轨距1.86 m,最小转弯半径70 m,计划投入运营的磁浮列车如图1-22所示。

图1-22 广东清远磁浮旅游线磁浮列车(2023年)

在长沙磁浮快线建设运营基础上,湖南省磁浮研究中心、湖南省磁浮股份公司、中车株机公司、国防科技大学等单位合作,采用中低速磁浮直接提速的技术路线,开展时速

160公里的中速磁浮交通系统研制工作,重点从车辆、线路轨道、通信信号等方面开展系统性研究,制定中速磁浮系统技术规范和技术标准。2018年6月,首列商用中速磁浮列车在中车株机公司成功下线,如图1-23所示。在长沙磁浮快线上,利用夜间休息时间,开展了提速集成测试试验,最高试验速度已经达到160.7 km/h。2021年7月1日,长沙磁浮快线实现了提速"升级",由原设计最高速度100 km/h,直接提速到140 km/h,长沙磁浮快线成为首条运营速度达到140 km/h的中低速磁浮线路。单程运行时间缩短为16 min,行车间隔由原11 min 40 s缩短至10 min。

图1-23　时速160公里的中速磁浮试验车(2018年)

2018年3月,四川新筑股份与德国马克斯-博格集团合作,引进德国内嵌式中低速磁浮交通系统技术,并开始在厂内建设一条内嵌式中低速磁浮综合试验线,研制国产化内嵌式中低速磁浮车。首辆国产化内嵌式磁浮车辆于2021年年底下线,2022年2月逐步开始静态和动态调试,如图1-24所示。2022年6月,在四川新筑股份全长3.6 km内嵌式磁浮综合试验线上,国产化内嵌式磁浮车辆实现速度达120 km/h的稳定运行。

图1-24　四川新筑股份研制的内嵌式磁浮车辆(2021年)

2) 高速磁浮交通领域

我国幅员辽阔，发展高速磁浮列车对解决城市间长距离交通运输的问题具有更大的优势。即便在高速铁路快速发展的今天，磁浮列车因其具有运行时无摩擦损耗、噪声低，后期维护保养工作量较小、选线灵活等优势，仍具有广阔的应用前景。对高速磁浮列车的研究有助于提高我国轨道交通领域的技术储备，丰富交通系统多样化，助力我国建设交通强国。

2000年12月，我国决定建设上海磁浮示范线（图1-25），工程于2001年3月正式开工，2003年1月一列三编组高速磁浮列车在单线上试运行，2003年9月全线开通，2003年12月31日全线完成考核验收。该线全长约30 km，采用德国TR08型常导高速磁浮列车技术（图1-26），中德合作建成了世界第一条高速磁浮运营线，在上海磁浮公司技术人员精心维护下，至今已安全运行20多年。截至2023年2月，上海磁浮示范线已安全运营7 365天，开行列车71.46万列次，运营里程2 274万km，载客6 465万人次，正点率99.88%，兑现率99.94%。在运营期间，车辆没有大修，线路轨道只进行过微调，这充分体现了常导高速磁浮交通系统的技术优势。

图1-25　上海磁浮示范线（2002年）

在"十五"863计划和"十一五""十二五"科技支撑计划的支持下，由国家磁浮交通工程技术研究中心牵头，高速磁浮列车的国产化进程得到了快速推进。其间，国防科技大学在常导电磁悬浮型高速磁浮列车基础上，开展了对永磁电磁混合悬浮系统的研究，逐步完成了单转向架、双转向架、单节车以及两节高速磁浮试验车的永磁电磁混合悬浮型悬浮控制系统的研制与调试。2017年11月，"十二五"国家科技支撑计划课题任务"永磁电磁混合型高速磁浮列车悬浮导向涡流制动控制器研究"顺利通过课题验收，国产化永磁电磁混合型高速磁浮列车（图1-27）完成了悬浮、导向等基本功能测试试验，并在上海1.5 km高速磁浮试验线上完成了牵引运行测试。由于试验线长度限制，与速度相关的运行测试还

图 1-26 上海高速磁浮列车(2002)

不够充分,在现有研究基础上,完善对高速磁浮列车悬浮系统的相关研究、推进国产化高速磁浮列车的商业运营,将是下一阶段的主要任务。

图 1-27 永磁电磁混合型高速磁浮列车(2015 年)

在国家"十三五"交通领域重点研发计划——"先进轨道交通"重点专项研究中,中车青岛四方机车车辆股份有限公司联合国防科技大学、同济大学等国内 20 多家行业优势单位,研制出具有完全自主知识产权的时速 600 公里高速磁浮成套工程化装备,包括 1 辆试验样车和 1 列五编组工程化列车,如图 1-28 所示,其为开展车辆关键性能研究提供了充分条件。还建设了位于公司内高速磁浮调试线,设置 2 个牵引分区、2 个运控分区,可开展系统场景、分区控制等多工况的大系统联调联试,并可开展库内钢梁和框架式、迭合式、梁上板式等典型多跨距混凝土轨道结构,以及道岔等多种轨道形式与车辆的匹配性能测试验证,如图 1-29 所示。

图 1-28　时速 600 公里的高速磁浮工程化样车(2021 年)

图 1-29　中车青岛四方机车车辆股份有限公司的高速磁浮试验线(2021 年)

1.3　磁浮列车状态监测、故障诊断与容错控制研究概况

1.3.1　状态监测研究概况

目前,国内外的高速轮轨列车、城市地铁列车上都装备有相应的列车状态监测与诊断

评估系统,如德国的 ICE 系列高速列车配备有一个复杂多层次列车状态监测系统。日本新干线 200 系~700 系电动车组都配有列车状态监测系统,特别在 700 系车上还增加了智能化功能,系统能根据设备操作或故障状况反馈信息进行综合评估,为列车操作、维修提供指导。近 30 年来,各国高速轮轨列车、城市地铁等新造车辆,在牵引和制动等关键控制系统中逐步采用车载微机进行控制和监测,采用网络化监控技术可实现车辆状态的自动监测,并与线路轨道、运行控制和供电的监测系统一起构成整个交通系统的监测、管理和维护系统。

在已进入商业化运行的日本中低速磁浮列车和德国高速磁浮列车中,都有一套完善的状态监测与故障综合评估系统,以实现对磁浮列车的车辆、线路轨道、牵引与供电、运行控制四大系统的状态监测与综合评估。

1) 中低速磁浮列车的状态监测系统

日本名古屋"东部丘陵线"是世界上首条中低速磁浮列车商业运营线,为了实时监测列车状态信息、保证列车的安全可靠运行,日本开发了一套列车综合管理系统(train integrated management system,TIMS),具体如图 1-30 所示。

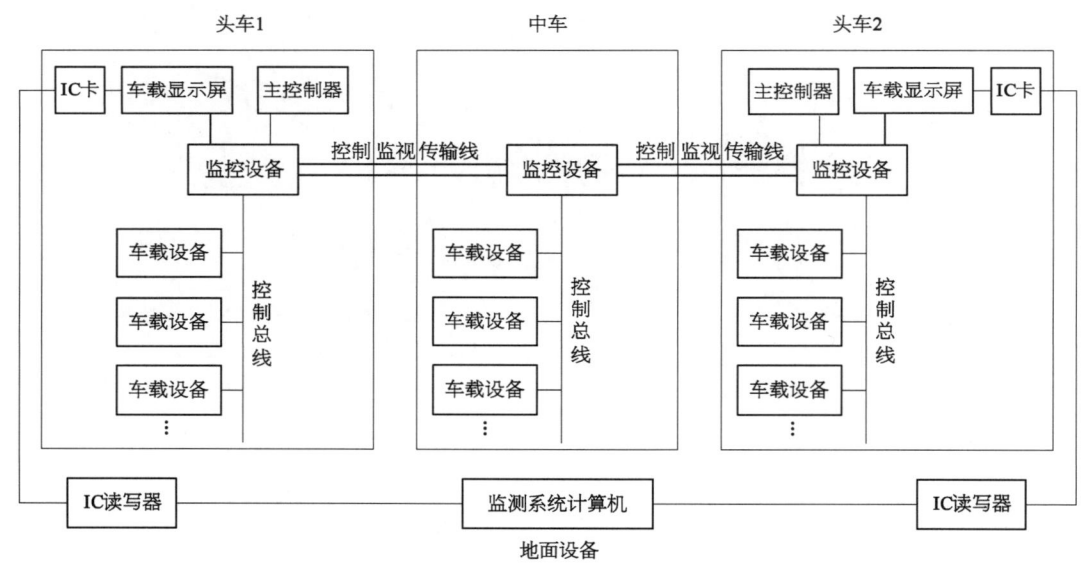

图 1-30　日本中低速磁浮 TIMS 示意图

该磁浮列车的 TIMS 负责对列车的各种状态信息进行监测,包括对列车各种故障进行记录、报警和故障综合评估,并将列车出现的故障以及故障的综合评估结果实时传送给自动驾驶系统。这些信息不仅显示在司机座位旁边的监视屏上,还通过车地感应无线通信系统发往控制室。此外,TIMS 还负责列车各种设备的控制。在日本东部丘陵线的每辆磁浮列车上都装有 TIMS 监控单元,它们之间通过高速数据链互联。

在中国北京、长沙等中低速磁浮列车上,也专门配备一套网络化状态监测与综合评估系统,其研究概况与基本结构见1.4节。在磁浮列车状态监测基础上,国内外学者对磁浮系统的异常检测算法进行了研究,本书中所研究的异常是指系统出现状态量偏离正常范围但在短时间内能恢复到原来状态的情况。异常检测是指从健康阶段开始退化到故障发生之前,对系统在实际运行过程中由于诸多因素影响而发生的异常进行检测。这些异常往往是少数、不可预测或不确定的事件,但对系统的安全性和可靠性的影响较大,因此非常有必要对系统进行异常检测。

针对中低速磁浮列车悬浮系统悬浮间隙不唯一的问题,罗建辉等提出了一种基于海林格距离和相关系数的悬浮系统异常检测方法,王平等提出了一种基于超球体高斯分布的异常检测方法,梅子等提出了一种基于加权相关系数的异常检测方法。朱跃欧等提出了一种基于阈值的控制器及悬浮间隙异常预警方法,实现了车辆异常状况的在线检测与预警,并可以将检测结果通过车辆网络上传至司机显示器,解决了车辆在线运行时不能实时检测以及检修工作量大的问题。目前,针对磁浮列车悬浮系统的异常检测技术研究还处于起步阶段,亟须研究悬浮系统的异常检测方法,评估悬浮系统的运行状态,保障磁浮列车安全稳定运行。

2) 高速磁浮列车的状态监测系统

德国的高速磁浮交通技术进行了50多年的研发,由于高速磁浮列车采用长定子直线同步电机驱动,牵引控制系统和主要的运行控制系统均在地面,采用车上无人、地面控制的自动运行控制方式,其各大系统在地面都配有完备的状态监测和故障诊断系统。

图1-31即为上海高速磁浮列车状态监测系统结构示意图。其每一节车辆有一个诊断子系统,每一列车的头车都设有列车级诊断系统,通过网络实现车辆内的故障数据采集和列车级诊断系统与各车辆级故障诊断子系统的数据传输。列车级诊断计算机对整列车的故障程度进行评估并将这些数据通过无线传输装置发送到地面,并由无线地面接收站进一步传送到运行控制中心和维护中心等。其故障诊断评估系统从设备、车辆到列车三个层次实现故障综合评估。

此外,高速磁浮列车的牵引供电、运行控制和线路轨道系统都设有相应的状态监测、故障诊断与综合评估系统。

1.3.2 故障诊断研究概况

经过近40年的迅速发展,故障诊断技术目前已经较为成熟,也取得了许多成果。就基于解析冗余的故障诊断研究方法而论,目前国际上通常将其归结为三大类:基于解析模型的方法、基于知识的方法和基于信号处理的方法。

磁浮列车悬浮控制系统在本质上具有强非线性、不确定性的特点,且要求其故障诊断系统的实时性强。从目前已有的公开资料来看,国内外针对磁浮列车悬浮控制系统的故

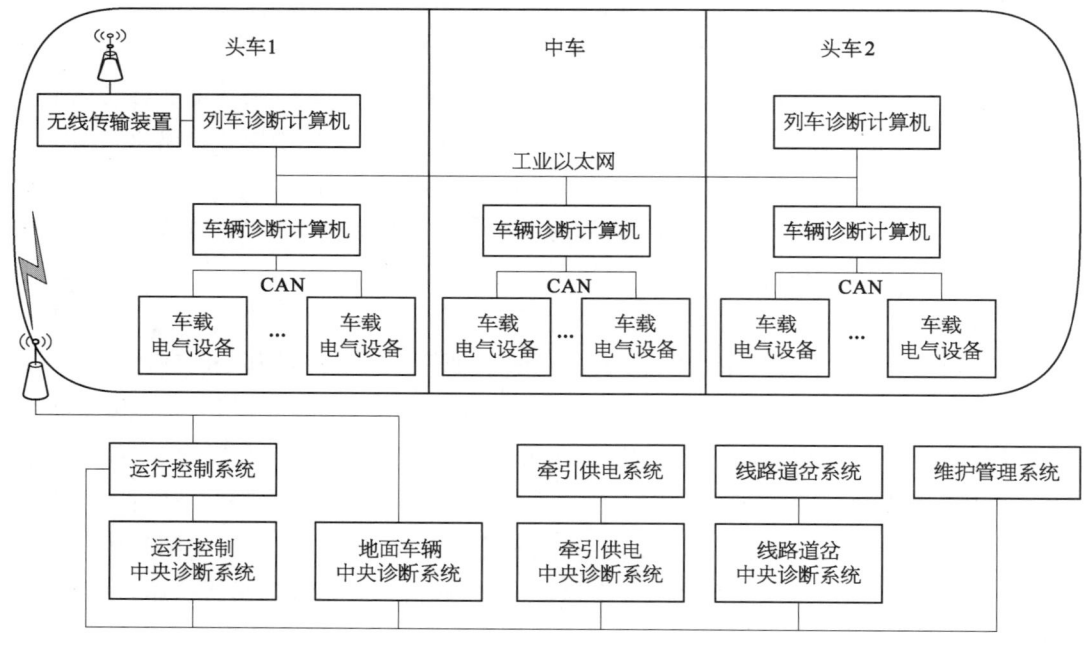

图 1-31　上海高速磁浮列车状态监测系统结构示意图

障诊断研究很少,磁浮列车悬浮控制系统的研究主要集中在系统建模、分析与控制器设计方面,国内在磁浮列车系统的故障诊断主要集中在供电、牵引子系统以及悬浮系统的安全可靠性分析方面。英国的 Michail 等针对悬浮系统的间隙传感器故障问题进行了研究,将间隙的测量值与卡尔曼(Kalman)滤波估计值,以及根据电流和磁通量密度计算得到的间隙值进行比较,从而判定间隙传感器是否发生故障。韩国的 Sung 等针对单轴双铁悬浮系统的执行器、间隙传感器以及加速度传感器的故障诊断问题进行了研究,将间隙与加速度的测量值,与由系统输入信号和电磁铁电流值计算得到的间隙与加速度值进行比较,得到残差,同时将两电磁铁的电流相互比较得到另一个残差,将前一残差的平方与该残差平方按照一定算法得到的均值相加,得到对应于该部件的故障指标,对该指标及其导数采取模糊理论算法进行决策,从而得到故障诊断结论。

磁浮轨道交通工程化应用的快速发展,对整个磁浮系统的可靠性和安全性提出了更高的要求,因此研究磁浮列车悬浮控制系统的故障诊断问题,无论对列车级故障综合评估,还是对提高悬浮系统可靠性,都具有重要的理论和工程实际意义,这也是本书研究悬浮控制系统故障诊断的出发点。

在磁浮列车故障诊断研究与应用中,故障综合评估是一项复杂的系统工程,涉及多个层次、多个系统问题,需要应用大量的数学基础和电气设备的专业知识。通过对国内外各领域大量的多指标综合评估的成功应用范例进行分析和研究,下面分别比较几种典型的综合评估方法:

(1) 德尔菲方法。为专家调查法中的一种,因此也被称为专家咨询法,指通过专家意见不断地综合、整理和反馈进行实物的评估。

(2) 基于灰色理论综合评估法。包括灰色聚类评估法和灰色关联评估法。该方法是以灰色系统理论为基础、以层次分析理论为指导的一种定量计算与定性分析相结合的评估方法,其研究对象一般是含复杂因素的大系统。

(3) 基于人工神经网络综合评估法。该方法中评估模型的建立无需人为赋权,而是利用故障/级别数据样本,通过神经网络的训练,就能客观地反映评估指标之间的内在关系。

(4) 基于模糊理论综合评估法。该方法应用模糊关系合成原理,从多个因素对评估事物隶属度等级状况进行综合评估的一种方法,它通过建立在模糊集合概念上的数学规则,能够对难以精确表达的信息采用模糊隶属度函数进行表达和处理。

从上述各种方法的比较分析中可以看出,每一种评估方法都有自己独特的适用范围以及优缺点。随着模糊综合评估方法不断发展以适应模型复杂、权重系数难以确定等问题,其在轮轨列车以及磁浮轨道交通领域引起了广泛关注。在对磁浮列车系统故障等级进行评估时,既要考虑到设备部件或某功能子系统发生严重故障时对列车系统的影响,也要考虑到发生某些次要故障对列车系统的影响。因此,磁浮列车故障等级评估工作涉及多个影响因素,各个因素的属性又分为不同的类别和层次,且许多影响因素难以量化,因而具有一定的模糊性。对于这样因素众多、具有不同层次的复杂系统,如果仅仅用简单的综合评估模型,往往很难比较系统中各因素之间的优劣次序,从而得不出有意义的评估结果。考虑磁浮列车故障等级评估的特点,必须建立一套能从总体上反映评估对象本质的评估模型,并能够将列车底层设备故障发生情况,综合成一个能够从总体上衡量磁浮列车故障等级情况的综合指标。此外,又因为该系统组成结构中的许多设备、部件因素之间都具有一定的模糊性,因此采用模糊综合评估模型对磁浮列车系统进行综合评估,是符合系统规律性的。将影响磁浮列车故障评估结果的所有因素综合考虑,并给各因素分配一定的权重值,通过模糊矩阵运算给出综合评估结果,确定列车系统的故障等级,提示驾驶员或列车自动驾驶系统采取措施,以预防灾难性事故发生。

1.3.3 容错控制研究概况

容错控制的思想最早可追溯到 1971 年,以完整性概念的提出为标志。1986 年在美国一个控制界专题讨论会的报告中正式提出容错控制(fault tolerant control,FTC)的概念。容错控制系统的根本特点是:当系统发生故障后,系统依然具有可以接受的性能。

根据设计方法的不同,容错控制分为被动容错控制和主动容错控制。被动容错控制通过设计适当结构的控制器,使闭环系统对系统的一些不确定性或特定故障不敏感。被动容错大致分为可靠镇定、同时镇定、完整性控制和鲁棒容错控制几种类型,目前有基于冗余、基于观测器、基于 Riccati 方程或线性矩阵不等式(linear matrix inequality,LMI)的被动容错方法。主动容错控制在故障发生后重新调整控制器结构或改变控制参数，保证故障前后系统性能基本一致。主动容错控制分为基于信号重构、故障补偿、增益调度的方法和在线自动设计控制器的方法，其优点在于能够保持系统正常情况下的性能不变，而局限性在于容错性能的评价依赖于故障诊断结果的准确性与及时性。被动容错需要预测故障的先验知识，主动容错则依赖于故障诊断子系统。

当前，容错控制研究主要有控制律再调度、反馈线性化重构、模型跟随法重构、伪逆建模法重构、自适应容错控制和智能容错控制等方法。另外，在容错控制的工程应用中，根据故障类别不同分别采用不同的容错策略。针对能够进行信号重构的传感器故障，采用信号重构方法。针对故障幅度较大，如严重影响系统性能的故障，采用基于切换的容错控制方法。针对微小故障，采用控制器参数在线更新的方法。对控制器进行参数化有助于求解控制器优化问题，Youla 参数化的方法指出所有线性控制器都可以写成统一的参数化形式，Kenji Fujimoto 等针对非线性控制器的参数化也做了相关的研究。即插即用（plug and play，PnP）控制结构具有保持现有控制器不变和控制器模块化的特点，该控制体系结构由不同的模块组成，可根据系统要求分别设计。

在磁浮列车的研究和发展中，系统的可靠性和安全性一直备受关注。韩国针对中低速磁浮列车悬浮系统的传感器或执行器故障，采用增益调度与基于 LMI 的鲁棒控制相结合的方法，进行悬浮系统容错控制仿真与试验，而后又提出一种控制器备份冗余的悬浮控制系统容错控制方案，两套控制回路（各包含一组传感器、信号调理器、控制器、斩波器单元）一个为主回路，一个为从回路。正常情况下，主回路完成悬浮控制处理，从回路负责监视主回路状态，一旦主回路发生故障则立即将从回路转换为主回路，完成故障后的稳定悬浮控制，该方法已经成功应用到韩国磁浮列车。英国的 Michail 等在悬浮系统间隙传感器发生故障的情况下，采用 Kalman 滤波器估计得到的间隙值与根据电流和磁通量密度值计算得到的间隙值的均值来代替测量值，实现了容错，其中控制器与 Kalman 滤波器的参数采用 NSGAII 算法进行调整。德国高速磁浮列车和中国国产化高速磁浮列车的悬浮控制系统都是通过采用搭接冗余的悬浮结构，当转向架上的某个悬浮节点出现故障时，其相邻节点通过搭接结构承担该故障节点的重量，从而在结构上实现了悬浮支撑的冗余。

1.4 磁浮列车状态监测与故障诊断系统设计

磁浮列车的状态监测与故障诊断系统主要由两大部分组成：车载状态监测与故障诊断系统（简称"车载系统"）、地面状态监测与故障诊断系统（简称"地面系统"）。车载系统和地面系统相互协作，共同完成对磁浮列车系统的状态监测和故障诊断。车载系统负责采集列车车载悬浮、车载辅助供电、牵引、制动、测速定位、线路、车厢电器等子系统的运行状态数据，并将采集到的数据一方面传送至头车驾驶室内的列车级诊断计算机进行故障综合评估，另一方面利用车载的无线通信装置（TSC），将关键运行状态数据和故障评估结果发送到地面系统。地面系统分为车辆远程诊断系统、地面变电站监测系统、道岔监控系统和运行控制监测四个子系统，分别采集车辆系统、变电站、道岔系统和运行控制系统的状态信息，地面系统综合各个子系统的状态和故障数据，对整个中低速磁浮交通系统的运行状况进行故障综合评价，为地面运行指挥决策提供依据，为运行维护提供支持。车载和地面状态监测与故障综合评估系统总体结构如图1-32所示。

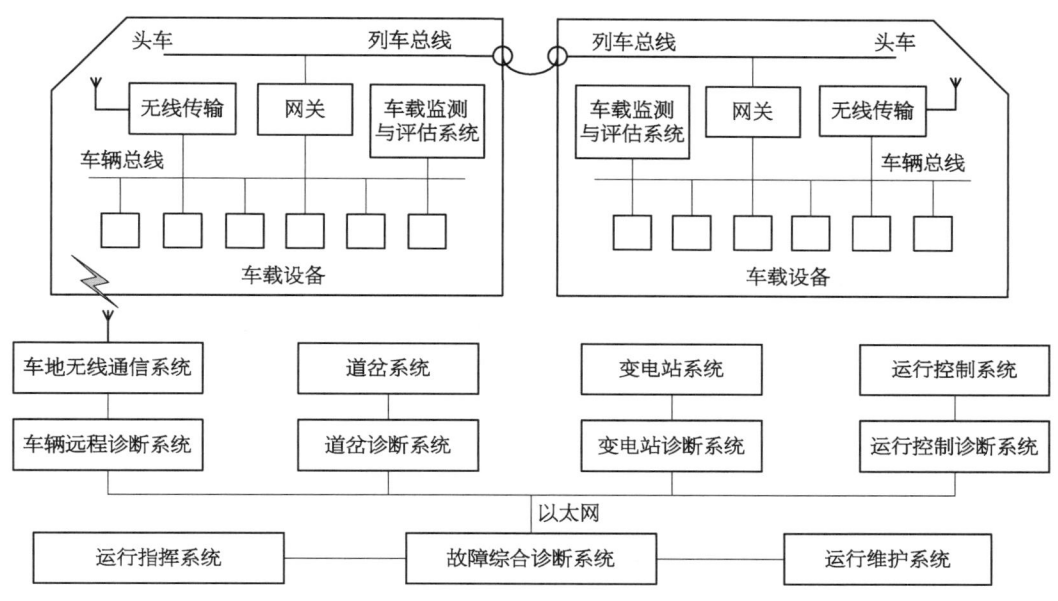

图1-32　磁浮列车状态监测与故障诊断系统总体结构示意图

对磁浮列车故障综合评估正是依靠本套状态监测系统所获得的故障信息来实现的，系统具体的工作流程如下：

车载系统通过车辆总线收集车载底层设备的状态信息，同时经过网关从列车总线收集同列车中其他车辆底层设备的状态信息，系统对列车设备运行状态进行综合分析处理，对故障状态进行综合评估处理，并把信息分析处理结果通过无线传输装置发送到地面车辆远程诊断系统。

在地面的故障综合评估系统中，车辆远程诊断系统通过车地无线通信系统接收车载电气设备各种状态信息；道岔诊断系统采集道岔现场行程开关、驱动组件等设备状态信息；变电站诊断系统收集地面变电所内各种电压电流设备状态信息；运行控制诊断系统采集地面运行控制室各种仪器设备状态信息。所有这些子系统对采集到的状态数据进行分析处理后，通过以太网将各子系统状态监测和故障评估情况发送给地面故障综合诊断系统，由此实现对列车系统故障情况的综合评价，为系统的运行指挥以及运行维护提供依据。

接下来将介绍车载和地面各子系统的状态监测与故障诊断系统的硬件设计方案和实现情况。

1.4.1　车载状态监测与故障诊断系统

中低速磁浮列车每辆车均为动车，车载电气设备众多且每辆车基本相同，数据交换量大。因此，我国各型中低速磁浮列车的车载状态监测与故障诊断系统硬件平台借鉴了传统轮轨交通车辆监控系统设计思路，均采用车载分布网络监测方案，即"三级两线"的通信方案。三级是指采用列车级、车辆级和设备级，两线是指采用列车级总线加车辆级总线的分层分布通信方式。该通信网络将列车控制与诊断系统的各个层次、各个单元之间连接起来，作为整列车信息交换和共享的渠道。目前，国内外相关铁路标准最新推荐的列车通信网络主要包括绞线式列车总线（wire train bus，WTB）+多功能车辆总线（multifunction vehicle bus，MVB）和 LonWORK 总线。国内外高速和中低速磁浮列车车载通信网络采用的列车总线和车辆总线类型具体如下：日本东部丘陵线运营的 Linimo 中低速磁浮列车采用基于 RS-485 总线的通信方案；上海磁浮示范线运营的德国高速磁浮列车采用工业以太网/控制器局域网总线（controller area network，CAN）诊断网通信方案；西南交通大学参加研制的中低速磁浮列车试验车采用 CAN 总线监测方案；上海中低速磁浮列车采用 WTB/MVB 总线监控方案；国防科技大学参加研制的 CMS03 型磁浮试验车采用 Profibus/CAN 总线监测方案，CMS03A 和 CMS04 型磁浮列车采用 WTB/MVB 总线结构监控方案，另外在 CMS03 车也进行了工业以太网/CAN 总线的试验。下面针对磁浮列车上应用的几种车载通信网络进行比较分析。

1) *磁浮列车通信网络的实际应用*

对于 CMS-03 型磁浮试验车（单辆头车），考虑当时中国国内没有全套符合铁路通信网络标准的车载电气设备，因此采用的是应用于工业控制领域的宽温型 S7-300 型 PLC 作为列车级和车辆级诊断计算机，并采用 Profibus 作为列车级总线、CAN 作为车辆级总线进行系统集成和软件开发，Profibus 总线和 CAN 总线之间通过智能网关进行数据交互。作为列车的诊断网络系统，该套网络系统伴随 CMS03 车运行至今，没有出现影响列车运行的故障。选用通用工业控制产品，该方案虽然开发方便，但 Profibus 总线冗余问题和编组的自适应问题实现困难，车载诊断计算机既有的安装方式不适应车载环境，且在铁路交通应用案例较少。CAN 总线作为一种性价比较高的控制器总线，由于采用短帧结构，其实时性、可靠性很难满足车辆级设备之间大容量的实时数据传送。

在 CMS03 型磁浮试验车上，还进行了工业以太网/CAN 通信网络方案的试验，该方案也采用车辆级与列车级的分层网络结构。在车辆内部，车辆级诊断系统与底层设备之间由 CAN 总线实现连接；列车级诊断计算机通过工业以太网总线将各个车辆诊断计算机连接，利用嵌入式透明网关实现以太网和 CAN 总线之间的无缝连接。工业以太网具有开放性好、应用广泛、成本低廉等显著优点，将工业以太网应用于轨道交通是发展趋势，而应用于列车故障诊断在高速磁浮列车领域已有成功案例，但用作磁浮列车车载控制网络的布线等硬件技术以及实时性方面还需要实践的检验。

随着列车通信网络标准在国内外的普遍应用，支持 WTB 和 MVB 总线的铁路车载电气产品和成功应用的案例越来越多；另外从简化布线、提高控制和调试的灵活性角度出发，需要采用一种既适合列车状态监测与故障诊断，又能够实现列车网络控制的列车总线和车辆总线。通过对试验的几种列车通信网络的分析比较，CMS03A 型磁浮列车工程化样车（单辆头车）选用了 WTB 作为列车总线和 MVB 作为车辆总线的网络通信方案。根据磁浮列车的实际应用情况，与上述其他列车通信总线比较，WTB 和 MVB 总线主要特点如下：

（1）WTB 总线在运行时可以进行自动配置，当列车编组改变时，列车总线各节点执行初运行，给每个节点分配连续地址，因此较适用于列车级网络，这是 WTB 总线最显著的特色，其余总线均不具备此能力。WTB 总线的波特率可达 1 Mbit/s，总线跨距长达 860 m，最多可以挂 32 个智能节点；MVB 组网方式为预先配置，适合车辆级网络，该总线的波特率可达 1.5 Mbit/s，使用光纤作为介质时总线跨距长达 2 000 m，最多可以挂 256 个智能节点。

（2）WTB、MVB 采用主从方式下的确定性的介质访问控制方式，所有设备只能在受控的确定时间内访问介质。这样可以有固定的响应时间，但代价是需要发轮询帧，总线利用率相对较低。而 CAN 采用的是改进的 CSMA（载波监听、多路访问）方式，虽然加入了优先级，但不能保证实时数据在任何网络负载情况下都能满足确定的响应时间限制。

（3）在可靠性方面，几种总线都在各自规定的应用条件下具有可靠的检错能力，但 WTB、MVB 还具备介质冗余和主设备冗余能力。

根据上述列车通信网络方案实际应用比较，在 2009 年 5 月研制的 CMS04 型实用化磁浮列车的车载状态监测与故障诊断系统中采用符合 IEC61375 标准的分布式 TCN 网络结构方案，即列车级总线采用 WTB，车辆级总线采用 MVB，WTB 与 MVB 之间用中央控制单元（CCU/CCUR）网关连接转换。

2）CMS04 型实用化磁浮列车的车载状态监测与故障诊断系统

CMS04 型实用化磁浮列车（两编组）的车载状态监测与故障诊断系统总体框架结构如图 1-33 所示。系统主要组成如下：

（1）列车总线（WTB）。贯穿于整列车并连接列车的所有车辆节点，用于传递列车级的指令、状态和数据。其介质采用双绞屏蔽线，且列车总线采用双套冗余，若一路发生故障能自动切换到另一路，保证列车网络正常工作，它通过列车操作端确定总线的主节点。

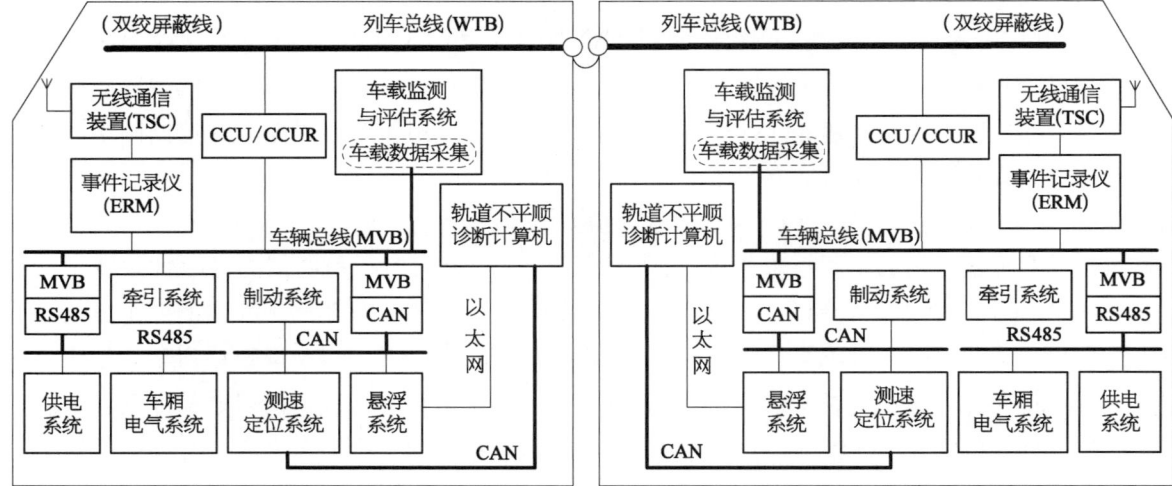

图 1-33　车载状态监测与故障诊断系统硬件结构

(2) 车辆总线(MVB)。连接车辆内部的各设备,用于传递车辆级的指令、状态和数据。车辆网络由 MVB 主干网络、CAN 总线、RS-485 总线等二级扩展网络共同组成,介质均采用屏蔽双绞线,且 MVB 也是采用双通道冗余的。MVB 主干网络连接牵引逆变器、车载监测与故障诊断系统、运行控制信号屏、数据记录器等设备,主要传送控制、状态监测和诊断数据。

(3) CAN 总线扩展网络。由 MVB/CAN 网关引出,连接 10 套悬浮系统、制动系统以及 2 套测速定位系统等设备,主要传送状态监测和诊断数据。

(4) RS-485 总线扩展网络。由 MVB/RS-485 网关引出,连接车载 AD110 V 控制电源、DD330 V 悬浮电源、DA380 V 辅助逆变器等供电系统设备以及车门和空调等车辆电气设备,主要传送状态监测和诊断数据。

(5) 冗余的车辆控制器(CCU/CCUR)。完成车载电气设备的信息监测、信息处理、控制指令生成、故障诊断、数据存储等功能,并作为列车总线与车辆总线之间的网关。

(6) 事件记录仪(ERM)和无线通信装置(TSC)。在每个司机室里都安装了该设备,既能对所有重要的操作进行记录,又存储记录列车发生故障时的环境状态数据,且 TSC 可以将记录数据传送到地面。

(7) 轨道不平顺诊断计算机。综合利用测速定位系统和悬浮系统状态信息来实现对线路轨道的状态监测和评估。

(8) 车载监测与故障诊断系统。分别采用 TPX20 智能显示器与嵌入式 Linux 作为监测诊断系统的硬件与软件平台,并在 Linux 操作系统环境下,利用面向对象技术,对车载监测和诊断系统软件进行了开发,最终实现对列车各子系统状态信息的采集、故障诊断结果显示以及记录。

1.4.2 地面状态监测与故障诊断系统

在车载状态监测和故障诊断系统建立的基础上,为了在地面实现中低速磁浮交通系统的磁浮车辆、线路轨道、牵引与供电、运行控制设备的状态监测和故障诊断,保障列车安全运行,在唐山磁浮试验线建立了一套地面状态监测与诊断系统。

图1-34为磁浮列车的地面状态监测与故障诊断系统结构示意图。从图中可以看出,该系统主要监测车辆、地面变电站、道岔和运行控制等子系统的状态信息,各子系统采用相应的通信方式与地面综合诊断系统进行数据传输,由此实现对磁浮列车及地面相应配套设施的综合监测与诊断。其中,车辆监测与诊断子系统的状态数据是由车载数据记录仪模块(ERM)从列车中央控制单元(CCU)采集得到,并通过车载无线通信装置(TSC)经GPRS和无线局域网两种途径传输到地面,利用无线网络来接收相应数据。因此,一方面实现了对车辆系统的远程实时状态监测,另一方面利用高速无线局域网技术实现了车辆系统中大量数据的下载。对地面变电站子系统状态的监测与诊断则是通过Modbus/RS-485总线,以相对应的协议,经智能电力仪表实现的;对道岔系统状态的监测与诊断是采用CP-5611卡通过Profibus-DP总线采集道岔控制器的数据实现。运行控制系统通过以太网直接连接到地面的故障诊断系统。

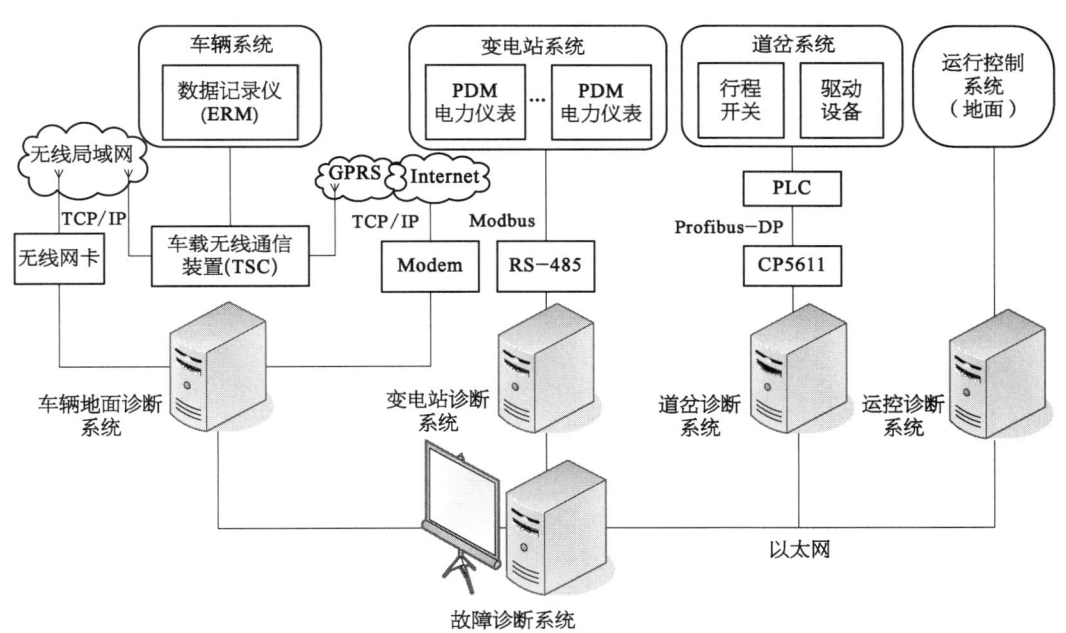

图1-34 地面状态监测与故障诊断系统结构示意图

从2009年5月以来,该地面状态监测与故障诊断系统一直在唐山磁浮试验线投入运行,为系统运行维护提供了技术保障。

第 2 章

基于数据的磁浮列车悬浮异常状态检测

磁浮列车悬浮系统异常是指系统出现状态量偏离正常范围,但在短时间内能恢复到原来状态的情况。异常检测是指从健康阶段开始退化到故障发生之前,对系统在实际运行过程中由于诸多因素的影响而发生的异常进行检测,这些异常往往是少数、不可预测或不确定的事件,且对系统的安全性和可靠性的影响较大。更进一步,为保证磁浮列车的稳定运行,应在线监测各悬浮点的状态数据,实现磁浮列车悬浮系统异常状态实时性监测。

本章针对悬浮系统在运行过程中的异常检测问题,将介绍三种离线异常检测算法,并利用磁浮列车运行数据进行离线异常检测试验验证。在此基础上,介绍了一种基于长短时记忆(long short term memory,LSTM)神经网络的磁浮列车悬浮系统在线异常监测方法,并利用 LSTM 神经网络实现磁浮列车悬浮系统运营线数据的异常在线监测。

2.1 概 述

当前异常检测方法主要可分为基于预设阈值、基于专家系统、基于物理模型和基于数据的异常检测方法。基于预设阈值的异常检测方法通过判断待监测参数是否超出预设阈值来实现异常检测。虽然这种方法操作简单,可检测出数据中较严重的异常模式,但很多异常事件发生时并不会引起参数超限。基于专家系统的异常检测方法依赖专家系统构建的知识库来检测数据的异常,但由于磁浮列车悬浮系统异常数据较少,该类方法很难构建准确且完备的数据规则库。基于物理模型的异常检测方法具有较高的准确性,但由于悬浮系统的复杂性,建立物理模型非常费时,且无法建立精确的物理模型。基于数据的异常检测方法利用积累的历史数据建立异常检测模型,可实现数据中非预期异常事件的检测。数据驱动的异常检测方法摆脱了对关键结构与系统设计参数的依赖性。在检测过程中,它无需手动设置阈值、搭建知识库和构建物理模型,且具有对专业知识要求低和普适性强的优点,近年来被广泛应用于各个领域,并取得了良好效果。对于基于数据的异常检测方法,由于悬浮系统的复杂多样,包含的数据信息也是多种多样的,从数据利用角度可分为基于单维时间序列的异常检测和基于多维时间序列的异常检测。

在基于单维时间序列的异常检测方面,介绍了一种基于超球体高斯分布的单维时间序列异常检测方法,通过 Walsh 特征提取和基于超球体的特征选择,使得用于进行检测的特征数据很好地呈现高斯分布,从而有效地解决系统存在数据不平衡和非高斯分布的情况。同时,通过基于高斯分布的异常阈值设定,相比传统的固定的经验阈值设定,该方法通过利用特征之间欧式距离的分布特性来设定异常阈值,能够根据从所使用的检测数据中提取特征的分布不同而更新阈值,从而实现更高的检测率和更低的虚报率。

在悬浮系统中,仅利用单维时间序列进行异常检测,已无法适应磁浮列车悬浮系统这类复杂的机电磁耦合控制系统。因此,给出一种基于改进的典型相关分析(canonical correlation analysis, CCA)的多维时间序列异常检测方法,既可以利用系统的所有状态数据,又可以相应地减少计算量,对悬浮系统的异常检测适应性更强。该方法利用悬浮系统的输入输出数据,通过 CCA 建立得到多维数据的一个二次统计量检测指标,并基于 Box-Cox 变换将因为数据的非高斯分布而导致的二次统计量检测指标也呈现的非高斯分布转换为高斯分布,并基于高斯分布的特点设定阈值。可以发现,利用多维时间序列进行检测时,明显是能对整个悬浮系统的异常进行全面的检测,能检测出单维时间序列无法检测出来的异常。

悬浮控制系统间的复杂性和各部件间的耦合关系会导致多维数据间存在相关性。当异常发生时,通过传感器获得的多维数据都包含着系统的异常信息,且异常情况的发生会影响数据之间的相关性,即某些数据会由于异常引起一定的波动,因此这里介绍一种基于加权相关系数和最小距离的异常检测方法。首先,该方法根据运行数据确定当前运行工况并切换到相应的模型,之后基于自相关分析,选取该工况下的数据长度 L。在训练阶段,以长度为 L 的健康数据为基准,采用加权相关系数法对悬浮系统数据进行异常检测,获得异常状态模型。在测试阶段,利用加权相关系数法进行异常检测,根据对应的异常检测指标 H 判断是否发生异常。该方法可以充分考虑数据间的相关性,从而进一步提高了异常检测的准确性。利用磁浮列车实际运营线数据对该方法进行离线验证,试验结果验证了基于加权相关系数和最小距离的异常检测方法能有效检测出悬浮系统异常数据。

随着科学技术的蓬勃发展,人工智能技术引起学术界和工业界的广泛关注,神经网络在人工智能领域的应用也成为学者们的研究热点。循环神经网络(recurrent neural network, RNN)应运而生。RNN 是深度学习中的一个重要分支,常用于处理与时间序列相关的数据,因为 RNN 中隐藏层自连接的特殊结构使其可以记住时间序列数据中的上下文信息。然而,在训练过程中 RNN 模型隐藏层内部容易出现梯度爆炸和梯度消失问题,使得网络无法学习或梯度不能在较长序列中传递。一般而言,梯度爆炸问题较容易处理,而梯度消失问题则较难处理。为了缓解 RNN 中梯度消失问题,1997 年 Schmidhuber 和 Hochreiter 对传统 RNN 的结构进行了改进,提出了典型的 LSTM 神经网络,其与传统 RNN 基本结构不同的是,LSTM 神经网络的隐藏层也就是循环层内不再是简单地使用一个激活函数来控制信息,而是引入了长期记忆细胞状态,且使用"门"结构来控制不同时刻的状态和输出。LSTM 神经网络则因此结构缓解了传统 RNN 中易出现的梯度消失问题。LSTM 神经网络能够处理多变量连续时间序列数据,而无须降维,通过预测值与真实值的误差进行异常检测,检测率高、实时性强,且能够检测潜在特征中的异常,具有十分重要的研究价值和应用前景,其应用已经渗透到人们生活中的很多方面。针对在线异常检测需求,本章 2.5 节给出了一种基于 LSTM 神经网络的磁浮列车悬浮系统在线异常检测方法,该方法不需要对原始数据进行预处理,也不需要对异常数据判断的经验积累,适用于各类不同长度的磁浮列车悬浮数据的在线异常检测。

2.2 基于单维时间序列数据的异常状态检测

由于悬浮系统的异常数据只占总数据的很少一部分,数据不平衡的问题增大了异常检测的难度。因此,为满足悬浮控制系统在工程应用中能有效检测出异常的需求,接下来将介绍一种基于超球体高斯分布的单维时间序列异常检测方法。

异常检测主要分为三个步骤:① 先通过移动窗获得健康样本,然后考虑到快速沃尔什变换具有运算速度快的特点,通过快速沃尔什变换提取健康样本的特征。② 由于特征之间的差异性和相关性导致特征分布的空间为超椭球体,如果采用空间为超球体的阈值进行检测,则会导致漏报和误报的问题,同时在特征矩阵中某些特征本身没有区分性,需要进行降维处理。因此,为了使特征分布的空间为近似超球体,通过标准化处理和主成分分析(principal component analysis,PCA)进行特征选择。③ 基于特征之间的欧氏距离,利用其分布特征设定异常阈值。

2.2.1 基于快速沃尔什变换的特征提取

1) 快速沃尔什变换

1923 年,沃尔什(Walsh)在正交不完备的雷德麦彻函数的基础上提出了 Walsh 函数:

$$R(n,t) = \mathrm{sgn}[\sin(2^n \pi t)] \tag{2-1}$$

式中,sgn 是正负号函数:

$$\mathrm{sgn}(x) = \begin{cases} 1, & x > 0 \\ -1, & x < 0 \end{cases} \tag{2-2}$$

式中,当 $x = 0$ 时,sgn 无定义。

由函数的定义可知,$R(n,t) \in \{-1,1\}$ 且为周期函数。Walsh 函数的排列方式有三种,分别是 Walsh 排列、佩利(Paley)排列和哈尔玛(Hadamard)排列。其中,由于 Hadamard 矩阵可以通过自身低阶矩阵的克罗内克积(Kronecker product)递推其高阶矩阵,Walsh 变换大多选用 Hadamard 排列的 Walsh 函数作为基函数。按 Hadamard 排列的 Walsh 函数可以表示为

$$wal_H(i,t) = \prod_{k=1}^{p} [R(k,t)]^{\langle i_{k-1} \rangle} \quad (2-3)$$

式中，$i=0,1,\cdots,N-1$ 是序列号；$n=2^p$，p 为正整数；$0 \leqslant t < 1$；$R(k,t)$ 是标号为 $k(1 \leqslant k \leqslant p)$ 的 Rademacher 函数；$\langle i_{k-1} \rangle \in \{0,1\}$，是 i 的 p 位倒序自然二进制码的第 $k-1$ 位数。

Hadamard 排序的最大优点在于，其具备一个简单明了的递推关系——高阶矩阵可由两个低阶矩阵的 Kronecker product 求得，即

$$\boldsymbol{H}_{2^n} = \boldsymbol{H}_2 \otimes \boldsymbol{H}_{2^{n-1}} = \begin{bmatrix} \boldsymbol{H}_{2^{n-1}} & \boldsymbol{H}_{2^{n-1}} \\ \boldsymbol{H}_{2^{n-1}} & -\boldsymbol{H}_{2^{n-1}} \end{bmatrix} = \begin{bmatrix} \boldsymbol{H}_{2^{n-1}} & 0 \\ 0 & \boldsymbol{H}_{2^{n-1}} \end{bmatrix} \begin{bmatrix} \boldsymbol{I}_{2^n} & \boldsymbol{I}_{2^n} \\ \boldsymbol{I}_{2^n} & -\boldsymbol{I}_{2^n} \end{bmatrix} \quad (2-4)$$

式中，$\boldsymbol{H}$ 为按照 Hadamard 排序的 Walsh 矩阵；$\otimes$ 为 Kronecker product；$\boldsymbol{I}$ 为单位矩阵；$\boldsymbol{H}_2 = \begin{bmatrix} 1 & 1 \\ 1 & -1 \end{bmatrix}$。

一维离散 Walsh 变换表示为

$$W(i) = \frac{1}{p} \sum_{t=0}^{p-1} f(x) * wal(i,x) \quad (2-5)$$

则离散 Walsh 变换的矩阵表示为

$$\begin{bmatrix} \boldsymbol{W}(0) \\ \boldsymbol{W}(1) \\ \vdots \\ \boldsymbol{W}(p-1) \end{bmatrix} = \frac{1}{p} \boldsymbol{H}_p \begin{bmatrix} \boldsymbol{x}(1) \\ \boldsymbol{x}(2) \\ \vdots \\ \boldsymbol{x}(p-1) \end{bmatrix} \quad (2-6)$$

上二式中，$*$ 代表点乘；$\boldsymbol{H}_p$ 为 p 阶的 Hadamard 矩阵。

一维 Walsh-Hadamard 变换旨在将一个函数分解成无数个 $wal(i,t)$ 的叠加，一维离散 Walsh 变换则是从连续的 $wal(i,t)$ 在等间距的 N 个点上采样得到。由式(2-5)可知，Walsh-Hadamard 变换的本质是将离散序列 $f(x)$ 的各项值的符号按一定规律改变后，进行加减运算。由于计算机处理加减法的运行速度远快于乘除法运算，因此 Walsh 变换比采用复指数运算的离散傅里叶变换和采用三角函数的离散余弦变换要简单得多。

快速沃尔什变换(fast Walsh-Hadamard transform，FWHT)就是将离散序列 $f(x)$ 按奇偶进行分组分别进行 Walsh 变换。FWHT 的基本关系为

$$\left.\begin{aligned} W(i) &= \frac{1}{2}[W_e(i) + W_o(i)] \\ W\left(i + \frac{N}{2}\right) &= \frac{1}{2}[W_e(i) - W_o(i)] \end{aligned}\right\} \quad (2-7)$$

式中，W_e、W_o 分别表示输入序列的偶数项和奇数项。

2) 特征提取

由于悬浮系统在不同运行场景下所产生的数据之间存在较大差异,需要对数据进行划分,以便在不同的运行场景下进行异常检测,这样有利于提高检测的可靠性。因此,本节通过 FWHT 提取不同数据类别的特征。以某一类别为例,通过宽度为 s 的移动时间窗口从向量 $z=(z_1, z_2, \cdots, z_L)$ 获得 $M(M=L-s+1)$ 个健康样本矩阵 $\boldsymbol{m} \in \mathbf{R}^{s \times M}$ 后,通过 FWHT 获得特征矩阵 $\boldsymbol{Q} \in \mathbf{R}^{2^n \times M}(2^{n-1} < s \leqslant 2^n)$,并使用中值滤波对特征进行去噪,最后获得其特征矩阵 $\tilde{\boldsymbol{Q}} \in \mathbf{R}^{2^n \times M}$。

2.2.2 基于超球体思想的特征选择

2.2.2.1 特征中存在的问题

提取的特征主要存在差异性、相关性和高维性问题。下面分别对这三个问题进行分析。

1) 特征的差异性

由于特征之间差异大,特征的分布空间成为一个超椭球体,而根据特征距离的阈值所获得的分布空间是一个超球体,如图 2-1 所示。图 2-1 中,圆由异常阈值获得;超椭球体由特征之间的距离获得,属于真实的分布。

此时,椭圆和圆存在交集,这样会产生误报和漏报的问题。为了减少特征之间的差异性,本节通过标准化处理,沿着坐标轴的方向伸展或压缩超椭球体,使特征分布空间比原始空间分布更球形化。

此外,当所有样本的某一特征都接近 0 时,说明该特征对异常检测的贡献很小,可以直接删除该特征。

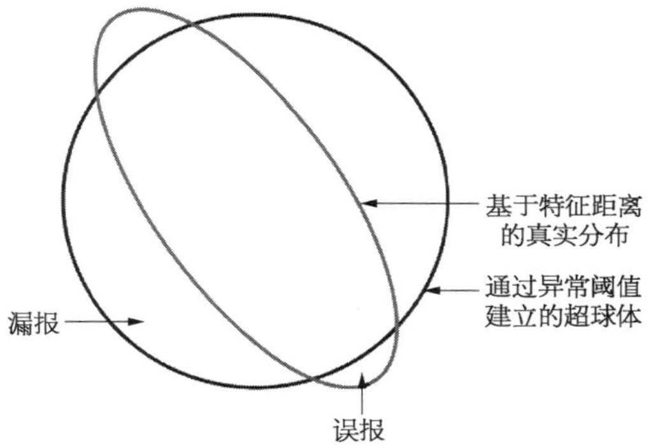

图 2-1 漏报和误报的示意图

2) 特征的相关性

虽然高维特征可以分解成很多种二维特征组合的投影结果,但不需要对每一种组合进行分析。可以将组合结果分为三个类别:第一类是不相关;第二类是正相关;第三类是负相关。根据下式计算特征矩阵的相关系数矩阵:

$$\boldsymbol{\Sigma}_{xy} = \frac{l \sum_{i=1}^{l} \boldsymbol{x}_i \boldsymbol{y}_i - \sum_{i=1}^{l} \boldsymbol{x}_i \cdot \sum_{i=1}^{l} \boldsymbol{y}_i}{\sqrt{l \sum_{i=1}^{l} \boldsymbol{x}_i^2 - (\sum_{i=1}^{l} \boldsymbol{x}_i)^2} \cdot \sqrt{l \sum_{i=1}^{l} \boldsymbol{y}_i^2 - (\sum_{i=1}^{l} \boldsymbol{y}_i)^2}} \tag{2-8}$$

式中,x_i 为特征向量 $\boldsymbol{x}$ 的第 i 个值;y_i 为特征向量 $\boldsymbol{y}$ 的第 i 个值;l 为向量的长度。

如果特征向量 $\boldsymbol{x}$ 和特征向量 $\boldsymbol{y}$ 的相关系数 $|\boldsymbol{\Sigma}_{xy}|$ 很小,则特征空间倾向于超球体,其边界可以描述;否则,特征空间倾向于超椭球体,其边界难以描述。当特征空间倾向于超

椭球体时，虽然可以使用超球体来描述超椭球体，但不可避免地会引起误报和漏报，如图 2-1 所示。因此，需要去除特征间的强相关性，使得特征空间的分布倾向于超球体。

3）特征的高维性

除了差异性和相关性，特征矩阵中还会存在一些对异常检测没太大帮助的特征，故需要降低特征的维数。然而，如果维数减少过多，会引起特征维数过低，可能会导致信息损失，从而导致有较大的误差。因此，需要避免在减少特征维数时丢失过多信息。

2.2.2.2 处理方法

为了解决上述问题，采用 PCA 来降低特征矩阵的维度。具体步骤如下所述。

步骤 1：标准化原始特征。为了消除不同尺寸的影响，对原始特征矩阵 $\tilde{Q}$ 进行标准化处理，以获得新的特征矩阵 W：

$$W = \frac{\tilde{Q} - E(\tilde{Q})}{\sqrt{\text{var}(\tilde{Q})}} \tag{2-9}$$

式中，$E(\tilde{Q})$ 为矩阵 $\tilde{Q}$ 的平均值；$\text{var}(\tilde{Q})$ 为矩阵 $\tilde{Q}$ 的方差。

步骤 2：求解特征值和特征向量。通过式(2-10)获得协方差矩阵 $V \in \mathbf{R}^{2^n \times 2^n}$ 后，计算协方差矩阵的特征值和相应的特征向量，即

$$V = \frac{WW^{\mathrm{T}}}{M-1} \tag{2-10}$$

式中，协方差矩阵 V 的特征值为 $(\lambda_1, \lambda_2, \cdots, \lambda_{2^n})$，相应的特征向量为 $t_1, t_2, \cdots, t_{2^n}$。其中，$\lambda_1 \geqslant \lambda_2 \geqslant \cdots \geqslant \lambda_{2^n}$。

步骤 3：确定主要成分的数量。贡献率 η_i 和累积贡献率 $\eta_{\sum}$ 的计算公式分别为

$$\eta_i = \frac{\lambda_i}{\sum_{i=1}^{2^n} \lambda_i} \times 100\% \tag{2-11}$$

$$\eta_{\sum}(\theta) = \sum_{i=1}^{\theta} \eta_i \tag{2-12}$$

式中，主成分的数量 θ 取决于累积贡献率。通常，将累积贡献率大于设定的累积贡献率阈值 γ 的特征向量作为主要成分，且 γ 可根据需求由用户定义。

步骤 4：确定主成分矩阵。在确定累积贡献率后，通过式(2-12)得到由 θ 个特征向量组成的特征矩阵 $Z = [t_1, t_2, \cdots, t_\theta]$，则系统的 m 个样本的主成分矩阵为 $\tilde{V} \in \mathbf{R}^{\theta \times m}$，即

$$\tilde{V} = ZW \tag{2-13}$$

2.2.3 基于高斯分布的异常阈值设定

由于经过式(2-9)处理后特征的样本均值为零，因此超球体的球心 O 是原点。一般

来说,系统退化的总体趋势是单调的,且在发生故障前,其工作状态可分为健康和异常两种。因此,通过设置异常阈值,可将健康和异常样本区分开。

根据超球体的特点,与球心的距离可用于区分健康特征样本和异常特征样本,其表达式为

$$\boldsymbol{D}_{1\times i} = \sqrt{\sum_{j=1}^{\theta} (h_{ji} - O_j)^2} \tag{2-14}$$

式中,h_{ji} 为第 i 个样本的第 j 个特征;$j = 1, 2, \cdots, \theta$;$i = 1, 2, \cdots, m$。

样本与球心距离的概率分布如图 2-2 所示。图 2-2 中,横坐标为样本与球心的距离,纵坐标为概率值,虚线为异常状态的概率分布曲线,实线为健康状态的概率分布曲线。如果获得的距离的分布图为非高斯的,可对距离以 10 为底取对数,使得分布服从近似高斯分布。如果以离球心最远的样本特征的距离为半径,球体很可能包括了异常样本的特征,增大了漏报的风险。如果半径太小,分布在球体之外的健康样本会被检测为异常样本,增大了误报的概率。因此,需要找到更适合的半径。

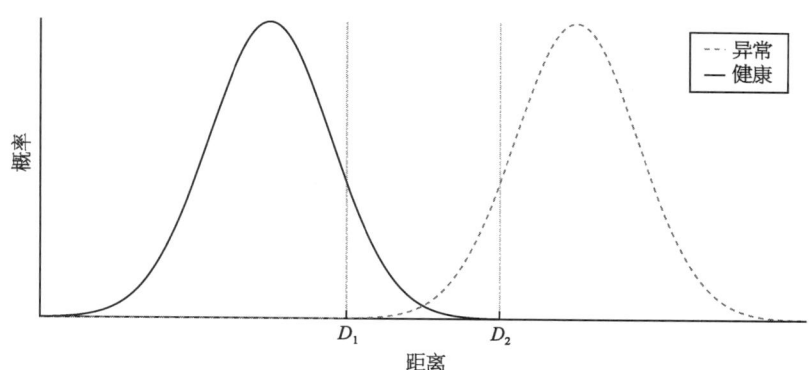

图 2-2 样本与球心距离的概率分布

根据两种状态的概率密度分布曲线,阈值的确定主要分为三种情况:如果不确定两条曲线是否有交集,则在健康状态概率分布曲线上选择一个区间作为阈值;如果两条曲线有交集,则在两条曲线的交集区间 $[D_1, D_2]$ 中选择一个合适的阈值;如果两条曲线没有交集,则选择两条曲线之间的中间值作为阈值。由于实际工程中异常数据量远小于健康数据量,因此以健康数据为基础划分阈值。如图 2-3 所示,"*"为健康样本,"▲"为异常样本。由图可见,与球心的距离小于 D_1 的样本为健康样本,与球心的距离大于 D_1 的

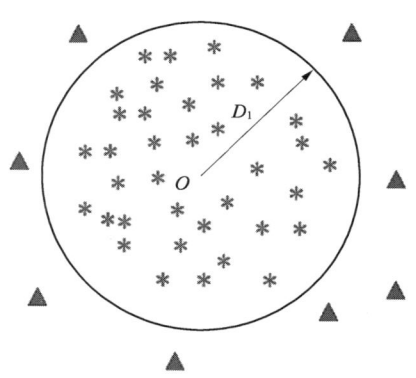

图 2-3 异常检测模型示意图

样本为异常样本。

系统异常检测流程如图 2-4 所示,左侧虚线框为各类数据下异常检测模型的获取,主要分为数据划分、建立模型和多模型切换三部分。右侧虚线框为异常检测,主要是实现对系统异常的离线检测。

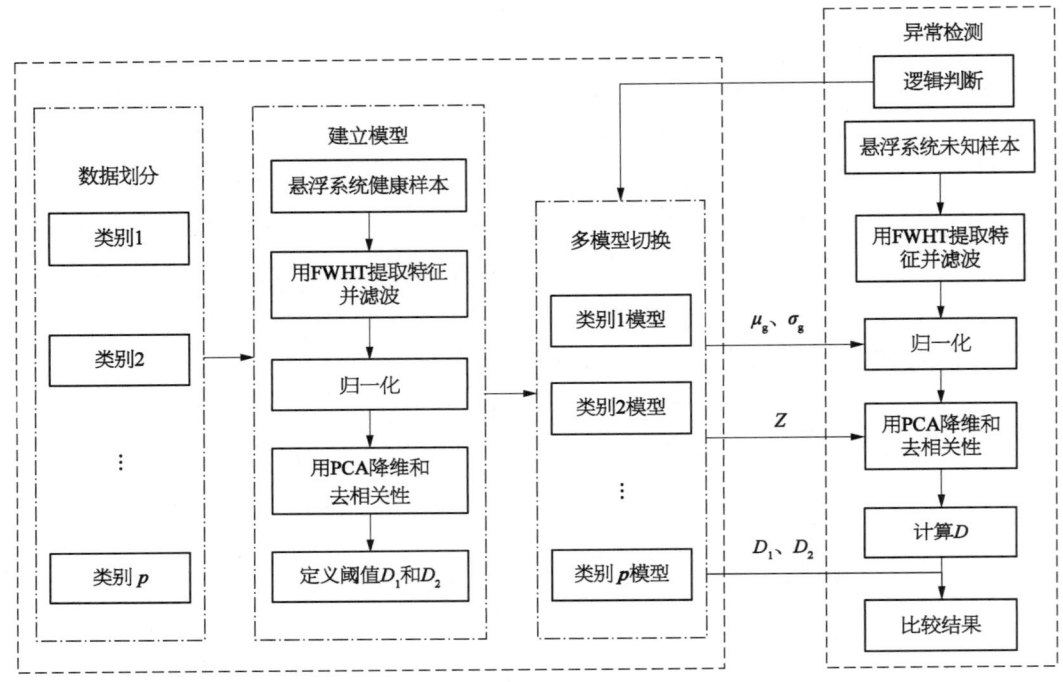

图 2-4 基于单维时间序列数据的异常检测流程

2.3 基于相关分析的多维时间序列数据的异常状态检测

基于超球体高斯分布的单维时间序列异常检测方法仅采用悬浮系统的一种主要单维数据,没有充分利用系统的多维数据,导致该方法对悬浮系统异常的检测存在不足。为了提高异常检测率,本节利用系统的多维数据,给出一种基于改进的 CCA 的多维时间序列异常检测方法。

2.3.1 传统的典型相关分析方法

假设某一个类别下的 N 个过程数据样本可表示为

$$\boldsymbol{X}_0 = [\boldsymbol{x}_0(1), \boldsymbol{x}_0(2), \cdots, \boldsymbol{x}_0(N)] \tag{2-15}$$

$$\boldsymbol{Y}_0 = [\boldsymbol{y}_0(1), \boldsymbol{y}_0(2), \cdots, \boldsymbol{y}_0(N)] \tag{2-16}$$

式中,$\boldsymbol{x}_0(i)$、$\boldsymbol{y}_0(i)(i=1,\cdots,N)$ 分别为在相同类别下测得的过程输入向量和输出向量;l、m 分别为输入和输出的变量个数。

通过式(2-17)、式(2-18)去掉它们的平均值:

$$\boldsymbol{x}(i) = \boldsymbol{x}_0(i) - \boldsymbol{\mu}_x \tag{2-17}$$

$$\boldsymbol{y}(i) = \boldsymbol{y}_0(i) - \boldsymbol{\mu}_y \tag{2-18}$$

式中,$\boldsymbol{\mu}_x = \dfrac{1}{N}\sum\limits_{i=1}^{N}\boldsymbol{x}_0(i)$;$\boldsymbol{\mu}_y = \dfrac{1}{N}\sum\limits_{i=1}^{N}\boldsymbol{y}_0(i)$。

用 $\boldsymbol{X}$ 和 $\boldsymbol{Y}$ 分别表示去均值后的输入和输出数据,即

$$\boldsymbol{X} = [\boldsymbol{x}(1), \boldsymbol{x}(2), \cdots, \boldsymbol{x}(N)] \in R^{l \times N} \tag{2-19}$$

$$\boldsymbol{Y} = [\boldsymbol{y}(1), \boldsymbol{y}(2), \cdots, \boldsymbol{y}(N)] \in R^{m \times N} \tag{2-20}$$

然后输入和输出的协方差和互协方差可以估算为

$$\boldsymbol{\Sigma}_x \approx \frac{1}{N-1}\sum_{i=1}^{N}[\boldsymbol{x}_0(i) - \mu_x][\boldsymbol{x}_0(i) - \mu_x]^{\mathrm{T}} = \frac{\boldsymbol{X}\boldsymbol{X}^{\mathrm{T}}}{N-1} \tag{2-21}$$

$$\boldsymbol{\Sigma}_y \approx \frac{1}{N-1}\sum_{i=1}^{N}[\boldsymbol{y}_0(i) - \mu_y][\boldsymbol{y}_0(i) - \mu_y]^{\mathrm{T}} = \frac{\boldsymbol{Y}\boldsymbol{Y}^{\mathrm{T}}}{N-1} \tag{2-22}$$

$$\boldsymbol{\Sigma}_{xy} \approx \frac{1}{N-1}\sum_{i=1}^{N}[\boldsymbol{x}_0(i) - \mu_x][\boldsymbol{y}_0(i) - \mu_y]^{\mathrm{T}} = \frac{\boldsymbol{X}\boldsymbol{Y}^{\mathrm{T}}}{N-1} \tag{2-23}$$

根据 CCA 技术,矩阵 $\boldsymbol{E}$ 定义为

$$\boldsymbol{E} = \boldsymbol{\Sigma}_x^{-\frac{1}{2}} \boldsymbol{\Sigma}_{xy} \boldsymbol{\Sigma}_y^{-\frac{1}{2}} \tag{2-24}$$

通过奇异值将 $\boldsymbol{E}$ 分解为

$$\boldsymbol{E} = \boldsymbol{\tau} \sum \boldsymbol{R}^{\mathrm{T}} \tag{2-25}$$

式中,$\boldsymbol{\tau} = (\boldsymbol{\gamma}_1, \cdots, \boldsymbol{\gamma}_l)$ 为相关矩阵的左奇异向量;$\boldsymbol{R} = (\boldsymbol{r}_1, \cdots, \boldsymbol{r}_m)$ 为右奇异向量;$\boldsymbol{\Sigma} = \begin{bmatrix} \boldsymbol{\Sigma}_\varrho & 0 \\ 0 & 0 \end{bmatrix}$ 为典型相关系数,其中 ϱ 表示非零奇异值个数。$\mathrm{Rank}(\boldsymbol{\Sigma}_\varrho) = \varrho$,$\boldsymbol{\Sigma}_\varrho =$

$\mathrm{diag}(\lambda_1, \cdots, \lambda_\varrho)$,$1 \geqslant \lambda_1 \geqslant \lambda_2 \geqslant \cdots \geqslant \lambda_\varrho \geqslant 0$是典型的相关系数,$\pmb{\gamma}_i(i=1,\cdots,l)$和$\pmb{r}_j(j=1,\cdots,m)$是对应的奇异向量。

令

$$\pmb{J} = \pmb{\Sigma}_x^{-\frac{1}{2}} \pmb{\tau}(:,1:\varrho) \tag{2-26}$$

$$\pmb{L} = \pmb{\Sigma}_y^{-\frac{1}{2}} R(:,1:\varrho) \tag{2-27}$$

$$\pmb{M}^\mathrm{T} = \pmb{\Sigma}_\varrho \pmb{J}^\mathrm{T} \tag{2-28}$$

残差向量可定义为

$$\pmb{r}(k) = \pmb{L}^\mathrm{T} \pmb{y}(k) - \pmb{M}^\mathrm{T} \pmb{x}(k) \tag{2-29}$$

出于检测目的构造二次统计量$Q(k)$,$Q(k)$的表达式为

$$Q(k) = \pmb{r}^\mathrm{T}(k)\pmb{r}(k) \tag{2-30}$$

2.3.2 基于 Box‑Cox 变换的异常阈值设定

1) 传统阈值的设定

$$J_{th,Q} = g\chi^2_{1-\alpha}(h) \tag{2-31}$$

式中,$g = \dfrac{s}{2\mu_0}$,$h = \dfrac{2\mu_0^2}{s}$,μ_0和s能被估计:

$$\mu_0 = \frac{1}{N}\sum_{k=1}^{N}Q(k) \tag{2-32}$$

$$s = \frac{1}{N-1}\sum_{k=1}^{N}(Q(k)-\mu_0)^2 \tag{2-33}$$

当$Q(k)$为高斯分布时,通过式(2‑31)获得的阈值会比较理想。然而,当$Q(k)$是非高斯分布时,该方法确定的阈值将产生较大误差。

2) 新阈值的设定

为了确定与系统的不同健康状况相对应的$Q(k)$的范围,可以通过 Box‑Cox 变换将非高斯分布转换为高斯分布,然后利用高斯分布的性质来确定$Q(k)$的范围。

Box‑Cox 转换的过程是:通过式(2‑34)将$(p_1, p_2, \cdots, p_n)$转换为$(z_1, z_2, \cdots, z_n)$:

$$z_j(\lambda) = \begin{cases} \dfrac{p_j^\lambda - 1}{\lambda}, & \lambda \neq 0 \\ \ln p_j, & \lambda = 0 \end{cases} \quad (j=1,2,\cdots,n) \tag{2-34}$$

式中,λ为一个使得每个独立的$p_j(\lambda)$服从正态分布$N(\mu,\sigma^2)$的常数。为了确定λ的

值，定义联合概率密度函数 $P(\lambda)=[p_1(\lambda), p_2(\lambda), \cdots, p_n(\lambda)]$ 为

$$f[p_1(\lambda), p_2(\lambda), \cdots, p_n(\lambda)] = (2\pi\sigma^2)^{-\frac{n}{2}} e^{-\frac{1}{2\sigma^2}[P(\lambda)-\mu\mathbf{I}_n]^T[P(\lambda)-\mu\mathbf{I}_n]} \quad (2-35)$$

式中，$\mathbf{I}_n$ 是 n 阶单位向量。

λ 固定时，将 μ 和 σ^2 的似然函数表示为

$$L(\mu, \sigma^2 \mid \lambda) = (2\pi\sigma^2)^{-\frac{n}{2}} e^{-\frac{1}{2\sigma^2}[P(\lambda)-\mu\mathbf{I}_n]^T[P(\lambda)-\mu\mathbf{I}_n]} \quad (2-36)$$

此外，μ 和 σ^2 的最大似然函数为

$$\hat{\mu}(\lambda) = \frac{1}{n}\sum_{j=1}^{n} p_j(\lambda) \quad (2-37)$$

$$\hat{\sigma}^2(\lambda) = \frac{1}{n}\sum_{j=1}^{n} [p_j(\lambda) - \bar{p}(\lambda)]^2 \quad (2-38)$$

因此，似然函数的最大值为

$$L[\hat{\mu}(\lambda), \hat{\sigma}^2(\lambda) \mid \lambda] = [2\pi\hat{\sigma}^2(\lambda)]^{-\frac{n}{2}} e^{-\frac{n}{2}} \quad (2-39)$$

通过取式(2-39)的对数来获得式(2-40)：

$$\ln L[\hat{\mu}(\lambda), \hat{\sigma}^2(\lambda) \mid \lambda] = -\frac{n}{2}\ln\hat{\sigma}^2(\lambda) - \frac{n\ln(2\pi)}{2} - \frac{n}{2} \quad (2-40)$$

忽略式(2-40)右端的常数，并将等式记录为 $l(\lambda)$，则有

$$l(\lambda) = -\frac{n}{2}\ln\hat{\sigma}^2(\lambda) = -\frac{n}{2}\ln\left\{\frac{1}{n}\sum_{i=1}^{n}[p_j(\lambda) - \bar{p}(\lambda)]^2\right\} \quad (2-41)$$

通过最大似然法确定 λ 的值。如果存在 $\lambda=\lambda_0$，导致 $l(\lambda)=\max_{\lambda}(\lambda)$，则 $\lambda=\lambda_0$ 是适用的。

式(2-41)仅适用于正数，但当存在 $p_j<0$ 时，式(2-42)可适用于 p_j：

$$z_i(\lambda) = \begin{cases} \dfrac{(p_j+a)^\lambda - 1}{\lambda}, & \lambda \neq 0 \\ \ln(p_j+a), & \lambda = 0 \end{cases} \quad (2-42)$$

其他步骤与之前相同。

在通过 Box-Cox 变换将 $Q(k)$ 的分布转换为高斯分布后，选择 $[\mu-3\sigma, \mu+3\sigma]$ 作为异常阈值，这意味着在这个范围内约 99.73% 的样本是健康的。

2.3.3 异常检测算法流程

异常检测流程如图 2-5 所示，它由模型训练和异常检测两部分组成：左侧的虚线框

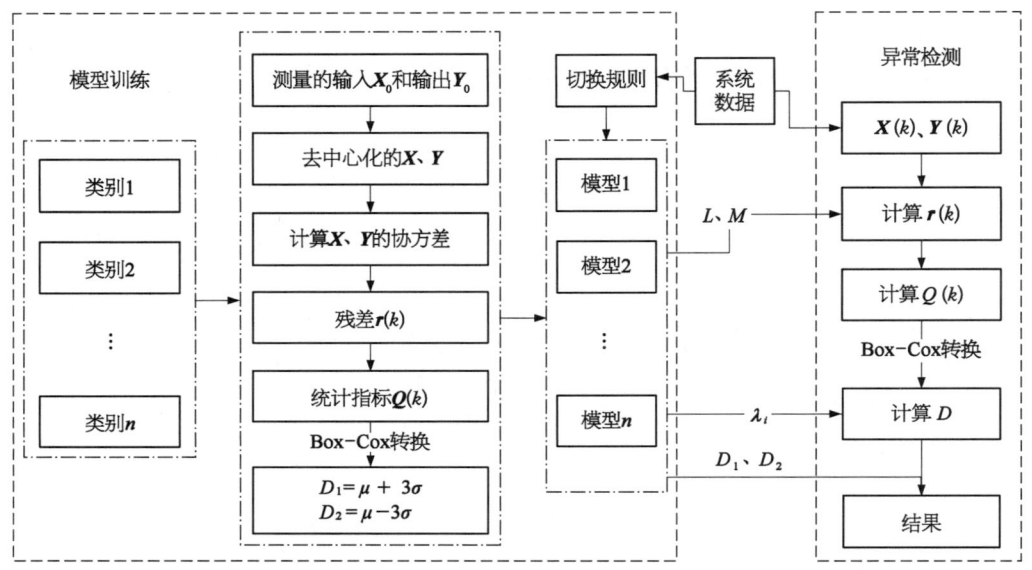

图 2-5 基于相关分析的多维时间序列数据的异常检测流程

是模型训练,右侧的虚线框表示异常检测。

1) 模型训练

模型训练主要是通过健康的历史数据获得每个类别下的异常检测模型和用于异常检测的 $\boldsymbol{\mu}_x$、$\boldsymbol{\mu}_y$、$\boldsymbol{\Sigma}_x$、$\boldsymbol{\Sigma}_y$、$\boldsymbol{\Sigma}_{xy}$、γ、ρ、$\boldsymbol{L}$、$\boldsymbol{M}^{\mathrm{T}}$、$D_1$、$D_2$。模型训练的步骤如下:

(1) 获得 n 个类别。

(2) 在第 n_0 个类别下获得 N 个健康样本,分别构建 $\boldsymbol{X}_0$ 和 $\boldsymbol{Y}_0$。

(3) 根据式(2-17)~式(2-23)计算 $\boldsymbol{\mu}_x$、$\boldsymbol{\mu}_y$、$\boldsymbol{X}$、$\boldsymbol{Y}$、$\boldsymbol{\Sigma}_x$、$\boldsymbol{\Sigma}_y$ 和 $\boldsymbol{\Sigma}_{xy}$。

(4) 根据式(2-25)~式(2-30)计算 τ、$\boldsymbol{R}$、$\boldsymbol{L}$、$\boldsymbol{M}^{\mathrm{T}}$、$r$ 和 Q。

(5) 根据式(2-34)、式(2-35)和式(2-41)计算 λ 和 z,并根据置信区间计算阈值。

(6) $n_0 < n$? 是,返回到步骤(2);否则,结束。

2) 异常检测

异常检测主要是根据实时数据判断系统当前的类别,然后调取该类别下的 $\boldsymbol{\mu}_x$、$\boldsymbol{\mu}_y$、$\boldsymbol{\Sigma}_x$、$\boldsymbol{\Sigma}_y$、$\boldsymbol{\Sigma}_{xy}$、τ、$\boldsymbol{R}$、$\boldsymbol{L}$ 和 $\boldsymbol{M}^{\mathrm{T}}$ 用于计算当前的残差,再将残差与 D_1 和 D_2 进行比较。异常检测的步骤如下:

(1) 获得 k 时刻的数据 $\boldsymbol{x}(k)$ 和 $\boldsymbol{y}(k)$。

(2) 判断和切换当前的类别。

(3) 选择当前类别下的 $\boldsymbol{\mu}_x$、$\boldsymbol{\mu}_y$、$\boldsymbol{\Sigma}_x$、$\boldsymbol{\Sigma}_y$、$\boldsymbol{\Sigma}_{xy}$、γ、ρ、$\boldsymbol{L}$ 和 $\boldsymbol{M}^{\mathrm{T}}$。

(4) 根据式(2-29)和式(2-30)计算 $r(k)$ 和 $Q(k)$。

(5) 根据式(2-34)或式(2-42)计算 $z(k)$。

(6) 判断:如果 $\mu - 3\sigma < z(k) < \mu + 3\sigma$,则系统是健康的;否则,系统是异常的。

(7) 返回到步骤(1)。

2.4 基于加权相关系数的多维时间序列数据的异常状态检测

由于悬浮系统这一大型复杂机电系统存在多维数据间耦合相关性,因此多维数据都会或多或少包含着系统的异常信息,且异常情况的发生会影响数据之间的相关性,即某些数据会因异常引起一定的波动。为进一步提高悬浮系统异常检测的可靠性,本节利用系统的多维数据,给出一种基于加权相关系数的多维时间序列异常检测方法。

2.4.1 基于自相关长度的数据长度选择

数据长度 L 的选择对加权相关系数算法异常检测的速度和效果影响较大,如果选择的数据过长,则会导致计算量增加,检测速度变慢;如果选择的数据长度过短,获得的信息量小,从而影响检测结果的可靠性。在以往的文献中大多依靠经验选取计算长度 L,缺少明确的选择标准。因此,利用自相关长度确定用于异常检测的可行的数据长度。

自相关,也称序列相关,是一个信号与其自身在不同时间点的互相关。根据自相关函数的定义可知

$$R_{x(\Delta t)} = E[x(t)x(t+\Delta t)] \qquad (2-43)$$

或

$$R_{xx(\Delta t)} = \int_{-\infty}^{+\infty} x(t)x(t+\Delta t)\mathrm{d}t \qquad (2-44)$$

式中,Δt 为进行"比较"时移动的"步距";$x(t)$ 为一个随机信号。

首先,计算第 k 个变量在长度为 δ 的数据中对应的向量 $\boldsymbol{x}_{\delta \times k}$ 的自相关系数,得到

$$c_{j \times k} = E(x_{j \times k} * x_{j \times k}^{H}) \qquad (2-45)$$

式中,$k = 1, 2, \cdots, N$;* 代表卷积计算;$E(\cdot)$ 为数学期望;H 表示复共轭。

然后,对 $c_{j \times k}$ 进行极值归一化计算自相关长度,使 $\hat{c}_{j \times k} \in [0, 1]$:

$$\hat{c}_{j \times k} = \frac{c_{j \times k} - \min(c_{j \times k})}{\max(c_{j \times k}) - \min(c_{j \times k})} \qquad (2-46)$$

最后，找到 $\hat{c}_{j\times k}$ 为 0.5 的 c_1 和 c_2，则 c_1 和 c_2 间的距离为自相关长度 L。

2.4.2 基于加权相关系数的异常检测

根据对运行数据的分析可知，当异常发生时，间隙、电流、加速度都包含着系统的异常信息，且数据之间有一定的相关性，一维数据波动的同时也会有其他维数据的波动。由于系统间的复杂性和各部件间的耦合关系，根据经验阈值法，只考虑间隙这一单维变量数据难以准确地对系统进行异常检测；同样，如果只考虑数据的波动异常而不考虑数据之间的相关性，那么得出的异常检测结果也是不可靠的。因此，本节利用悬浮系统的间隙、电流、加速度等多维数据，并考虑数据间的相关性，对悬浮系统进行异常检测。

基于自相关分析得到数据长度 L，用宽度为 L 的移动窗口从数据序列中获得 $M(M=N-L+1)$ 个测试样本，并选取长度为 L 的健康样本，计算 M 个测试样本标准差 $T_m(m=1,2,\cdots,M)$，获得 T_m 与健康样本标准差 T 之比 $w_i(i=1,2,3)$。

用 $\boldsymbol{X}$、$\boldsymbol{Y}$、$\boldsymbol{Z}$ 分别表示间隙、加速度、电流的输入数据，即

$$\left.\begin{array}{l}\boldsymbol{X}=[x(1),x(2),\cdots,x(N)]\\ \boldsymbol{Y}=[y(1),y(2),\cdots,y(N)]\\ \boldsymbol{Z}=[z(1),z(2),\cdots,z(N)]\end{array}\right\} \quad (2-47)$$

从数据中截取长度为 L 的健康样本：

$$\left.\begin{array}{l}\boldsymbol{X}_L=[x(i),x(i),\cdots,x(i+L)]\\ \boldsymbol{Y}_L=[y(i),y(i),\cdots,y(i+L)]\\ \boldsymbol{Z}_L=[z(i),z(i),\cdots,z(i+L)]\end{array}\right\} \quad (2-48)$$

用宽度为 L 的移动窗口从 $\boldsymbol{X}$、$\boldsymbol{Y}$、$\boldsymbol{Z}$ 中分别获得 $M(M=N-L+1)$ 个测试样本，得到 M 个测试样本标准差：

$$\left.\begin{array}{l}T_{xm}=\sqrt{\dfrac{\sum\limits_{i=1}^{L}(x_i-\bar{x})^2}{L}}\\[2mm] T_{ym}=\sqrt{\dfrac{\sum\limits_{i=1}^{L}(y_i-\bar{y})^2}{L}}\\[2mm] T_{zm}=\sqrt{\dfrac{\sum\limits_{i=1}^{L}(z_i-\bar{z})^2}{L}}\end{array}\right\} \quad (2-49)$$

取长度为 L 的健康样本，计算测试样本与健康样本标准差之比：

$$\left.\begin{array}{l}w_1 = \dfrac{T_{xm}}{\sqrt{\dfrac{\sum_{i=1}^{L}(\boldsymbol{X}_L - \overline{\boldsymbol{X}_L})^2}{L}}} \\[2em] w_2 = \dfrac{T_{ym}}{\sqrt{\dfrac{\sum_{i=1}^{L}(\boldsymbol{Y}_L - \overline{\boldsymbol{Y}_L})^2}{L}}} \\[2em] w_3 = \dfrac{T_{zm}}{\sqrt{\dfrac{\sum_{i=1}^{L}(\boldsymbol{Z}_L - \overline{\boldsymbol{Z}_L})^2}{L}}}\end{array}\right\} \quad (2-50)$$

相关系数是两个随机变量 x 和 y 之间相关程度的度量,广泛应用于信号处理和图像处理等领域。随机变量 x 和 y 之间的相关程度越大,则相关系数越大;反之,相关系数越小。相关系数定义为

$$\rho(p,q) = \frac{\text{cov}(p,q)}{\sqrt{D_p}\sqrt{D_q}} = \frac{E_{pq} - E_p E_q}{\sqrt{D_p}\sqrt{D_q}} \quad (2-51)$$

式中, E_p、E_q 分别表示随机变量 p、q 的数学期望;E_{pq} 表示变量 pq 的数学期望;D_p、D_q 表示随机变量 p 和 q 的方差。相关系数 $\rho(p,q)$ 表示变量 p 和 q 间线性关系的相似度。应用到悬浮系统中,可以表示间隙、电流、加速度间信号的相似度。其中,两个信号序列间的相关系数公式为

$$\rho_{XY} = \frac{\sum_{i=0}^{N-1} x_i y_i}{\sqrt{\sum_{i=0}^{N-1} x_i^2} \sqrt{\sum_{i=0}^{N-1} y_i^2}} \quad (2-52)$$

计算间隙、加速度、电流两两之间的相关系数,可得 ρ_{XY}、ρ_{XZ}、ρ_{YZ}。

最终得到基于加权相关系数的异常检测指标:

$$H = w_1 \rho_{XY} w_2 + w_1 \rho_{XZ} w_3 + w_2 \rho_{YZ} w_3 \quad (2-53)$$

2.4.3 异常检测算法流程

1) 基于自相关长度的数据长度确定

本节提出的基于自相关长度的数据长度确定的具体步骤如下:

(1) 将悬浮系统的异常数据分为站间行驶与站内静悬浮两类,并分别对两种异常工况建立切换规则。

(2) 假设悬浮系统有 N 维变量。以某种工况为例,在某一工况下提取长度为 δ 的健康数据,利用长度为 δ 的健康数据来计算第 k 个变量的自相关长度。

首先,通过式(2-45)计算第 k 个变量在第 j 段数据中对应的向量 $\boldsymbol{x}_{j\times k}$ 的自相关系数;其次,通过式(2-46)计算自相关长度;最后,找到 $\hat{c}_{j\times k}$ 的值为 0.5 的 c_1 和 c_2,则第 N 个变量在第 j 段健康数据下的自相关长度为

$$L_k = \mid c_2 - c_1 \mid$$

(3) 通过步骤(2)获得每个变量的自相关长度,最终获得该工况下的自相关长度 L:

$$L = \frac{L_1 + L_2 + \cdots + L_N}{N}$$

2) 模型训练

模型训练主要是指通过历史数据获得每个类别下的异常检测模型和用于异常检测的 T_{xm}、T_{ym}、T_{zm}、w_1、w_2、w_3、ρ_{XY}、ρ_{XZ}、ρ_{YZ}、p_{i1}、p_{i2}、p_{i3}、H。算法流程如图 2-6 所示。模型训练的步骤如下:

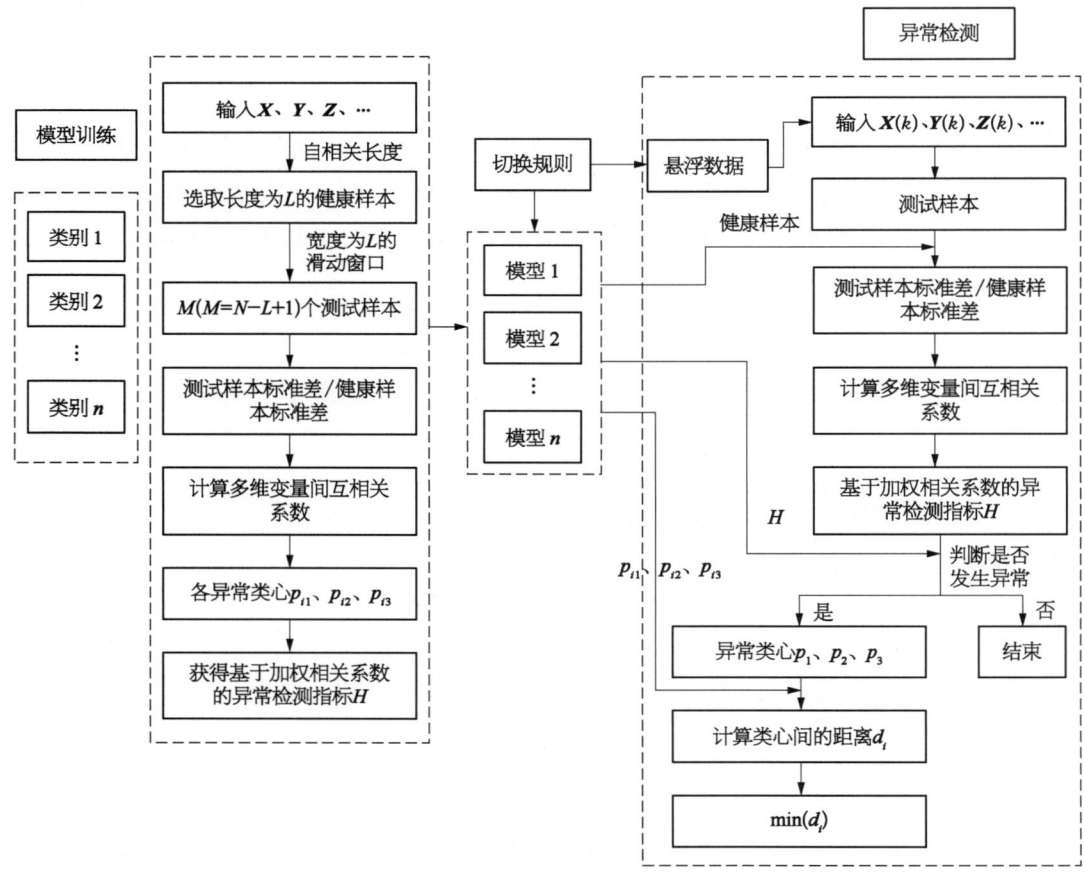

图 2-6 基于加权相关系数法的异常检测流程图

(1) 根据速度将数据划分为两种工况,并定义了三种典型异常。

(2) 以某一工况下的某种典型异常为例,获得长度为 L 的健康样本,分别构建 X_L、Y_L、Z_L。

(3) 获得 M 个测试样本,计算测试标本标准差 T_{xm}、T_{ym}、T_{zm}。

(4) 根据式(2-50)~式(2-52)计算 w_1、w_2、w_3、ρ_{XY}、ρ_{XZ}、ρ_{YZ}。

(5) 根据式(2-53)最终获得异常检测指标 H。

(6) 存储该类别下的 T_{xm}、T_{ym}、T_{zm}、w_1、w_2、w_3、ρ_{XY}、ρ_{XZ}、ρ_{YZ}、H。

(7) $n_0 < n$? 是,返回到步骤(2);否则,结束。

2.4.4 磁浮列车悬浮状态异常检测试验

收集磁浮列车悬浮系统过程数据,将数据进行下载整理后,利用基于加权相关系数的异常检测方法进行离线异常检测结果验证。

1) 悬浮数据采集

磁浮列车悬浮系统数据监测系统主要采集磁浮列车运行过程中的悬浮间隙、悬浮加速度、横向加速度、电磁铁工作电流、悬浮电磁铁线圈表面温度等数据,通过无线网络将数据传输到上位机,上位机软件对采集的数据进行保存,用于研究和评价磁浮列车运行的稳定性。

依据历史数据并结合工程实际需求,悬浮系统运行工况可分为出站入站、站内静悬浮、站间行驶和落车四种情况。悬浮系统一天的运行数据中,除去落车阶段的数据,可以根据列车速度分为运行中数据和站内静悬浮数据。运行中数据占全天运行数据的绝大部分,且与站内静悬浮数据相比,其间隙、加速度和电流等都有明显的差异,如图 2-7 所示。

图 2-7 中,三个虚线框从左到右依次为:站内静悬浮、起浮与落车、站间行驶数据。

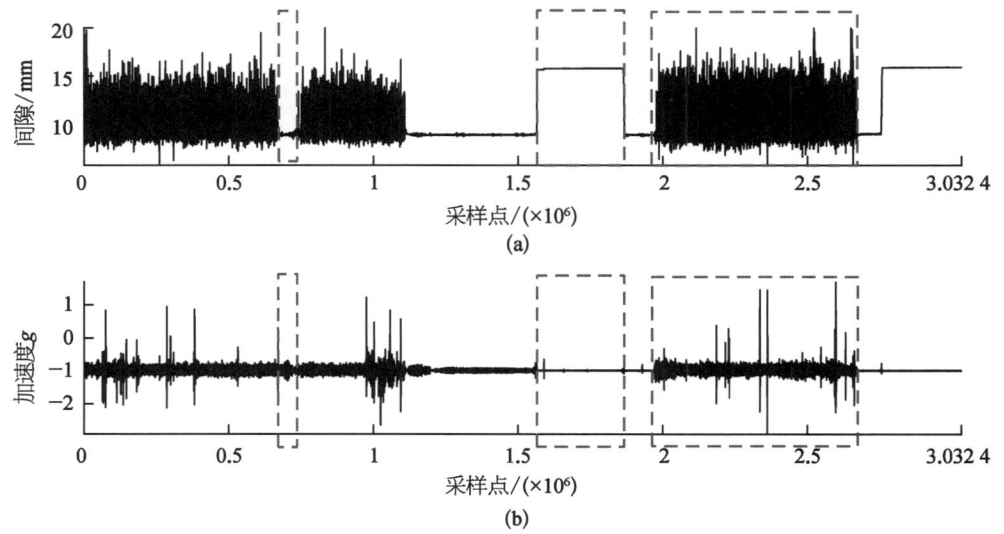

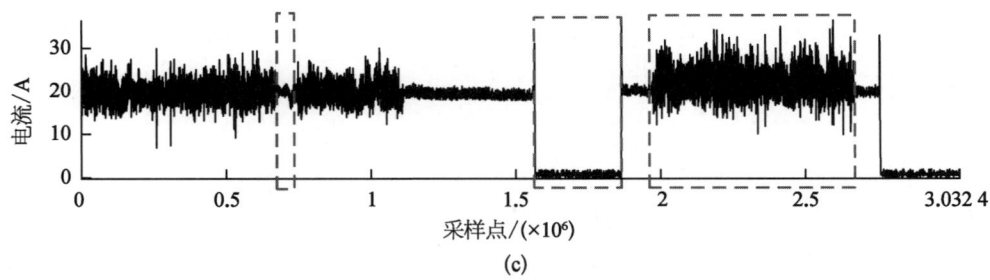

(c)

图 2-7 悬浮系统的历史数据曲线

由图 2-7a 可知,站间行驶数据与站内静悬浮数据差异性较大。因此,将磁浮列车数据分为如下两大类:

(1) 站间行驶数据。该类数据是指磁浮列车在站与站之间行驶所产生的数据。此时列车速度在 0~100 km/h 之间,间隙波动较大。

(2) 站内静悬浮数据。该类数据是指磁浮列车在站台上悬浮静止的状态,该状态为乘客上下车阶段,故此时列车间隙有小幅波动,列车速度为 0 km/h。

根据上述分类,建立两个不同类别下的异常检测模型,根据每个类型的数据特点和变化情况,建立工况划分规则,分别进行异常检测。

2) 异常类型划分

基于运营数据和实际工程经验,将异常数据划分为如下三类。其中,第一类、第二类属于站间行驶异常;第三类属于站内静悬浮异常。

第一类异常为列车过接缝或弯道时异常:这类异常的特点是间隙、加速度、电流都有一定的波动,但间隙波动没有超过经验阈值,如图 2-8 所示。

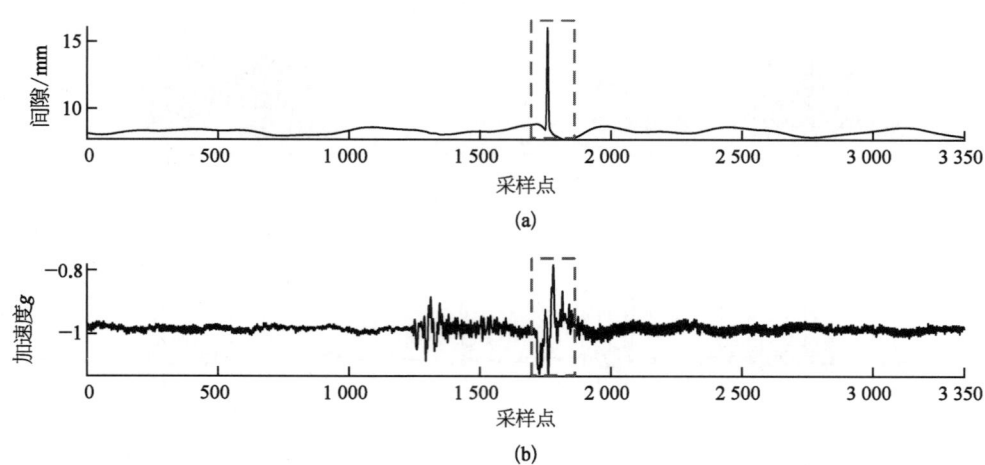

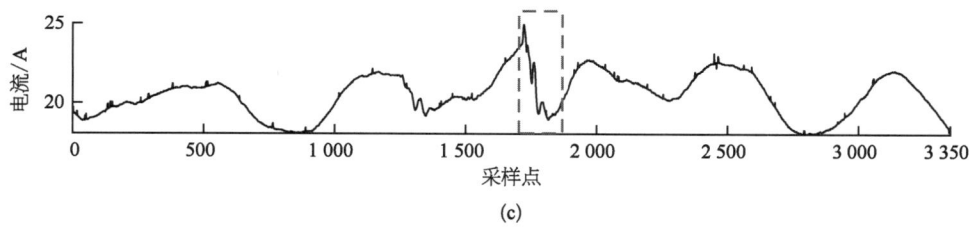

图 2-8 第一类异常

第二类异常为砸轨异常：该类异常的特点是间隙、加速度、电流都有巨大波动，且间隙波动超过设定的经验阈值，如图 2-9 所示。

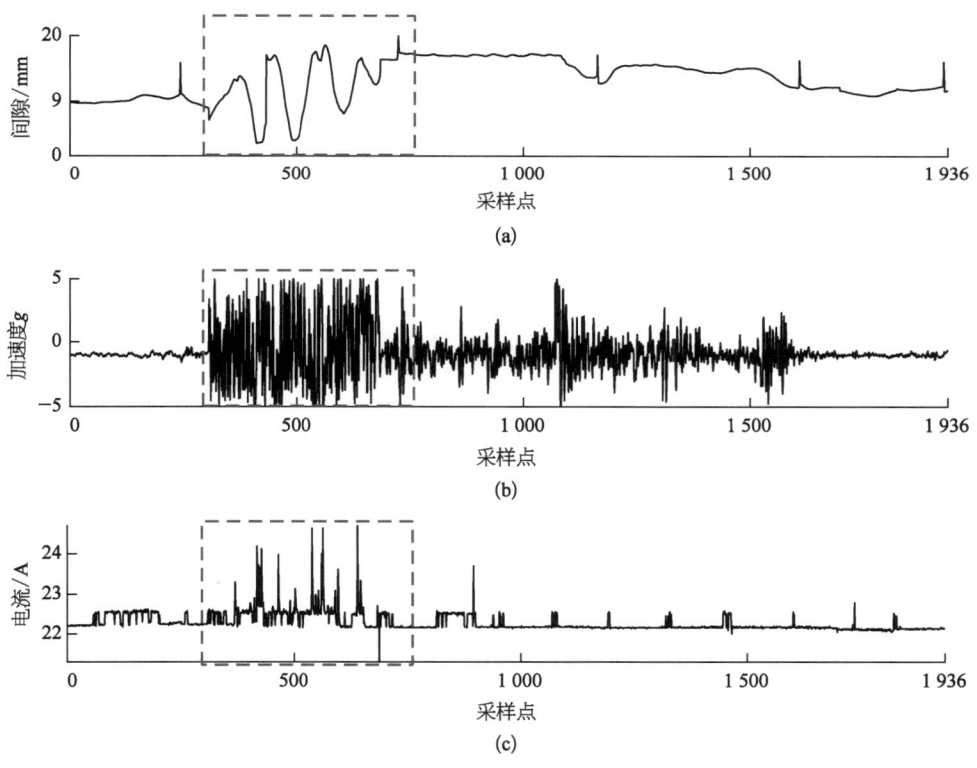

图 2-9 第二类异常

第三类异常为车轨共振异常：这类异常的特点是间隙无明显波动，但加速度波动剧烈，且电流也相应有明显波动，如图 2-10 所示。

3) 异常检测结果分析

(1) 站间行驶悬浮数据异常检测。以磁浮列车站间行驶段监测的悬浮系统数据为数据集，选取其中一段正常行驶的数据为健康样本，根据 2.4.1 节自相关长度方

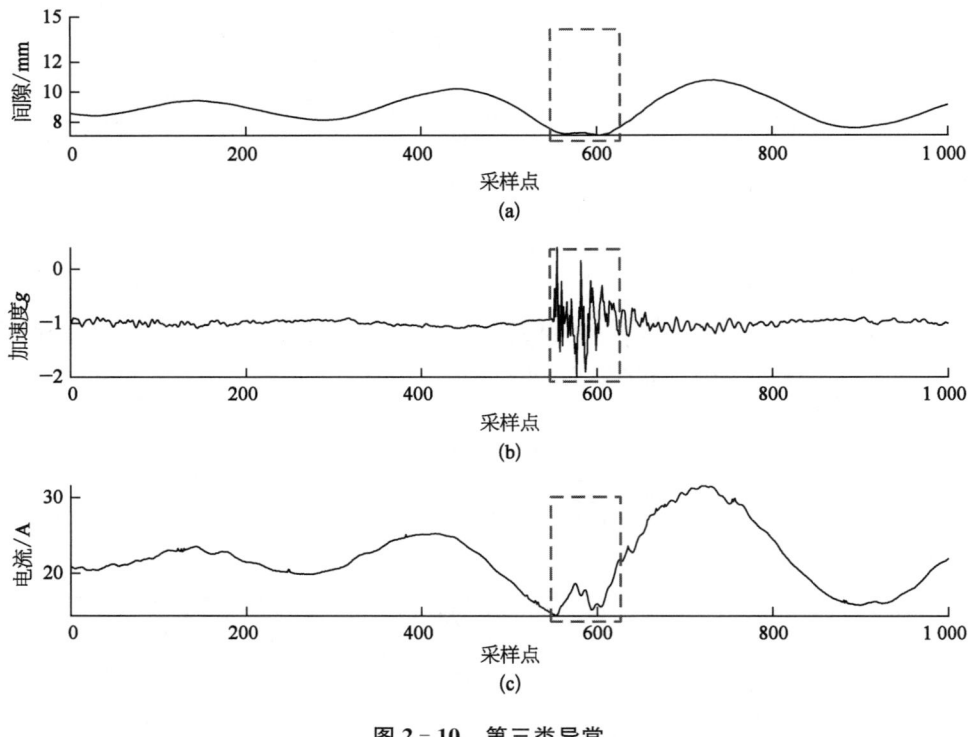

图 2-10 第三类异常

法,选取移动窗口的宽度为 137。然后选择含有第一类、第二类异常的数据建立站间行驶类别下的异常模型。选取两类异常的异常段数据与健康段数据,根据式(2-52)计算第一类、第二类数据与健康数据的间隙、加速度和电流之间的相关性系数。经加权相关系数法处理后,对站间运行中的两类异常数据检测结果如图 2-11、图 2-12 所示。

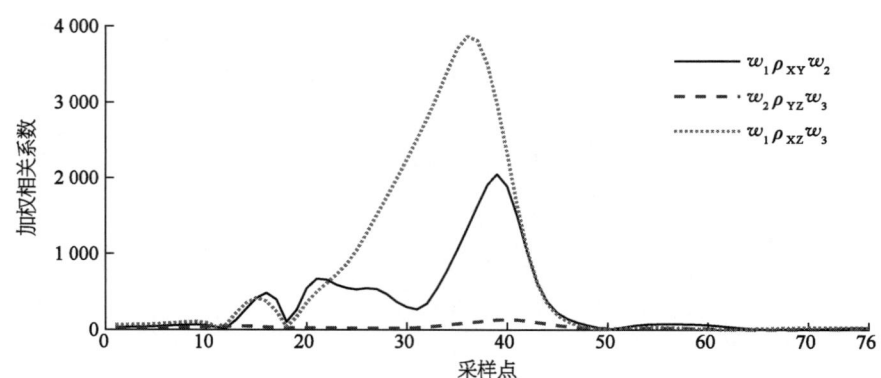

图 2-11 第一类异常加权相关系数法处理结果

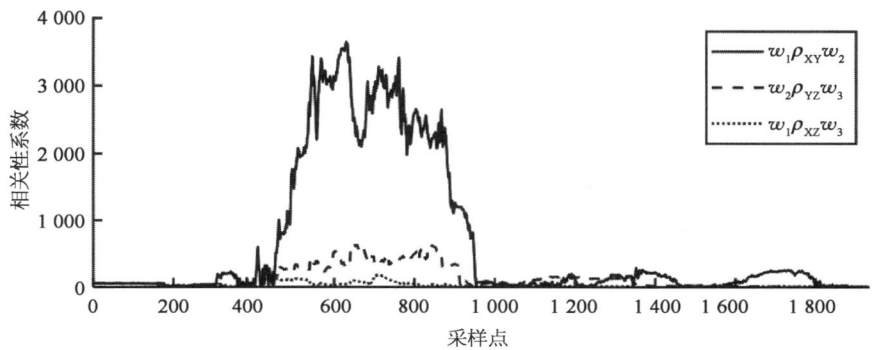

图 2-12　第二类异常加权相关系数法处理结果

最终得到针对站间行驶数据进行加权相关系数法处理后的第一类、第二类异常数据的异常检测指标 H，如图 2-13、图 2-14 所示。

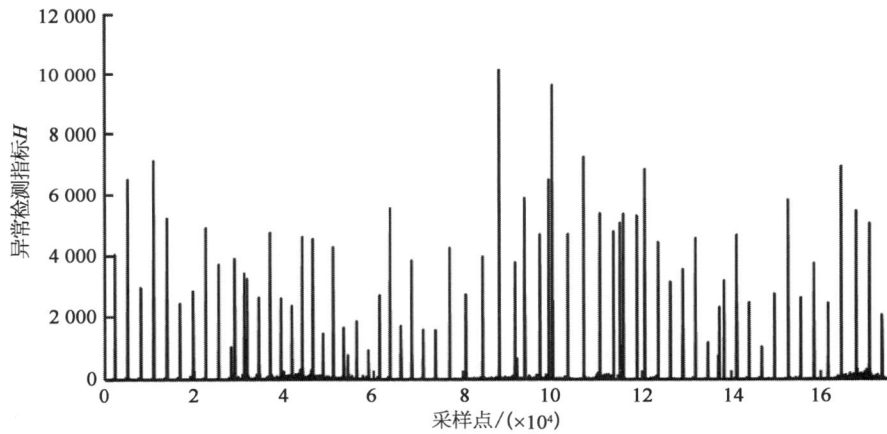

图 2-13　第一类异常数据的异常检测指标 H

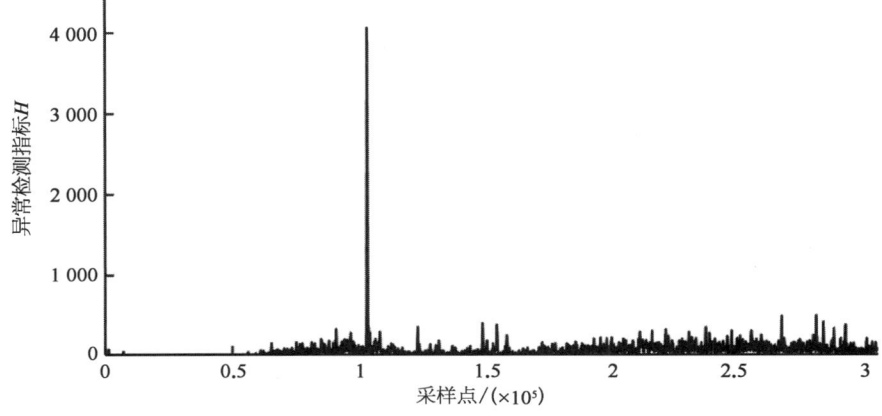

图 2-14　第二类异常数据的异常检测指标 H

（2）站内静悬浮数据异常检测。以磁浮列车站内静悬浮数据为数据集，选取其中一段正常悬浮数据为健康样本，根据 2.4.1 节自相关长度方法，选取移动窗口的宽度为 31。然后选择含有第三类异常的数据，建立站内静悬浮类别下的异常模型。选取第三类异常的异常段数据与健康段数据，根据式（2-52）计算第三类数据和健康数据的间隙、加速度和电流之间的相关性系数。经加权相关系数法处理后，对站内静悬浮的第三类异常数据检测结果如图 2-15 所示。

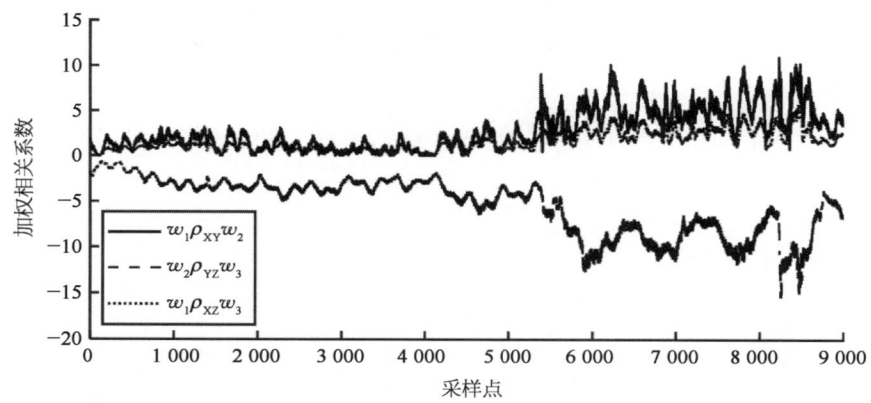

图 2-15　第三类异常加权相关系数法处理结果

最终得到针对站内静悬浮数据进行加权相关系数法处理后的第三类异常数据的异常检测指标 H，如图 2-16 所示。

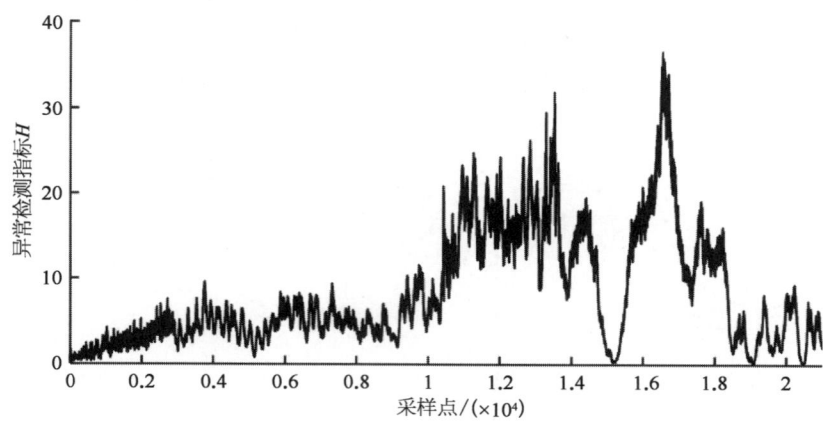

图 2-16　第三类异常数据的异常检测指标 H

2.5 基于长短时记忆神经网络的异常状态在线检测

针对磁浮列车悬浮系统实时异常检测需求,本节提出了一种基于 LSTM 神经网络的磁浮列车悬浮系统在线异常检测方法,该方法不需要对原始数据进行预处理,也不需要对异常数据判断的经验积累,而是通过大量采集中低速磁浮列车运行过程中的悬浮系统的数据,以及 LSTM 神经网络的学习,建立基于 LSTM 神经网络的悬浮系统时间序列预测模型;然后根据该时间序列预测模型,开展包括三类异常的悬浮系统异常状态检测试验研究。

2.5.1 基于 LSTM 神经网络异常检测基础

1) 人工神经网络

1943 年,McCulloch 和 W. Pitts 以神经元为灵感,将神经元以数学形式来表述其执行逻辑的功能,构成了一种人工神经元模型,即"M-P 神经元模型"(图 2-17),开创了人工神经网络的研究时代。

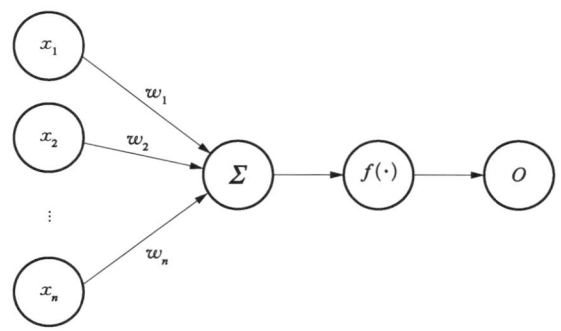

图 2-17 M-P 神经元模型

1949 年,心理学家 Donald Hebb 指出 M-P 神经元模型缺乏对人工智能而言至关重要的学习机制。1957 年,心理学家 Frank Rosenblatt 提出了一种具有学习机制的神经网络,称为感知机(perceptron)。感知机相比 M-P 神经元模型,其不同之处在于引入了损失函数,可以通过误差修正来学习参数。感知机是整个神经网络的基础,可以解决与或非这样的线性可分(linearly separable)问题,但由于其结构简单、学习能力有限,无法解决线性不可分问题。然而,生活中大部分任务都是线性不可分的。为了解决该问题,学者们在感知机基础上增加层数形成了多层感知机,并且加入了非线性激活函数,两层的网络便可拟合任意曲线,因此可以解决非线性可分问题。多层感知机就是人们熟知的神经网络(neural network,NN)。

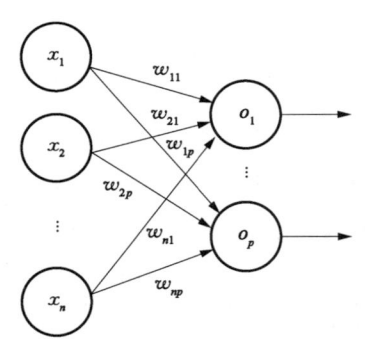

图 2-18 感知机模型

由于多层感知机在提出初期时,其训练方式只有通过误差修正学习输出层的权重参数,为了解决更为复杂的问题,需要构建更深层次的神经网络。为解决深层次神经网络参数学习问题,1988 年 Rumelhart 基于多层感知机模型(图 2-18),提出了改进的多层神经网络反向传播算法,即 BP 神经网络(back-propagation neural network)模型。该算法是神经网络中最有代表性的算法,因其较强的非线性映射能力、学习能力、自适应能力、容错能力和泛化能力,被广泛应用于各个场景中。但在发展中,该算法也逐渐暴露出训练速度慢、过拟合问题。

2) 循环神经网络

传统神经网络和其他机器学习模型大多依赖数据样本间的独立性,但这类特性不适用于连续数据,例如语音、视频、时间序列等。为解决这一问题,Frank 在数据流上通过固定大小的滑动窗口选取固定数量的连续数据样本连接在一起,并将其视为一个数据点,用于神经网络的神经序列预测。然而,该方法的难点在于需要确定最佳的窗口大小,如果窗口过小难以获得更长的相关性数据,窗口过大则会增加噪声影响效果。此外,如果数据中存在跨越数百个时间步长的长期相关性,基于窗口的方法将无法扩展。传统神经网络的另一个缺点是它们不能处理可变长度序列,难以应用于如语音建模、语言翻译等输入序列的长度各不相同的领域。

循环神经网络(recurrent neural network,RNN)能够对数据中隐藏的时序信息进行挖掘,并能够利用这些历史信息影响未来时刻的结点输出。图 2-19 为 RNN 结构示意图,其中,左图是基本单元结构图,右图是多个基本单元按时间展开的 RNN 结构图。图 2-19 中,x 为 RNN 的输入,h 为隐藏层,o 为输入,L 为网络模型的损失函数,y 为训练集与验证集的标记,W 为不同 RNN 单元中间层的连接参数。

RNN 一次一个元素地处理输入序列,并维护一个隐藏状态向量,该向量充当过去信息的存储器。它们学会有选择地保留相关信息,让它们能够捕捉跨几个时间步骤的依赖关系,这允许它们在进行未来预测时可以利用当前输入的和过去的信息。所有这些都是由模型自动学习的,而无须了解数据中的周期或时间相关性。RNN 消除了对固定大小的时间窗口的需要,且可以处理可变长度的序列。此外,可以由 NN 表示的状态数与结点数成指数关系。

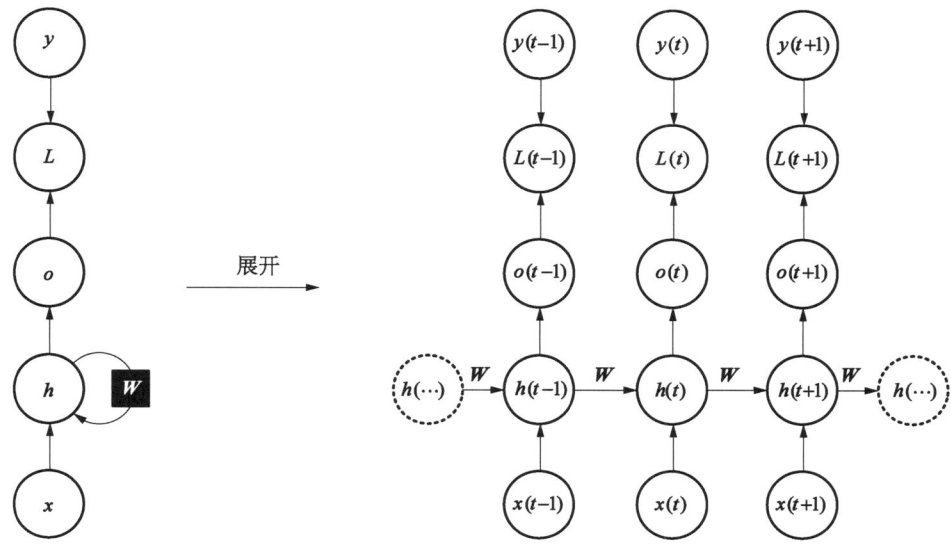

图 2-19 RNN 结构示意图

RNN 模型在训练过程中,由于其隐藏层内部容易出现梯度爆炸和梯度消失问题,因此难以学习较远时间上事件之间的相关性。为了克服爆炸梯度问题,学者们针对该问题研究了许多方法。2012 年,Mikolov 提出了一种梯度范数裁剪方法,以此来避免在大型数据集上使用时序反向传播(back propagation through time,BPTT)算法和随机梯度下降(stochastic gradient descent,SGD)等工具训练 RNN 时出现梯度爆炸问题;Pascanu 提出了一种引用超参数作为范数裁剪梯度的阈值的方法。针对梯度消失问题,通常用两种方法处理:① 用梯度不饱和的 Relu 激活函数代替 Sigmoid 和 Tanh 激活函数;② 对 RNN 结构进行改进,如目前应用最多的 LSTM 模型和门控循环单元结构(gated recurrent unit,GRU)模型。

3) LSTM 神经网络

世界上的大多数数据都是具有序列性质的。1997 年 LSTM 模型自被提出后便受到了极大的关注,历经 20 多年的研究,为了解决不同的数据问题,很多研究方法和相关改进网络应运而生。目前 LSTM 神经网络应用极为广泛,已经渗透到人们的生活中,在各种场景都可能出现,如视频、文本和语音等。很多著名公司广泛使用的 AI 应用程序几乎都是基于 LSTM 神经网络,该神经网络已经成为现如今深度学习的基础。

由于 RNN 在信息传递中可能会丢失某些原始信息,原始信息的微小变化可能导致最终的结果完全不同,且该网络只对短期内的信息较为敏感。LSTM 就是 Hochreiter 和 Schmidhuber 在 1997 年针对这一问题而提出的改进 RNN 结构的网络,该网络是在 RNN 的隐藏层节点内加入一个可以用来存储长期状态的记忆细胞来记住长期信息,为避免信息记忆混乱,加入门控单元来控制记忆细胞所记住的信息,有效缓解了梯度消失问题,并

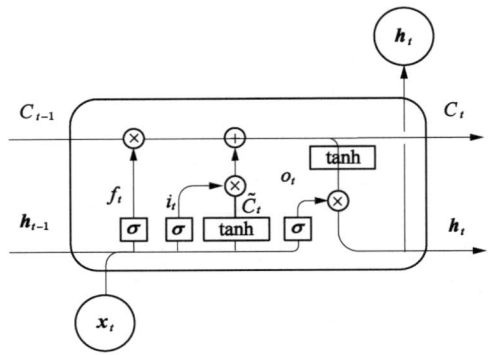

且能够保护信息传递时的完整性,使反向传递时的误差保持恒定。LSTM 神经网络单元如图 2-20 所示。

LSTM 神经网络是由一系列的 LSTM 神经网络单元组成。图 2-21 中,每个方框表示一个神经网络层,由权值、偏置以及激活函数组成;每个圆圈表示元素级别操作;箭头表示向量流向;相交的箭头表示向量的拼接;分叉的箭头表示向量的复制。其中门的结构包括了一个网络层和一个按位的乘法操作,网络层

图 2-20 LSTM 神经网络单元示意图

的输出是 0~1 之间的值。

首先,LSTM 神经网络会通过一个遗忘门网络层丢弃部分信息:

$$f_t = \sigma(W_t \cdot [h_{t-1}, x_t] + b_f) \quad (2-54)$$

然后,通过一个 σ 网络层来更新信息,并利用一个 tanh 网络层创建一个新的候选信息。LSTM 神经网络的输入门和单元状态更新值的计算方式为

$$i_t = \sigma(W_i \cdot [h_{t-1}, x_t] + b_i) \quad (2-55)$$

$$\widetilde{C}_t = \tanh(W_C \cdot [h_{t-1}, x_t] + b_C) \quad (2-56)$$

因此,LSTM 神经网络的单元更新状态 C_t 为

$$C_t = f_t * C_{t-1} + i_t * \widetilde{C}_t \quad (2-57)$$

最后,更新输出门的输出。隐藏状态 h_t 是将记忆单元 C_t 通过 tanh 后与输出门 o_t 相乘计算获得,其计算公式为

$$o_t = \sigma(W_o \cdot [h_{t-1}, x_t] + b_o) \quad (2-58)$$

$$h_t = o_t * \tanh(C_t) \quad (2-59)$$

随后 C_t 和 h_t 作为下一时刻的输入,进入下一 LSTM 神经网络单元进行计算。

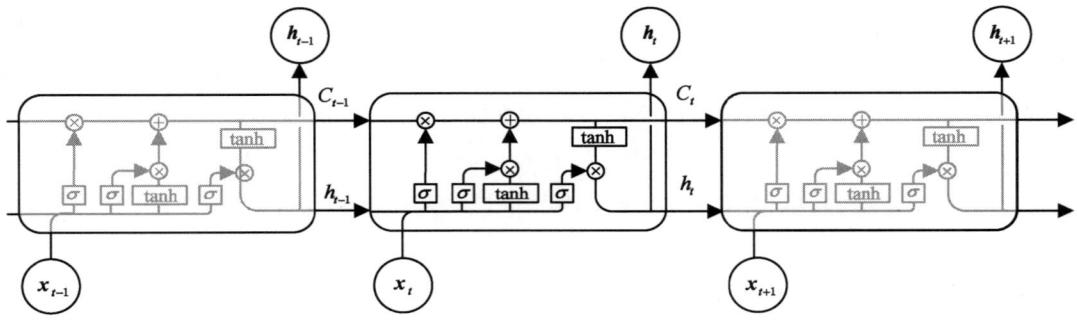

图 2-21 LSTM 神经网络示意图

式(2-54)～式(2-59)中，$\tilde{C}_t$ 为单元状态更新值；W_i、W_C、W_f 和 W_o 为权值矩阵；b_i、b_C、b_f 和 b_o 为偏置向量；x_t 为 t 时刻输入；h_{t-1} 为 $(t-1)$ 时刻输出。

2.5.2 基于 LSTM 神经网络的悬浮状态异常检测

基于 LSTM 神经网络的悬浮系统异常检测方法，主要是指先利用离线数据建立 LSTM 神经网络异常检测模型，并设计合适的异常检测逻辑与检测阈值，然后在此基础上，实现异常的在线实时检测。

1) LSTM 神经网络异常检测模型

LSTM 神经网络异常检测模型主要由时间序列预测模型和基于预测误差的高斯分布模型组成。其中，时间序列预测模型通过利用只包含正常值的离线数据对 LSTM 网络结构进行训练得到，以此来学习时间序列的正常行为，主要用于后续对悬浮系统状态数据进行在线预测。该模型将 p 值作为输入，输出 q 的未来值，将参数 p、q 分别称为 lookback 和 lookahead。网络由一个输入层、一个或多个隐含层以及一个全连接神经网络输出层组成。每个数据集隐含层的数量和每层的单元数量都不同。两个连续的隐含层是相互完全连接的，为了避免过度拟合，在两个连续的层之间使用了 dropout。输出层是一个全连接神经网络输出层，输出层的神经元数量等于 lookahead。在训练该模型时，本节在输出层使用线性激活和均方误差(mean square error，MSE)作为损失函数。

基于预测误差的高斯分布模型主要是在训练阶段，利用悬浮系统状态数据的预测误差的高斯分布特征，构建用于异常检测的高斯分布模型。该模型反映了悬浮系统正常状态数据的预测误差的分布特征，可以利用正常状态数据和异常状态数据预测误差之间的分布特征差异，实现对悬浮系统异常状态数据的检测。此外，可以利用包含正常和异常数据的验证集，设置检测阈值。一般可以通过不断尝试多种检测阈值，以异常检测效果最佳为依据，选择合适的阈值。

随后将待检测数据输入训练好的 LSTM 神经网络异常检测模型中，在 t 时刻的 lookahead 为 q 时，模型预测时间序列的下一个 q 值，即 $t+1, t+2, \cdots, t+q$。预测多个时间步长，可以得到未来悬浮系统异常的早期迹象。如果出现异常情况，例如出现极端值、传感器值波动异常时，可以发出早期警报。预测多个时间步长会牺牲预测精度，本节在预测精度可以接受的情况下，使用长度为 12 的 lookahead。

2) 在线异常检测算法流程

基于以上 LSTM 神经网络异常检测模型与设定的阈值，根据异常检测逻辑，可以使监测人员在线对悬浮系统的异常情况进行监测，以便后续检修维护。LSTM 神经网络在线异常检测流程如图 2-22 所示。

首先，利用采集的悬浮系统运营线数据，截取正常状态数据对 LSTM 神经网络模型进行训练，得到 LSTM 异常检测模型；同时，根据训练集数据，针对训练集的预测误差得到高斯分布模型，其中 μ 和 σ 分别为最大似然估计分布的均值和方差。其次，利用包含正

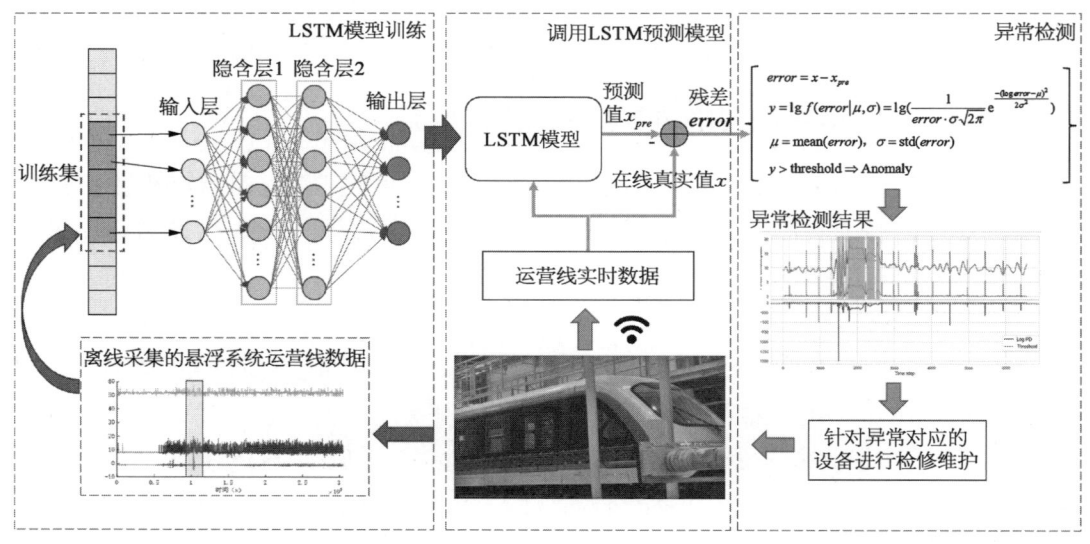

图 2-22 LSTM 神经网络在线异常检测流程

常值和异常值的验证集设置合适的异常检测阈值。然后,将悬浮系统的运营线实时数据输入训练好的 LSTM 神经网络异常检测模型进行预测,根据 $t-1$ 时刻预测得到的 t 时刻的预测值与 t 时刻的真实值,得到 t 时刻的预测误差。最后,根据基于预测误差的高斯分布模型与阈值,实现对在线数据的异常状态判断。

由于 LSTM 神经网络仅针对正常数据进行训练,以学习正常的时间序列模式,并针对预测准确性进行优化。为此,每个数据集被分成四个子集:一个训练集 N,只有正常值;只有正常值的验证集 V_N;包含正常值和异常值的第二验证集 V_A;以及包含正常值和异常值的测试集 T。各训练集功能描述如下:

(1) 训练集 N:用于训练 LSTM 神经网络预测模型。利用贝叶斯优化来寻找超参数的最佳值,即 lookback、lookahead、学习率和隐藏层的数量及每层中的单元数量,并根据训练集的预测误差建立高斯分布模型。

(2) 验证集 V_N:V_N 通过提前停止训练,以此来防止模型过度拟合训练数据。

(3) 第二验证集 V_A:将经过训练的预测模型应用于 V_A。利用基于训练集的预测误差建立的高斯分布模型来计算 V_A 的误差对数概率密度并设置阈值,该阈值可以在尽可能低的误报率的情况下分离异常。

(4) 使用来自测试集 T 的预测误差来评估阈值。

2.5.3 磁浮列车悬浮状态异常检测试验

接下来利用实际的磁浮列车运营线数据,验证基于 LSTM 神经网络的悬浮系统异常检测方法的有效性。

1) 试验数据集

针对磁浮列车悬浮系统的异常状态检测,主要从磁浮列车运行过程中悬浮系统的三类异常开展研究。对三类悬浮系统异常数据的划分结果如图 2-23～图 2-25 所示。

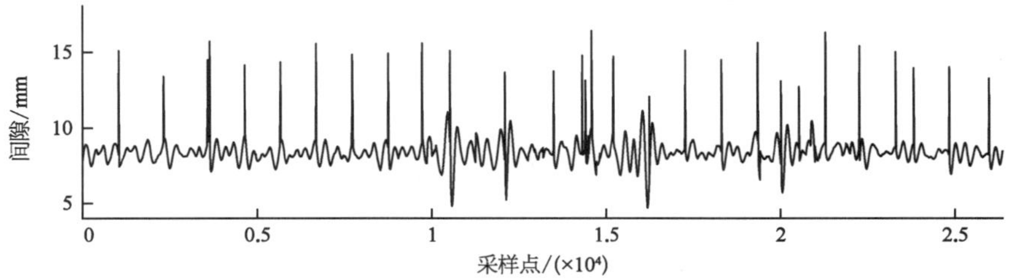

(a) 悬浮系统砸轨异常训练集 N

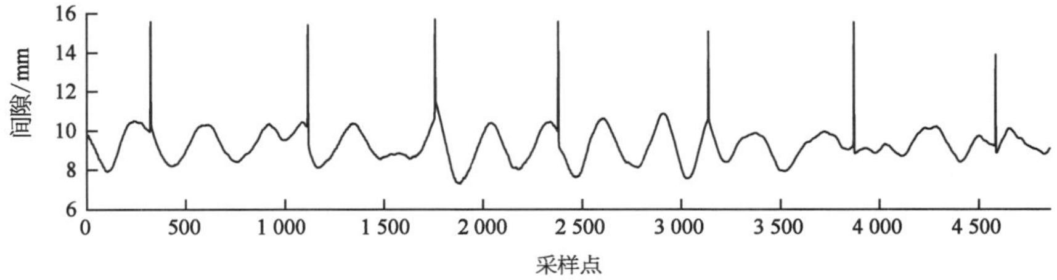

(b) 悬浮系统砸轨异常验证集 V_N

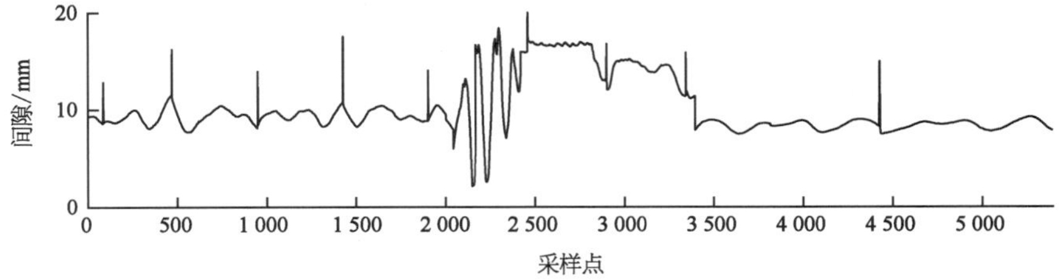

(c) 悬浮系统砸轨异常第二验证集 V_A

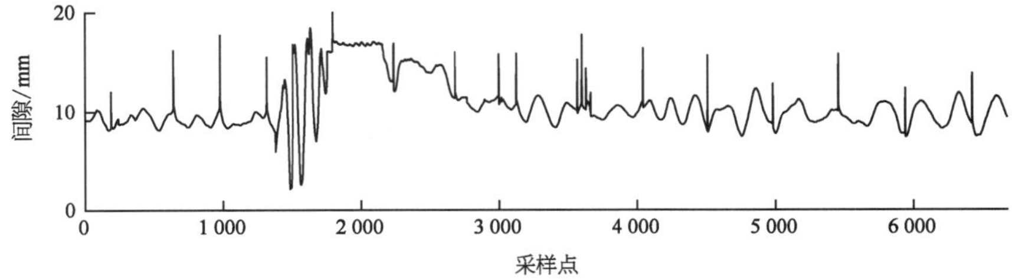

(d) 悬浮系统砸轨异常测试集 T

图 2-23 悬浮系统砸轨异常数据集划分

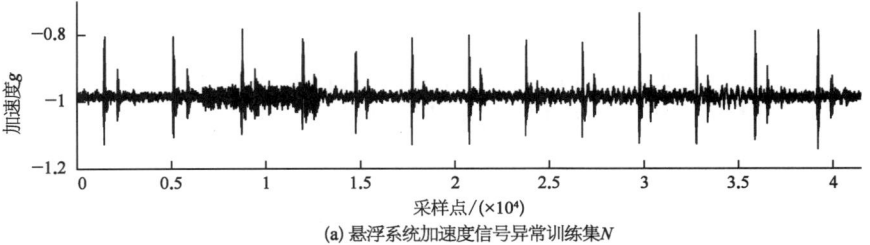

(a) 悬浮系统加速度信号异常训练集 N

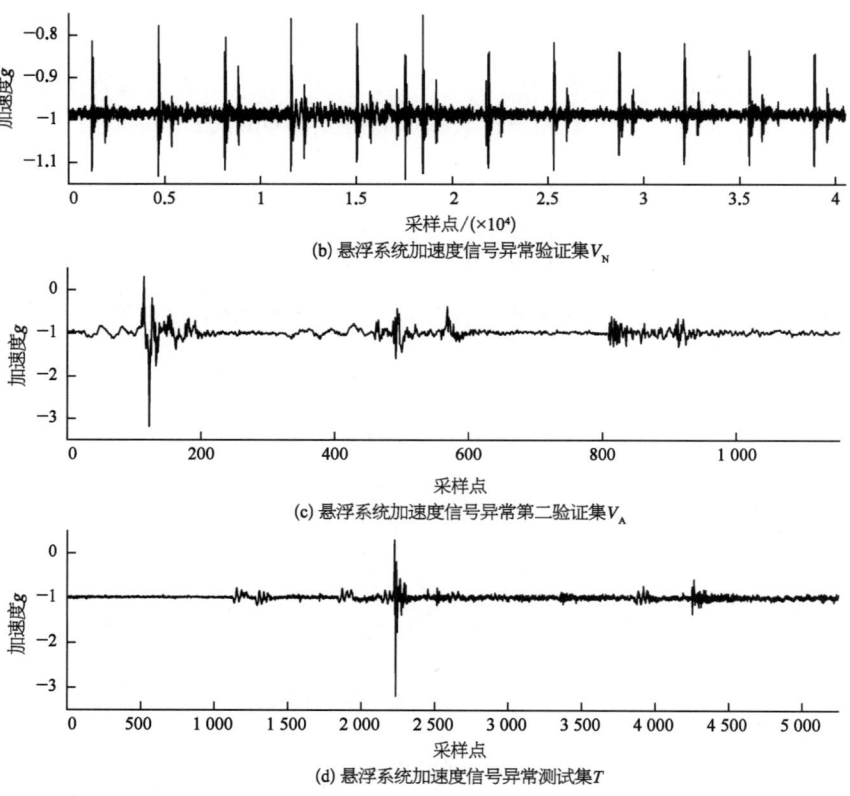

(b) 悬浮系统加速度信号异常验证集V_N

(c) 悬浮系统加速度信号异常第二验证集V_A

(d) 悬浮系统加速度信号异常测试集T

图 2-24 悬浮系统加速度信号异常数据集划分

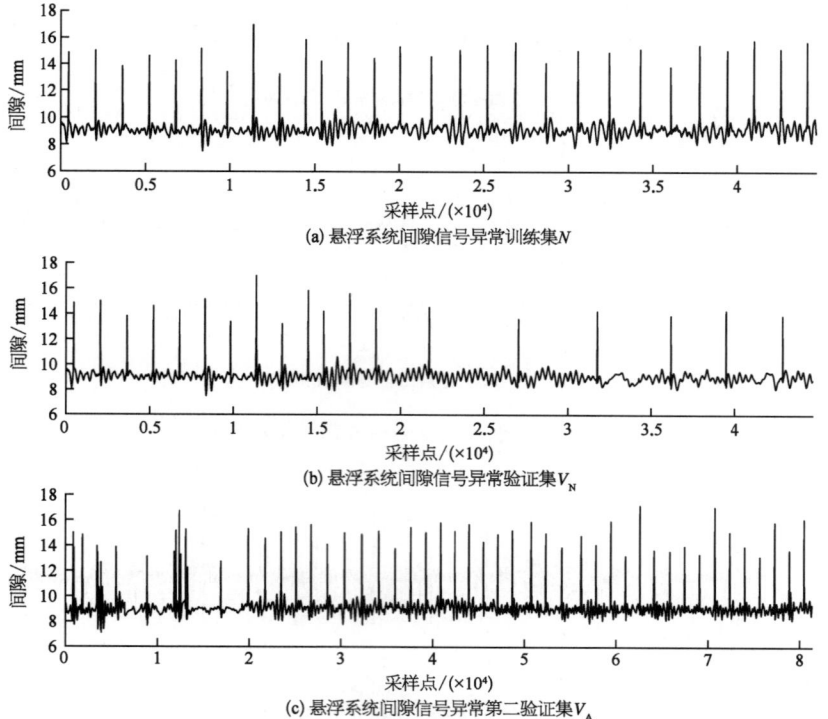

(a) 悬浮系统间隙信号异常训练集N

(b) 悬浮系统间隙信号异常验证集V_N

(c) 悬浮系统间隙信号异常第二验证集V_A

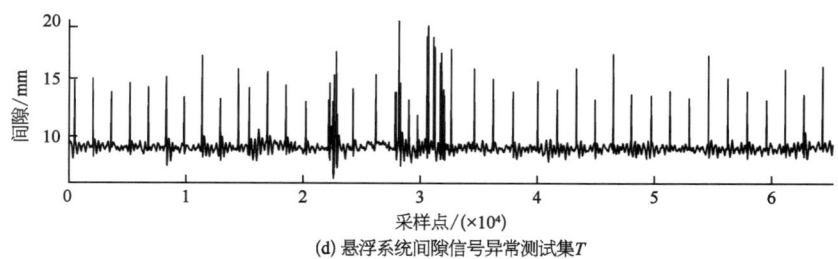

(d) 悬浮系统间隙信号异常测试集 T

图 2-25 悬浮系统间隙信号异常数据集划分

2) 异常状态检测结果与分析

按照图 2-22 所示 LSTM 神经网络在线异常检测流程,分别针对砸轨异常、间隙信号异常和加速度信号异常进行检测,具体检测结果如图 2-26～图 2-31 所示。

(1) 悬浮系统砸轨异常。基于 LSTM 神经网络的时间序列预测模型能够准确检测出悬浮系统的砸轨异常,砸轨异常部分数据对应的预测误差的对数非常明显,根据该误差,能够很准确地检测出悬浮系统发生砸轨异常的区间,如图 2-26、图 2-27 所示。

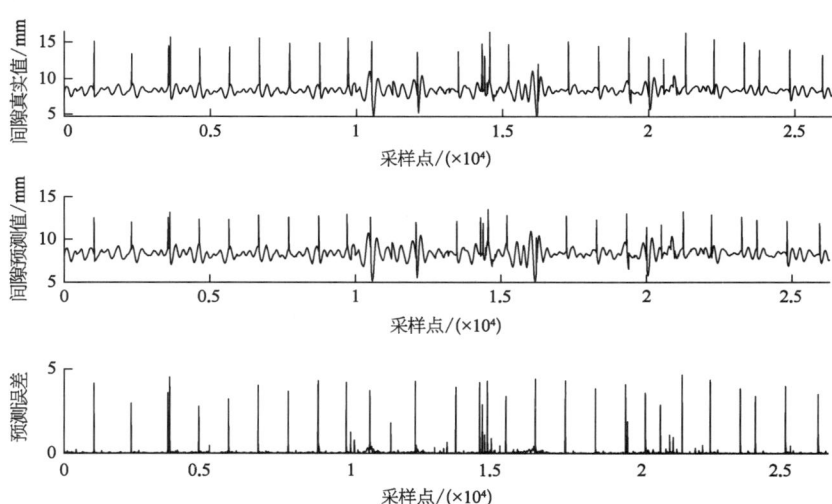

图 2-26 悬浮系统砸轨异常训练集训练结果示意图

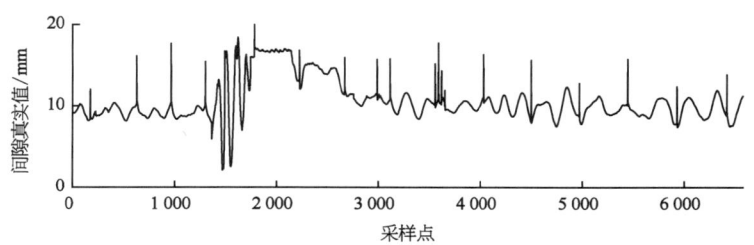

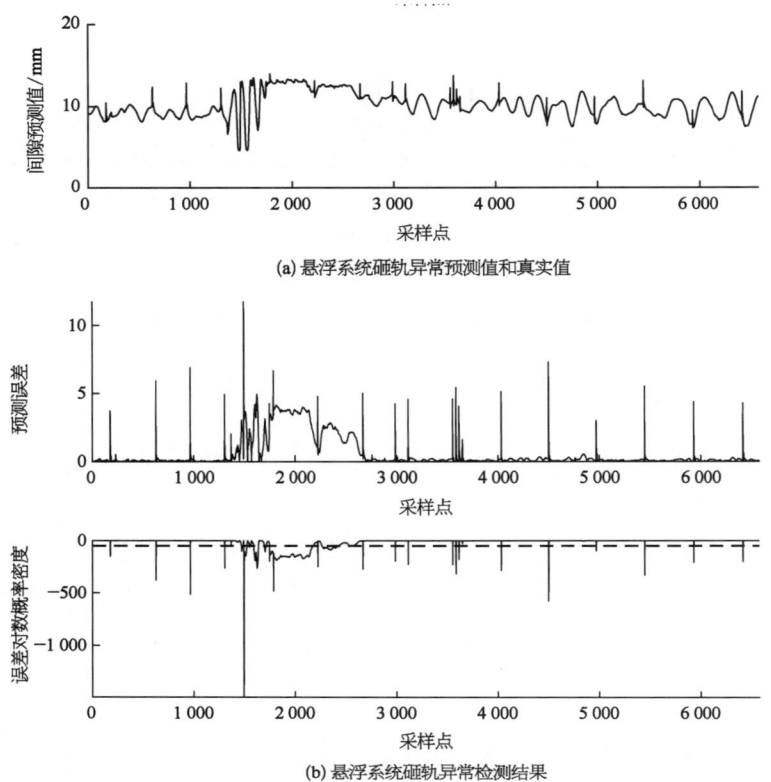

图 2-27 悬浮系统砸轨异常检测分析

（2）悬浮系统加速度信号异常。基于 LSTM 神经网络的时间序列预测模型也能够准确检测出悬浮系统的加速度信号异常，如图 2-28、图 2-29 所示。

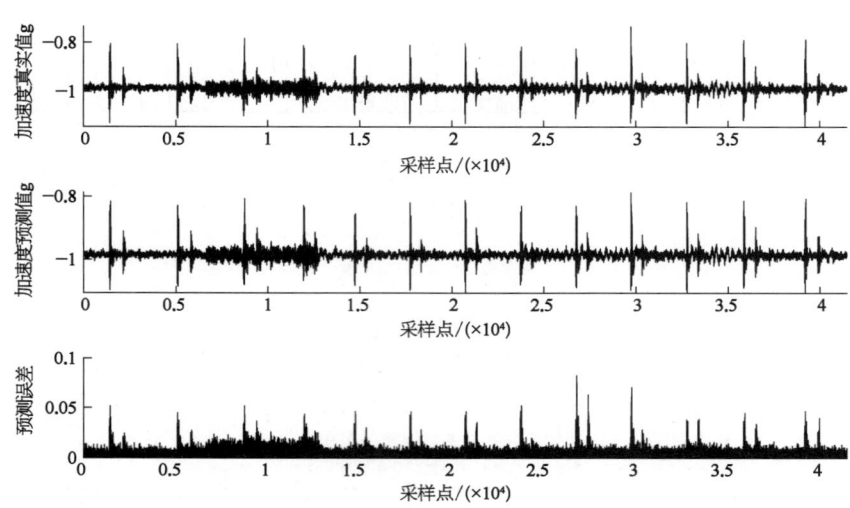

图 2-28 悬浮系统加速度信号异常训练集训练结果示意图

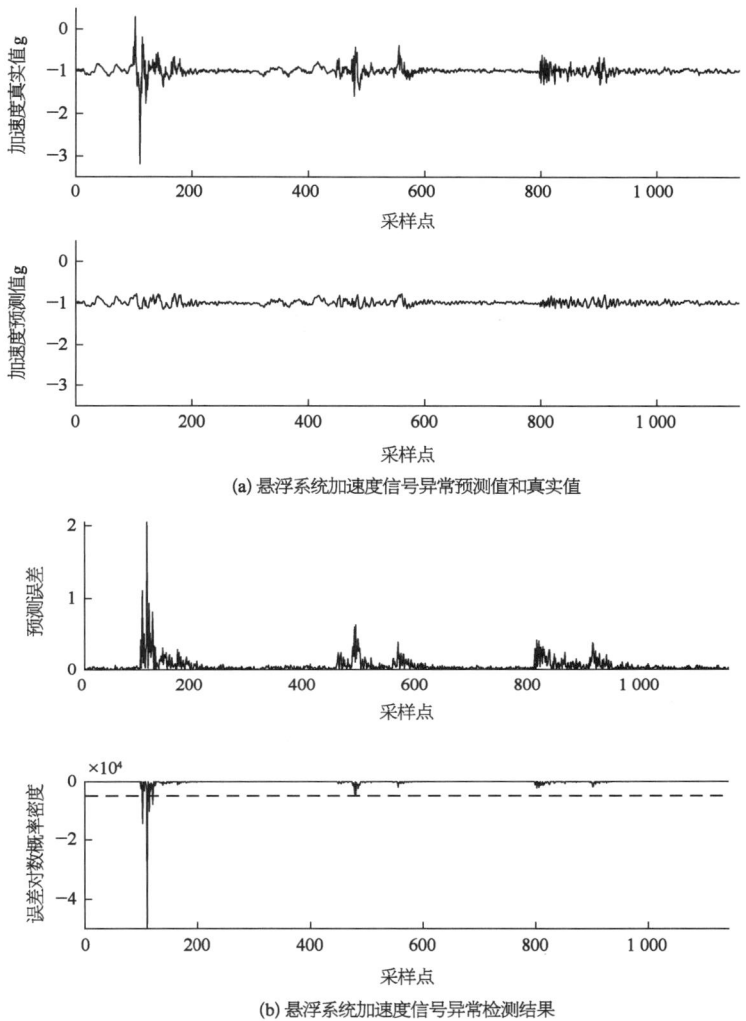

图 2-29 悬浮系统加速度信号异常检测分析

（3）悬浮系统间隙信号异常。基于 LSTM 神经网络的时间序列预测模型也能够准确检测出悬浮系统的间隙信号异常，如图 2-30、图 2-31 所示。

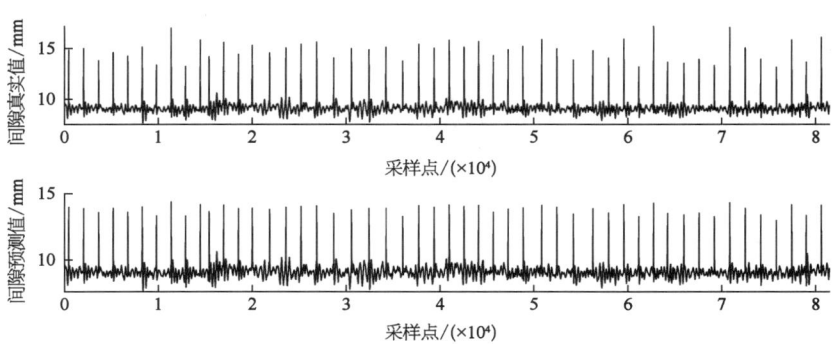

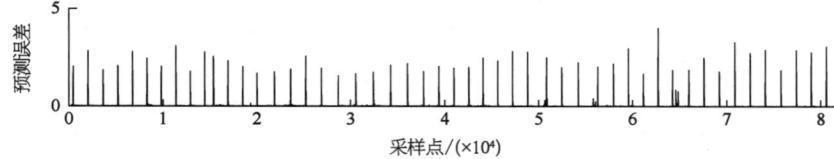

图 2-30　悬浮系统间隙信号异常训练集训练结果示意图

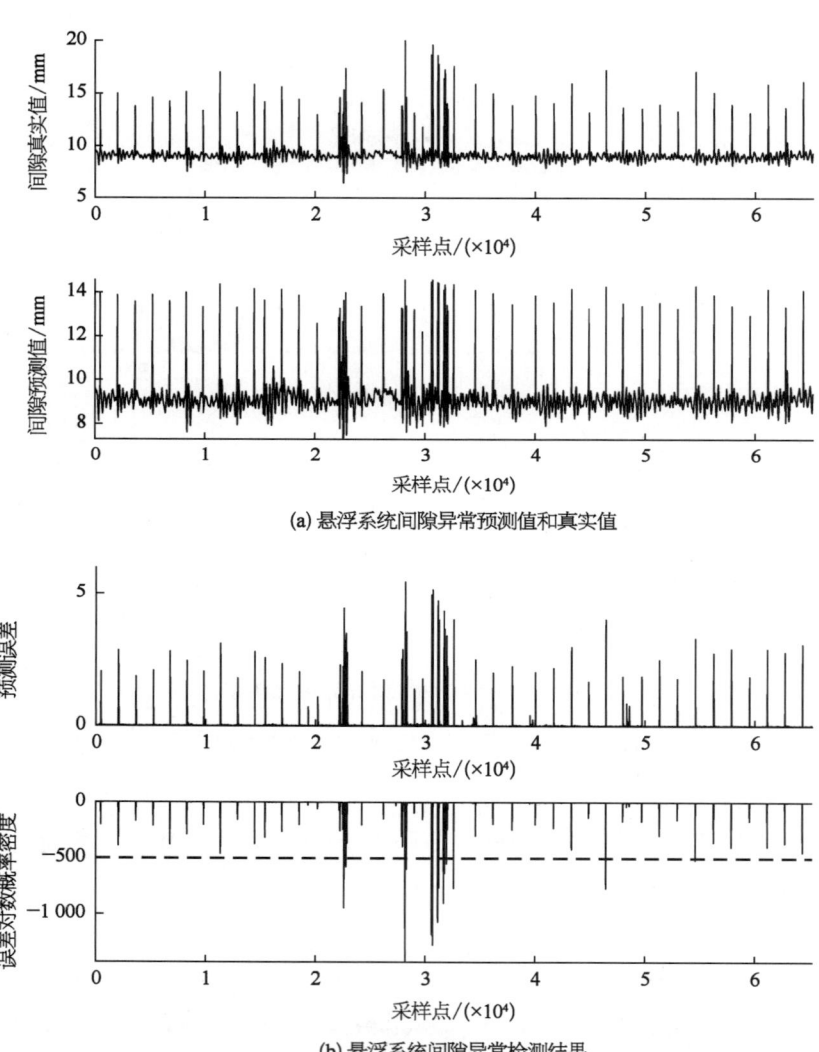

(a) 悬浮系统间隙异常预测值和真实值

(b) 悬浮系统间隙异常检测结果

图 2-31　悬浮系统间隙信号异常检测分析

第 3 章

磁浮列车悬浮稳定性的状态监测与评估

本章将重点研究磁浮列车悬浮系统稳定性的实时监测与评估问题。利用悬浮系统的在线数据，提出一种适合评价磁浮列车悬浮系统稳定性的实时性能指标；制定磁浮列车悬浮系统稳定性的评价等级并对性能进行分析和评估；利用中低速磁浮列车悬浮系统开展仿真分析，并验证该方法的有效性和可行性。

3.1 概　　述

悬浮系统结构复杂，呈现出非线性及强动态耦合特性，是一个多输入多输出、时变的不稳定系统，因此悬浮系统在复杂动态运行条件下的稳定性是需要重点关注的问题。及时监测悬浮系统稳定性的退化情况，并根据监测结果判断悬浮系统的运行状态，及时采取不同策略对性能退化进行相应的处理。然而，该领域的研究大多侧重于悬浮控制技术，如鲁棒控制、神经网络以及自适应控制等，对磁浮列车运行时悬浮系统的稳定性研究则较少。因此，对悬浮系统稳定性进行实时监测具有重要意义。

过去的几十年里，许多学者提出了各种各样的控制性能监测方法，而对稳定性的监测的研究却很少。评价稳定性的一般方法是计算系统的稳定裕度。当对象模型已知时，可以通过基于模型的方法离线计算稳定裕度，但在实际工程中，精确的对象模型通常未知或不确定。对磁浮列车悬浮系统而言，组件退化/故障、绕组磨损、IGBT老化、负载变化、碰撞导致电磁铁失磁、工作点变化、温度变化等因素都可能导致悬浮系统模型变化。因此，基于模型的方法无法计算出系统的稳定裕度，从而无法实时监测和评估悬浮系统的稳定性。随着嵌入式处理器、数据存储设备和计算技术的发展，通过采集和处理海量的运行数据可以实时获取对象的各种状态信息，基于数据驱动的方法开始在性能监测领域发挥出重要作用。然而，现有的数据驱动方法往往集中在检测特定类型故障（例如组件故障、流程故障）方面的研究，在稳定性的监测与评估方面的工作还相对很少。

3.2 悬浮系统的数据结构与稳定性指标

为了实现悬浮系统的稳定性监测，需要利用悬浮系统在线数据，提出一种适合评价磁浮列车悬浮系统稳定性的实时性能指标。

3.2.1 悬浮系统的数据结构

为了分析稳态下各采样时刻悬浮系统在平衡点处的稳定性，对于系统 $G(z)$，其状态空间表达式的最小实现形式为

$$y(z) = G(z)u(z) : \begin{cases} x(k+1) = Ax(k) + Bu(k) \\ y(k) = Cx(k) + Du(k) \end{cases} \tag{3-1}$$

式中，A、B、C、D 为具有适当维数的矩阵，并且 $G(z) = D + C(zI - A)^{-1}B$；$y \in \mathbf{R}^m$ 为系统输出；$u \in \mathbf{R}^l$ 为控制输入；$x \in \mathbf{R}^n$ 为状态变量。

$G(z)$ 的乘法算子定义为

$$H_G : u \in \chi \rightarrow y \in \chi \tag{3-2}$$

式中，u、y 为来自系统 $G(z)$ 的输入和输出空间；χ 是一种通用符号，指时域子空间或频域子空间。

给定系统 (3-1)、(3-2) 中定义的 $u \in \chi$，$Gu \in \chi$ 的相关乘法算子 H_G，则系统 (3-1) 的像定义为

$$\mathrm{im}(G) := \left\{ \begin{bmatrix} u \\ y \end{bmatrix} = \begin{bmatrix} u \\ Gu \end{bmatrix} \middle| u \in \chi, Gu \in \chi \right\} \tag{3-3}$$

从数据驱动的角度来看，$\mathrm{im}(G)$ 描述了悬浮系统 $G(z)$ 的所有输入输出对。

在数据驱动设计中，批处理数据必不可少，通过收集和利用系统在一定时间范围内的在线数据来传递系统动态信息。对于任意向量 $\boldsymbol{\psi}(k) \in \mathbf{R}^{k_\psi}$，引入以下批处理数据结构：

$$\boldsymbol{\psi}_s(k) = [\boldsymbol{\psi}^\mathrm{T}(k-s) \quad \cdots \quad \boldsymbol{\psi}^\mathrm{T}(k)] \in \mathbf{R}^{(s+1)k_\psi} \tag{3-4}$$

$$\boldsymbol{\psi}_k = [\boldsymbol{\psi}(k) \quad \cdots \quad \boldsymbol{\psi}(k+N_c-1)] \in \mathbf{R}^{k_\psi \times N} \tag{3-5}$$

$$\boldsymbol{\psi}_{k,s,N_c} = [\boldsymbol{\psi}_s(k) \quad \cdots \quad \boldsymbol{\psi}_s(k+N_c-1)] = [\boldsymbol{\psi}_{k-s}^\mathrm{T} \quad \cdots \quad \boldsymbol{\psi}_k^\mathrm{T}] \in \mathbf{R}^{(s+1)k_\psi \times N}$$

$$\tag{3-6}$$

式中，$\boldsymbol{\psi}_{k,s,N_c}$ 也称汉克尔矩阵，一般应选择 N_c 使得 $N_c \gg s$；$\boldsymbol{\psi}_s(k)$ 和 $\boldsymbol{\psi}_{k,s,N_c}$ 是由该时间范围内的截断数据构成的，其中包含有关过程的动态信息。

给定系统 (3-1) 中与 $G(z)$ 相关的乘法算子 H_G，如果对于任意的 $k \geq 0$，都有 $[\boldsymbol{u}_{s_g}^\mathrm{T}(k)\boldsymbol{y}_{s_g}^\mathrm{T}]^\mathrm{T} \in \mathrm{sub}(\mathrm{im}(H_G)) \subset \mathrm{im}(H_G)$，且式 (3-7) 成立，则 H_{G,s_g} 称为 H_G 的数据驱动实现：

$$\boldsymbol{y}_{s_g}(k) = \boldsymbol{H}_{G,s_g} \boldsymbol{u}_{s_g}(k) \tag{3-7}$$

可以看出,当 $s_g \to \infty$ 时,悬浮系统 $G(z)$ 的输入空间可以被复原。

3.2.2 悬浮系统的稳定性指标

悬浮系统稳定性监测与评估结构如图 3-1 所示,性能监测与评估控制回路 $[K(z), G(z)]$ 并行运行,互不干扰。

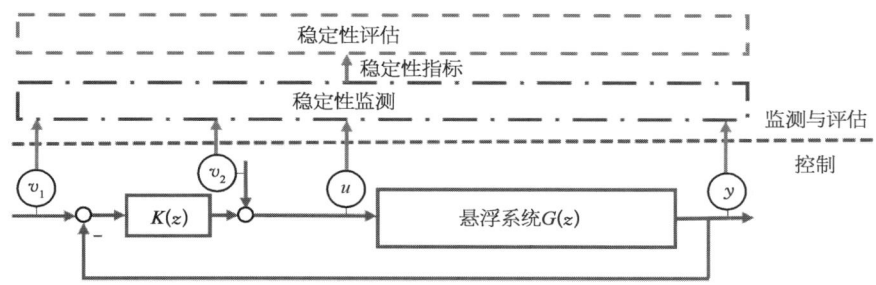

图 3-1 悬浮系统稳定性监测与评估结构

不同环境条件下参数的变化导致 $\boldsymbol{A}$、$\boldsymbol{B}$ 变为 $\boldsymbol{A}_f$、$\boldsymbol{B}_f$。在这种情况下,控制回路从 $[K(z), G(z)]$ 变为 $[K(z), G_f(z)]$,其中 $G_f(z) = \boldsymbol{D} + \boldsymbol{C}(z\boldsymbol{I} - \boldsymbol{A}_f)^{-1}\boldsymbol{B}_f$。此时,悬浮控制系统的稳定性也随之变化。因此需要建立如图 3-1 所示悬浮系统稳定性监测与评估结构,提出一个实时的性能指标,反映外界环境变化对于悬浮控制系统稳定性的影响。

众所周知,鲁棒控制理论中评价系统闭环稳定性的指标为稳定裕度,由下面的引理给出。

引理 1 给定线性系统 $G(z)$,因图 3-1 所示反馈控制回路中反馈控制器 $K(z)$ 内部稳定,则反馈控制回路 $[K(z), G(z)]$ 的稳定裕度为

$$b_{G,K} = \left\| \begin{bmatrix} \boldsymbol{I} \\ G(z) \end{bmatrix} (\boldsymbol{I} + K(z)G(z))^{-1} \begin{bmatrix} K(z) & \boldsymbol{I} \end{bmatrix} \right\|_\infty^{-1} \tag{3-8}$$

式中,$b_{G,K}$ 取值范围在 $(0, 1)$。

当悬浮系统模型 $G(z)$ 可用时,通过基于模型的方法可以很容易地离线计算出稳定裕度 $b_{G,K}$。然而,悬浮系统模型 $G(z)$ 是变化的和未知的,此时 $b_{G,K}$ 不再可用,需要在不清楚模型 $G(z)$ 的前提下在线计算 $b_{G,K}$。

首先,从输入 $\begin{bmatrix} \boldsymbol{v}_1 \\ \boldsymbol{v}_2 \end{bmatrix}$ 到 $\begin{bmatrix} \boldsymbol{u} \\ \boldsymbol{y} \end{bmatrix}$ 的传递函数可以由图 3-1 推导出来:

$$\left. \begin{aligned} \begin{bmatrix} \boldsymbol{u} \\ \boldsymbol{y} \end{bmatrix} &= \Lambda(z) \begin{bmatrix} \boldsymbol{v}_1 \\ \boldsymbol{v}_2 \end{bmatrix}, \Lambda(z) \in \boldsymbol{RH}_\infty \\ \Lambda(z) &= \begin{bmatrix} \boldsymbol{I} \\ G(z) \end{bmatrix} (\boldsymbol{I} + K(z)G(z)^{-1}) \begin{bmatrix} K(z) & \boldsymbol{I} \end{bmatrix} \end{aligned} \right\} \tag{3-9}$$

式(3-8)、式(3-9)揭示了 $b_{G,K}$ 和 $\Lambda(z)$ 之间的关系,即 $b_{G,K} = \|\Lambda(z)\|_\infty^{-1}$。因此需要研究是否可以在不清楚 $G(z)$ 和 $K(z)$ 的前提下利用实时输入的数据 $\boldsymbol{u}_\Lambda = [\boldsymbol{v}_1^T \quad \boldsymbol{v}_1^T]^T$ 和输出数据 $\boldsymbol{y}_\Lambda = [\boldsymbol{u}^T \quad \boldsymbol{y}^T]^T$ 来获得一种实时的稳定性指标。

为此,将 $\Lambda(z)$ 在状态空间表示为

$$\left. \begin{aligned} \boldsymbol{x}_\Lambda(k+1) &= \boldsymbol{A}_\Lambda \boldsymbol{x}_\Lambda(k) + \boldsymbol{B}_\Lambda \boldsymbol{u}_\Lambda(k) \\ \boldsymbol{y}_\Lambda(k) &= \boldsymbol{C}_\Lambda \boldsymbol{x}_\Lambda(k) + \boldsymbol{D}_\Lambda \boldsymbol{u}_\Lambda(k) \end{aligned} \right\} \quad (3-10)$$

对于图3-1所示反馈控制回路 $[K(z), G(z)]$,可以通过从输入输出空间 $[\boldsymbol{u}_{\Lambda,s_g}(k), \boldsymbol{y}_{\Lambda,s_g}(k)]$ 来在线获得悬浮系统运行时的稳定裕度,具体的数据实现形式为

$$\left. \begin{aligned} J_{s_g}(k) &= \mathcal{D}[\boldsymbol{u}_{\Lambda,s_g}(k), \boldsymbol{y}_{\Lambda,s_g}(k)] \\ \text{s.t.} \lim_{s_g \to \infty} J_{s_g}(k) &= b_{G,K} \end{aligned} \right\} \quad (3-11)$$

式中,$J_{s_g}(k)$ 为式(3-5)中定义的 $\boldsymbol{u}_{\Lambda,s_g}(k)$ 和 $\boldsymbol{y}_{\Lambda,s_g}(k)$ 的稳定裕度的数据实现形式;s_g 为用于在线计算输入和输出空间中数据的长度;$\mathcal{D}$ 为从悬浮系统的输入和输出空间到稳定裕度数据驱动实现的映射;$b_{G,K}$ 为式(3-9)中给出的稳定裕度。

稳定裕度 $b_{G,K}$ 主要用于离线计算和分析,并在对象模型可用的情况下离线计算,$J_{s_g}(k)$ 的独特优势在于,它可以使用在线的过程数据进行计算,而不需要知道对象模型。

为了全面客观地掌握悬浮系统的运行状态,及时监测悬浮系统稳定性的退化情况,将磁浮列车悬浮系统的实时稳定性指标PMI定义为 k 时刻的实时稳定裕度与参考时刻 k_{ini} 的稳定裕度之比:

$$PMI(k) := \frac{J_{s_g}(k)}{J_{s_g}(k_{\text{ini}})} \quad (3-12)$$

式中,$J_{s_g}(k_{\text{ini}})$ 可以为磁浮列车设计并调试良好时悬浮系统的稳定性指标初值,也可以为磁浮列车以期望性能运行的任何参考时刻的稳定性指标值。

3.3 基于数据驱动的悬浮系统稳定性监测

实时的稳定性指标 $PMI(k)$ 被提出后,针对磁浮列车悬浮系统稳定性的监测问题,本节主要提出基于数据驱动的实时稳定性指标,设计了基于稳定性指标的性能监测算法,并给出了详细的实时实现步骤,还对基于稳定性指标的性能监测算法的适用性进行了分析。

3.3.1 稳定性指标的实时数据实现

$J_{s_g}(k)$ 是获得实时的稳定性指标 $PMI(k)$ 的关键。3.2 节中介绍的数据结构传递了悬浮系统在一定范围内的动态信息,对于悬浮系统稳定性的监测非常有益。为了完成 $J_{s_g}(k)$ 的实时数据实现,首先提出以下定理。

定理 1 考虑稳定系统(3-10)及其相关的数据驱动实现 H_{G_Λ, s_f},假设 $u_\Lambda(k) \in \mathbf{R}$ 是持续激励的,且不存在系统状态 $x_\Lambda(k) \in \mathbf{R}^{n_\Lambda}$ 到 $u_\Lambda(k) \in \mathbf{R}$ 的线性反馈,则 H_{G, s_f} 可表示为

$$H_{G_\Lambda, s_f} = L_{\Lambda 32} L_{\Lambda 22}^{-1} \in \mathbf{R}^{(s_f+1)(l+m) \times (s_f+1)(l+m)} \tag{3-13}$$

式中,$L_{\Lambda 32}$ 和 $L_{\Lambda 22}$ 可由 LQ 分解得到:

$$\begin{bmatrix} Z_{\Lambda P_k} \\ U_{\Lambda f_k} \\ Y_{\Lambda f_k} \end{bmatrix} = \begin{bmatrix} L_{\Lambda 11} & 0 & 0 \\ L_{\Lambda 21} & L_{\Lambda 22} & 0 \\ L_{\Lambda 31} & L_{\Lambda 32} & L_{\Lambda 33} \end{bmatrix} \begin{bmatrix} Q_{\Lambda 1} \\ Q_{\Lambda 2} \\ Q_{\Lambda 3} \end{bmatrix} \tag{3-14}$$

$Z_{\Lambda P_k}$、$U_{\Lambda f_k}$ 和 $Y_{\Lambda f_k}$ 是由 $u_\Lambda(k)$、$y_\Lambda(k)$ 按照式(3-6)所示方式组成的汉克尔矩阵:

$$\left. \begin{aligned} Z_{\Lambda P_k} &= \begin{bmatrix} U_{\Lambda k - s_f - N_c} \\ Y_{\Lambda k - s_f - N_c} \end{bmatrix} \\ U_{\Lambda P_k} &= U_{\Lambda k - N_c + 1, s_f, N_c}, \quad Y_{\Lambda f_k} = Y_{\Lambda k - N_c + 1, s_f, N_c} \end{aligned} \right\} \tag{3-15}$$

式中,N_c 应选择得足够大。

证明 1 对于式(3-10),该时间窗口的输出 $Y_{\Lambda f_k}$ 由这个时间窗口的输入 $U_{\Lambda f_k}$ 以及过去的输入和输出 $Z_{\Lambda P_k}$ 共同决定。

为了获得 H_{G_Λ, s_f},即从 $U_{\Lambda f_k}$ 到 $Y_{\Lambda f_k}$ 的映射,同时去除 $Z_{\Lambda P_k}$ 对 $Y_{\Lambda f_k}$ 的影响。利用子空间辨识方法,并通过式(3-14)给出的 LQ 分解,对数据集 $[Z_{\Lambda P_k}^T \quad U_{\Lambda f_k}^T \quad Y_{\Lambda f_k}^T]^T$ 进行正交分解,从而得到

$$Y_{\Lambda f_k} = (L_{\Lambda 31} L_{\Lambda 11}^* - L_{\Lambda 32} L_{\Lambda 22}^{-1} L_{\Lambda 21} L_{\Lambda 11}^*) Z_{\Lambda P_k} + L_{\Lambda 32} L_{\Lambda 22}^{-1} U_{\Lambda f_k} + L_{\Lambda 33} Q_3 \tag{3-16}$$

式中,$L_{\Lambda 11}$ 和 $L_{\Lambda 22}$ 是方阵;$L_{\Lambda 11}^*$ 代表 $L_{\Lambda 11}$ 的伪逆。

式(3-16)表示 $Y_{\Lambda f_k}$ 行空间到 $U_{\Lambda f_k}$ 行空间的投影,即系统(3-10)的数据驱动可以通过下式实现:

$$H_{G_\Lambda, s_f} = L_{\Lambda 32} L_{\Lambda 22}^{-1} \tag{3-17}$$

定理 1 背后的思想是将数据投射到行空间 $Q_{\Lambda i}(i=1, 2, 3)$ 的正规基上,从而只需提取 $U_{\Lambda f_k}$ 到 $Y_{\Lambda f_k}$ 的映射,则可形成系统(3-10)的数据驱动实现形式。

定理 1 中的 $u_\Lambda(k)$ 需要持续激励,以保持行满秩的条件:

$$\mathrm{rank}(U_{\Lambda k - N_c + 1, s_f, N_c}) = (s_f + 1) \times (l + m) \tag{3-18}$$

定理 1 给出的 $\boldsymbol{H}_{G,s_f}$ 的数据实现形式是基础，进一步推导，可以得到稳定性指标的数据实现形式。

定理 2 如果得到稳定系统(3-10)及其相应的数据驱动实现 $\boldsymbol{H}_{G,s_f}$，则 $J_{s_f}(k)$ 可以表示为

$$J_{s_f}(k) = \frac{1}{\bar{\sigma}(\boldsymbol{H}_{G_\Delta,s_f})} \qquad (3-19)$$

式中，$\boldsymbol{H}_{G,s_f}$ 由定理 1 给出，$\bar{\sigma}(g)$ 表示给定矩阵的最大奇异值。

证明 2 当 $s_f \to \infty$ 时，满足

$$\text{im}(\boldsymbol{H}_{G_\Delta,s_f}) \to \text{im}(G_\Delta) \qquad (3-20)$$

即当 $s_f \to \infty$ 时，$\boldsymbol{H}_{G,s_f}$ 的像空间趋向于覆盖 $\text{im}(G_\Delta)$：

$$\|G_\Delta\|_\infty = \bar{\sigma}(\boldsymbol{H}_{G_\Delta}) \qquad (3-21)$$

式中，$\boldsymbol{H}_{G_\Delta}$ 已经在上文进行了说明。因此，当 $s_f \to \infty$ 时，满足

$$\bar{\sigma}(\boldsymbol{H}_{G_\Delta,s_f}) \to \|G_\Delta\|_\infty \qquad (3-22)$$

因此，根据式(3-11)，可得

$$J_{s_f}(k) = \frac{1}{\bar{\sigma}(\boldsymbol{H}_{G_\Delta,s_f})} \qquad (3-23)$$

式中，s_f 应设置足够大。

此时，定理 1、定理 2 和式(3-12)共同构成计算实时稳定性指标的关键步骤，该性能指标的计算式主要基于悬浮系统的输入和输出数据。

3.3.2 数据驱动的稳定性监测

由于 $J_{s_g}(k)$ 和 $J_{s_g}(k+1)$ 的计算存在数据重叠，说明 $J_{s_g}(k)$ 可以进行在线递归计算。因此，$J_{s_g}(k)$ 的递归更新可以通过机载计算机或者嵌入式系统进行实现。

对于第 k 次迭代，对运行过程中的输入和输出数据所形成的矩阵进行 LQ 分解：

$$\boldsymbol{M}_k = \begin{bmatrix} \boldsymbol{Z}_{\Delta p_k} \\ \boldsymbol{U}_{\Delta f_k} \\ \boldsymbol{Y}_{\Delta f_k} \end{bmatrix} = \boldsymbol{L}_k \boldsymbol{Q}_k \in \mathrm{R}^{k_L \times N_c}, \ k_L = (s_p + s_f + 2)(l+m) \qquad (3-24)$$

在 $k+1$ 时刻，为了得到 $\boldsymbol{L}_{k+1}$，不执行式(3-24)，而是根据 $\boldsymbol{L}_k$ 和新数据计算 $\boldsymbol{L}_{k+1}$[依据式(3-4)中介绍的数据结构]：

$$\boldsymbol{\phi}_{k+1} = \begin{bmatrix} \boldsymbol{z}_{\Delta s_p}(k-s_f) \\ \boldsymbol{u}_{\Delta f_p}(k+1) \\ \boldsymbol{y}_{\Delta f_p}(k+1) \end{bmatrix} \qquad (3-25)$$

将包含新输入输出数据的 $\boldsymbol{\phi}_{k+1}$ 附到 $\boldsymbol{M}_k$ 后面，改写成 LQ 分解的形式：

$$\widetilde{\boldsymbol{M}} = \left\{ \begin{matrix} \boldsymbol{Z}_{\Delta p_k} \\ \boldsymbol{U}_{\Delta f_k} \\ \boldsymbol{Y}_{\Delta f_k} \end{matrix} \middle| \boldsymbol{\phi}_{k+1} \right\} = \widetilde{\boldsymbol{L}} \widetilde{\boldsymbol{Q}} \quad (3-26)$$

式中，$\widetilde{\boldsymbol{L}}$ 为首先要计算的中间矩阵。

为此，引入 Givens 变换，将式(3-26)重写为

$$\left\{ \begin{matrix} \boldsymbol{Z}_{\Delta p_k} \\ \boldsymbol{U}_{\Delta f_k} \\ \boldsymbol{Y}_{\Delta f_k} \end{matrix} \middle| f_{k+1} \right\} = [\boldsymbol{L}_k \mid f_{k+1}] \begin{bmatrix} \boldsymbol{Q}_k & 0 \\ 0 & 1 \end{bmatrix} = [\boldsymbol{L}_k \mid f_{k+1}] \Theta \Theta^{\mathrm{T}} \begin{bmatrix} \boldsymbol{Q}_k & 0 \\ 0 & 1 \end{bmatrix} \quad (3-27)$$

式中，Θ 表示 Givens 变换。式(3-27)表示如果能找到这样一个 Θ，则满足

$$\widetilde{\boldsymbol{L}} = [\boldsymbol{L}_k \mid \boldsymbol{\phi}_{k+1}] \Theta \quad (3-28)$$

无须进行 LQ 分解，就可以很容易地利用式(3-28)计算得到 $\widetilde{\boldsymbol{L}}$。通过验证可以从使 $[\boldsymbol{L}_k \mid \boldsymbol{\phi}_{k+1}]$ 最后一列赋零的 Givens 变换中得到 Θ，即

$$\Theta_{(N_c+1) \times (N_c+1)} = \begin{bmatrix} c_1 & & & & s_1 \\ & 1 & & & \\ & & \ddots & & \\ & & & 1 & \\ -s_1 & & & & c_1 \end{bmatrix} \begin{bmatrix} 1 & & & & \\ & \ddots & & & \\ & & c_{k_L} & & s_{k_L} \\ & & & \ddots & \\ & & -s_{k_L} & & c_{k_L} \end{bmatrix} \quad (3-29)$$

式中，c_i 和 s_i 是 sin 和 cos 的简写：

$$\left. \begin{matrix} c_i = \alpha(i, i)/p_i \\ s_i = -\alpha(i, N_c+1)/p_i \\ p_i = \sqrt{c_i^2 + s_i^2}, \ i=1, \cdots, k_L \end{matrix} \right\} \quad (3-30)$$

令 $\alpha(i, j)$ 为矩阵(3-27)中 $[\boldsymbol{L}_k \mid \boldsymbol{\phi}_{k+1}] \in \mathbf{R}^{k_L \times (N_c+1)}$ 第 i 行与第 j 列交点处的元素。有了 $\widetilde{\boldsymbol{L}}$ 之后，去掉 $\widetilde{\boldsymbol{M}}$ 的左第一列 $\boldsymbol{\phi}(k)$，以滑动时间窗口的方式进行更新，在矩阵其余部分的 LQ 分解中求解得到 $\boldsymbol{L}_{k+1}$。此过程表示为

$$\widetilde{\boldsymbol{M}} = [\boldsymbol{\phi}_k \mid \boldsymbol{L}_{k+1} \boldsymbol{Q}_{k+1}] = [\boldsymbol{L}_k \mid \boldsymbol{\phi}_k] \begin{bmatrix} 0 & \boldsymbol{Q}_{k+1} \\ 0 & 1 \end{bmatrix} \quad (3-31)$$

式中

$$\boldsymbol{\phi}_k = \begin{bmatrix} \boldsymbol{z}_{\Delta s_p}(k - s_f - N_c) \\ \boldsymbol{u}_{\Delta f_p}(k - N_c + 1) \\ \boldsymbol{y}_{\Delta f_p}(k - N_c + 1) \end{bmatrix} \quad (3-32)$$

得到 $\tilde{L}$ 和 $\tilde{Q}$ 后，参考式(3-26)和式(3-31)，通过变换 ψ 满足

$$[L_{k+1} \mid \phi_k] \begin{bmatrix} 0 & Q_{k+1} \\ 1 & 0 \end{bmatrix} = \tilde{L}\psi\psi^T \tilde{Q} \qquad (3-33)$$

式中，ψ 可以通过 Givens 变换表示为

$$\psi_{(N_c+1)\times(N_c+1)} = \psi_0 \psi_L = \psi_0 \begin{bmatrix} 1 & & & & \\ & \ddots & & & \\ & & c_{k_L} & & s_{k_L} \\ & & & \ddots & \\ & & -s_{k_L} & & c_{k_L} \end{bmatrix} \begin{bmatrix} c_1 & & & & s_1 \\ & 1 & & & \\ & & \ddots & & \\ & & & 1 & \\ -s_1 & & & & c_1 \end{bmatrix} \qquad (3-34)$$

ψ_0 为 Givens 变换的初始值，sin 和 cos 对应于 $\tilde{L}$ 的最后 N_c+1-k_L 列，因此，当只需要 L_{k+1} 时，可以无须计算该值，且有

$$\tilde{L}\psi = \tilde{L}\psi_L \qquad (3-35)$$

由式(3-33)可以看出，$\tilde{L}\psi_L$ 是为了在 $[L_{k+1} \mid \phi_k]$ 的最右一列处生成一列 ϕ_k。为了得到 ψ_L，需要确定式(3-34)中的 c_i 和 $s_i (i = k_L, \cdots, 1)$。因此，按照式(3-30)的表示形式，通过乘以 ψ_L 中所包含的 Givens 变换，最后可得到以下形式：

$$\psi_L = \begin{bmatrix} U_{k_L \times k_L} & 0_{k_L \times (N_c-k_L)} & \theta_{k_L \times 1} \\ 0_{(N_c-k_L) \times k_L} & I_{N_c-k_L} & 0_{(N_c-k_L) \times 1} \\ \varepsilon_{1 \times k_L} & 0_{1 \times (N_c-k_L)} & \eta \end{bmatrix} \qquad (3-36)$$

式中，$U_{k_L \times 1}$ 为上三角矩阵；$I_{N_c-k_L}$ 为单位矩阵；$\theta_{k_L \times 1}$ 为需要关注的向量。式(3-34)中所有的 s_i、$c_i(i=k_L, \cdots, 1)$，具体如下：

$$\left. \begin{array}{l} \theta_i = s_i \gamma_i \\ \gamma_i = \begin{cases} c_{i-1} \cdots c_1, & i \geqslant 2 \\ 1, & i = 1 \end{cases} \\ 1 = c_i^2 + s_i^2, \quad i = 1, \cdots, k_L \end{array} \right\} \qquad (3-37)$$

式中，$\theta_{k_L \times 1} = [\theta_1 \quad \cdots \quad \theta_{k_L}]^T$。式(3-33)和式(3-35)，表明 $\theta_{k_L \times 1}$ 可通过下式计算：

$$\tilde{L}(:, 1:k_L)\theta_{k_L \times 1} = \phi_k \qquad (3-38)$$

得到 ψ_L 后，通过去掉结果的最后一列，可以由 $\tilde{L}\psi_L$ 得到 L_{k+1}，见式(3-33)，则 $k+1$ 时刻 $\Lambda(z)$ 的数据驱动可由定理 1 计算得到：

$$\boldsymbol{H}_{G,s_f}(k+1) = \boldsymbol{L}_{\Lambda 32}(k+1)\boldsymbol{L}_{\Lambda 22}^{-1}(k+1) \tag{3-39}$$

式中，$\boldsymbol{L}_{\Lambda 32}(k+1)$ 和 $\boldsymbol{L}_{\Lambda 22}(k+1)$ 为 $\boldsymbol{L}_{k+1}$ 的子矩阵，见式(3-14)。递归更新过程的算法流程如下：

(1) 根据式(3-24)在起始时刻 k_0 计算 $\boldsymbol{L}_{k_0}$。

(2) 在 $k+1$ 时刻收集数据 $\boldsymbol{\phi}_{k+1}$，并将其附加到 $\boldsymbol{L}_k$ 最后一列的右侧，见式(3-28)，然后根据式(3-29)和式(3-30)计算 Givens 变换 $\boldsymbol{\Theta}$。

(3) 根据式(3-28)计算得到中间量矩阵 $\widetilde{\boldsymbol{L}}$。

(4) 如式(3-31)所示，提取 $\widetilde{\boldsymbol{M}}$ 的第一列，并根据式(3-38)计算 $\boldsymbol{\theta}_{k_L \times 1}$。

(5) 由式(3-34)和式(3-37)解出 $\boldsymbol{\psi}_L$。

(6) 移去 $\widetilde{\boldsymbol{L}}\boldsymbol{\psi}_L$ 的最后一列得到 $\boldsymbol{L}_{k+1}$。

(7) 根据式(3-39)更新 $\boldsymbol{H}_{G_\Lambda,s_f}(k+1)$。

上述递归更新过程算法中，$\boldsymbol{L}_k$ 的初值($\boldsymbol{L}_{k_0}$)可以通过式(3-14)所示的标准 LQ 分解，用时间区间 $[k_0 - s_p - s_f - N_c, k_0]$ 中的数据进行计算，或者直接设为右侧为零的单位矩阵。值得指出的是，在整个计算过程中，从 $\boldsymbol{L}_k$ 到 $\boldsymbol{L}_{k+1}$ 的递归更新既没有使用 $\boldsymbol{Q}_k$ 的信息，也没有使用 $\boldsymbol{Q}_{k+1}$ 的信息。因此，可以不需要进一步计算 $\boldsymbol{Q}_{k+1}$。

每次迭代递归得到 $\boldsymbol{H}_{G,s_f}$，根据递归更新过程算法和式(3-12)可以计算出实时的稳定性指标。此时通过证明，要对磁浮列车悬浮系统进行实时性能监测，只需考虑式(3-10)中给出的系统 $\Lambda(z)$，利用 3.3 节中定理 1、定理 2 和式(3-12)进行实时稳定性监测；或者使用递归更新过程算法、定理 2 和式(3-12)进行实时稳定性监测。

3.3.3 稳定性指标的适用性分析

性能指标如何反映悬浮系统中部件参数的变化所引起的稳定性变化，以及该指标所表征的时间滞后，将在本节中进一步讨论。

(1) 假设采样时刻 k_{ini} 的参数矩阵为 $\boldsymbol{A}$、$\boldsymbol{B}$。在采样时刻 k，由于环境条件的变化，参数发生变化，得到 $\boldsymbol{A}_f$、$\boldsymbol{B}_f$。由式(3-8)、式(3-11)以及式(3-12)可知

$$\lim_{s_g \to \infty} PMI(k) = \lim_{s_g \to \infty} \frac{J_{s_g}(k)}{J_{s_g}(k_{ini})} = \lim_{s_g \to \infty} \frac{D(\boldsymbol{u}_{\Lambda,s_g}(k), \boldsymbol{y}_{\Lambda,s_g}(k))}{D(\boldsymbol{u}_{\Lambda,s_g}(k_{ini}), \boldsymbol{y}_{\Lambda,s_g}(k_{ini}))}$$
$$= \frac{b_{G_f,K}}{b_{G,K}} = \frac{\left\| \begin{bmatrix} \boldsymbol{I} \\ \boldsymbol{G}_f(z) \end{bmatrix} (\boldsymbol{I} + \boldsymbol{K}(z)\boldsymbol{G}_f(z))^{-1} [\boldsymbol{K}(z) \quad \boldsymbol{I}] \right\|_\infty^{-1}}{\left\| \begin{bmatrix} \boldsymbol{I} \\ \boldsymbol{G}(z) \end{bmatrix} (\boldsymbol{I} + \boldsymbol{K}(z)\boldsymbol{G}(z))^{-1} [\boldsymbol{K}(z) \quad \boldsymbol{I}] \right\|_\infty^{-1}} \tag{3-40}$$

式中，$\boldsymbol{G}_f(z) = \boldsymbol{D} + \boldsymbol{C}(z\boldsymbol{I} - \boldsymbol{A}_f)^{-1}\boldsymbol{B}_f$。

式(3-40)表明，当环境条件引起稳定性的变化时，可以通过 $PMI(k)$ 来监测这种变化。既不计算从 $\boldsymbol{A}$、$\boldsymbol{B}$ 到 $\boldsymbol{A}_f$、$\boldsymbol{B}_f$ 的变化，也不计算从 $\boldsymbol{G}(z)$ 到 $\boldsymbol{G}_f(z)$ 的变化，而是通过输

入和输出数据 u_Δ 和 y_Δ 直接估计稳定裕度的变化。

（2）时滞是数据驱动方法的固有特征。针对本节提出的监测方法，系统参数发生变化后，有一个时滞：

$$t_{\text{lag}} = (s_p + s_f + N_c) \times T_s \tag{3-41}$$

式中，T_s 为采样周期。时滞是由参数变化后的批处理数据填充汉克尔矩阵引起的。然而，所提出的方法并不适用于在较大的参数变化导致闭环 $[K(z), G_f(z)]$ 不再稳定的情况下的稳定性监测。为了对稳定性性能下降进行预警并及时采取措施防止闭环不稳定，有必要对监测结果进行分级评估。

3.4 磁浮列车悬浮系统稳定性评估

实时的稳定性指标 $PMI(k)$ 被提出并设计后，针对磁浮列车悬浮系统的不确定性导致的不同程度的稳定性性能退化，需要根据监测结果制定磁浮列车悬浮系统稳定性的评价等级，并对性能进行分析和评估：

$$\begin{cases} PMI(k) \leqslant J_{\text{thl}}: & \text{严重退化} \\ J_{\text{thl}} < PMI(k) \leqslant J_{\text{thm}}: & \text{退化} \\ J_{\text{thm}} < PMI(k) \leqslant J_{\text{tht}}: & \text{轻微退化} \\ PMI(k) > J_{\text{tht}}: & \text{无退化} \end{cases} \tag{3-42}$$

式中，J_{thl}、J_{thm} 和 J_{tht} 为可以根据历史运行数据经验设置的阈值。稳定性性能可以分为 4 个等级，具体为：① 严重退化，可能是由悬浮系统的部件故障（如 IGBT 损坏）、绕组损坏等引起。在这种情况下，磁浮列车应进入故障安全模式并停止运行，以检查引起严重退化的原因。② 退化，可能与悬浮系统的部件参数变化有关。此时不需要停车，但需要激活在线性能恢复和动态维护算法。③ 轻微退化，可能是由悬浮系统的微小参数变化引起。此时，除了保持必要的监控外，不需要采取任何操作。④ 无退化，在该情况下，列车运行状况良好，不需要采取任何行动。此时，悬浮系统的实时稳定性监测与评估可以按照如下算法流程进行组织：

（1）设置 N_c、s_p、s_f 和起始时间 k_0 [$J_{s_f}(k_{\text{ini}})$ 已经被计算出来]。

（2）收集数据 $v_1(k)$、$v_2(k)$，时间区间 $[k_0 - s_p - s_f - N_c, k_0]$ 内的 $u(k)$ 和 $y(k)$，并根据式（3-15）组成汉克尔矩阵 $Z_{\Delta p k_0}$、$U_{\Delta k_0 - N_c + 1, s_f, N_c}$、$Y_{\Delta k_0 - N_c + 1, s_f, N_c}$。

(3) 运行递归更新过程算法中的(1)。

(4) 运行递归更新过程算法中的(1)~(7)。

(5) 对 $\boldsymbol{H}_{G,s_f}(k+1)$ 进行奇异值分解并选择最大的奇异值,根据式(3-12)、式(3-19)计算 $k+1$ 时刻的 $J_{s_f}(k+1)$ 和实时稳定性指标 $PMI(k+1)$。

(6) 根据式(3-42)的性能等级标准记录和评价性能指标 $PMI(k+1)$。

(7) 在磁浮列车运行期间重复(1)~(6)。

在磁浮列车投入商业运营或维护之前,需要一个能提供足够稳定裕度的良好控制器。由于悬浮系统的精确模型在实践中几乎未知或一直在变化,因此,可以采用式(3-12)的性能指标和式(3-42)的性能等级评价标准。在这种情况下,性能评价等级有上述4种类型:

$$PMI_{ij}(k) = \frac{J_{is_f}(k)}{J_{js_f}(k)} \tag{3-43}$$

式中,i、j 分别为控制器 K_i、K_j。

在每一轮运行测试中,可以记录不同条件(如负载变化)下的性能指标 $PMI_{i0}(k)$ ($i=1,2,\cdots$) 的值。记录的性能指标可以作为判断控制器配置是否良好的重要参考。同时,可以选择 PMI_{i0} 最大的控制器 K_i 作为所需的控制器。

3.5 仿真分析与验证

在本节中,使用单点悬浮系统进行仿真验证。模型如下:

$$G(s) = \frac{-1.988}{s^2 - 5468} \tag{3-44}$$

假设采样频率为 2 kHz,控制器具有如下形式:

$$\left.\begin{array}{l}\boldsymbol{x}_c(k+1) = \boldsymbol{A}_c \boldsymbol{x}_c(k) + \boldsymbol{B}_c \boldsymbol{e}(k) \\ \boldsymbol{u}(k) = \boldsymbol{C}_c \boldsymbol{x}_c(k) + \boldsymbol{D}_c \boldsymbol{e}(k)\end{array}\right\} \tag{3-45}$$

控制器选取两组参数,见表3-1。

在稳态时,上述两组控制器参数均能使系统稳定悬浮在 10 mm 间隙,如图3-2所示。

表3-1 控制器参数

序号	参数			
	A_c	B_c	C_c	D_c
控制器1	$\begin{bmatrix} 1.0011 & -0.0356 \\ 0.0313 & 0 \end{bmatrix}$	$\begin{bmatrix} 4096 \\ 0 \end{bmatrix}$	$\begin{bmatrix} 66.3 & -2122.6 \end{bmatrix}$	$\begin{bmatrix} -281400.0 \end{bmatrix}$
控制器2	$\begin{bmatrix} 1.0011 & -0.0356 \\ 0.0313 & 0 \end{bmatrix}$	$\begin{bmatrix} 4096 \\ 0 \end{bmatrix}$	$\begin{bmatrix} 232.2 & -7429.2 \end{bmatrix}$	$\begin{bmatrix} -955600.0 \end{bmatrix}$

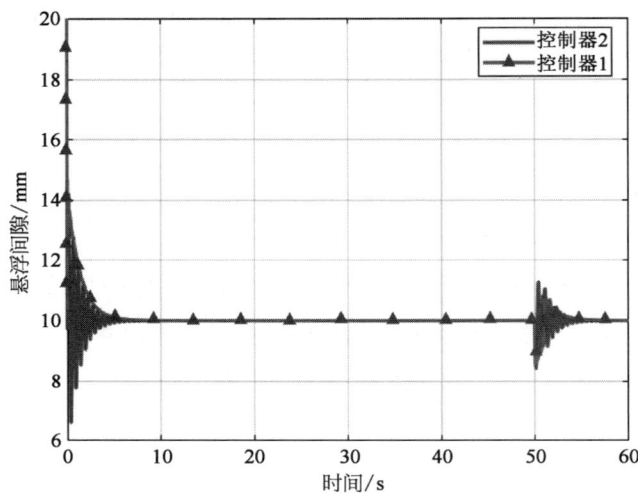

图3-2 两组控制器参数下的悬浮间隙

激励设置为 v_1 s.t. $N(0.010, 10^{-6})$,v_2 s.t. $N(0, 10^{-6})$。相关汉克尔矩阵由 $s_f = 60$、$s_p = 3$、$N_c = 4000$ 组成。稳态时采集数据进行数据驱动的稳定性监测,结果见表3-2。

表3-2 稳定性的实时监测值与真实值对比

类型	参数		
	J_{1s_f}（使用控制器1）	J_{2s_f}（使用控制器2）	PMI_{21}
实时监测值	1.81×10^{-6}	5.24×10^{-7}	0.29
真实值	1.81×10^{-6}	5.24×10^{-7}	0.29

由表可见,使用控制器1时,系统具有更好的悬浮稳定性能。

在50 s处加入幅值为10的阶跃输入扰动,持续时间1 s。由图3-2可知,使用控制器1时,扰动引起的悬浮间隙波动相比使用控制器2得到改善。

第 4 章

磁浮列车悬浮控制系统的故障诊断

在磁浮列车悬浮系统等设备级故障诊断中,主要有基于模型和基于信号的故障诊断方法。本章采用基于卡尔曼(Kalman)滤波器组和强跟踪滤波器的故障诊断方法,对悬浮系统执行器和传感器的各种故障进行检测与诊断;针对执行器故障诊断,将执行器故障建模为系统参数的变化,并将系统参数变化对系统的整体影响程度用一个故障因子表示,采用离散的全维状态观测器对该故障程度因子进行实时估计,从而估计出执行器故障的程度;采用非线性离散跟踪微分器提取可靠性较高的间隙微分信号,将其作为基准来判断加速度积分信号是否发生异常。

4.1　概　　述

磁浮列车的悬浮系统主要包括悬浮传感器、悬浮控制器、悬浮斩波器以及电磁铁等设备,是整个列车的关键功能单元。悬浮系统结构复杂,具有较强的非线性,并且其工作环境变化大、条件恶劣,一旦发生故障将严重影响磁浮列车的运行安全,甚至导致运行中发生突然落车等严重事故。虽然目前悬浮系统的控制技术取得了很大的进展,磁浮列车的基本悬浮问题已经解决,但针对提高悬浮系统可靠性的研究成果还较少。要提高悬浮系统的可靠性,就必须事先做好应对发生各种故障的准备,使得系统在突发故障时仍然能够在满足一定性能指标的条件下继续运行或降级运行,保障旅客的生命财产安全,同时为及时处理故障、进行检修争取时间。悬浮系统作为磁浮列车的关键功能单元,目前对其控制方法和性能的研究日趋成熟,不过针对悬浮系统的性能监测、故障诊断与容错控制的研究还较少。

由于悬浮控制系统受到车辆结构、电气特性、参数变化、轨道梁特性以及外部环境扰动等因素的影响,传统的参数报警和连锁保护系统已不能满足悬浮系统的安全性和可靠性要求。提高元部件自身的可靠性是提高系统可靠性的有效途径,如采用冗余传感器组、冗余执行器组或直接采用可靠性更高的元器件等。但仅从这方面进行改进,会导致控制系统的硬件成本急剧增加,也使得实时监测和动态协调变得复杂。

工程中大多数系统都存在解析冗余,在这种情况下采用一般的元器件组成高可靠性系统是有可能的。故障诊断与容错控制技术,可以综合分析系统的硬件与解析冗余,深入研究系统的组成、功能关系,来避免部分元器件的失效对整个系统的严重影响,从而提高系统整体的可靠性。在大多数故障诊断与容错控制系统中,故障诊断信息是进行容错控制的前提。

本章将从底层部件的角度,以磁浮列车的悬浮系统为对象,研究其故障诊断问题,为系统级故障综合评估提供依据。基于磁浮列车悬浮系统固有的解析冗余,分别采用基于系统数学模型的方法(如 Kalman 滤波方法、强跟踪滤波方法和全维状态观测等方法)和基于信号的方法,从不同角度对悬浮系统执行器和传感器的故障诊断问题进行研究。

4.2 基于 Kalman 滤波器的悬浮系统故障诊断

4.2.1 基于 Kalman 滤波器的故障检测方法

考虑线性离散的随机动态系统:

$$x(k) = Ax(k-1) + Bu(k-1) + Gw_{\text{noi}}(k-1) \tag{4-1}$$

$$y(k) = Cx(k) + v_{\text{noi}}(k) \tag{4-2}$$

式中,$x(k)$ 为 n 维的状态向量;$u(k-1)$ 为 r 维的控制输入向量;$y(k)$ 为 m 维的输出测量向量;$w_{\text{noi}}(k)$ 为 p 维的过程噪声;$v_{\text{noi}}(k)$ 为 m 维的测量噪声向量;A、B、G、C 分别为具有适当维数的常值矩阵。

假设 1 对于系统(4-1)、(4-2)有:

(1) $w_{\text{noi}}(k)$ 与 $v_{\text{noi}}(k)$ 是互不相关的零均值白噪声序列,即对所有的 k、j,满足:
$\text{E}[w_{\text{noi}}(k)] = 0$,$\text{E}[v_{\text{noi}}(k)] = 0$,$\text{Cov}[w_{\text{noi}}(k), w_{\text{noi}}(j)] = Q(k)\delta_{kj}$,$\text{Cov}[v_{\text{noi}}(k), v_{\text{noi}}(j)] = R(k)\delta_{kj}$,$\text{Cov}[w_{\text{noi}}(k), v_{\text{noi}}(j)] = 0$。其中 $k, j = 0, 1, 2, \cdots$;$\delta_{kj} = \begin{cases} 1, & k=j \\ 0, & k \neq j \end{cases}$。

(2) 初始状态的统计特性满足:$\text{E}[x(0)] = \mu_0$,$\text{Var}[x(0)] = P_0$。

(3) 初始状态 $x(0)$ 与 $w_{\text{noi}}(k)$、$v_{\text{noi}}(k)$ 是互不相关的。

依据上述系统构造的 Kalman 滤波器的递推公式为

$$r(k) = y(k) - C\hat{x}(k \mid k-1) \tag{4-3}$$

$$\hat{x}(k \mid k) = \hat{x}(k \mid k-1) + K_{\text{klm}}(k)r(k) \tag{4-4}$$

$$K_{\text{klm}}(k) = P(k \mid k-1)C^{\text{T}}[CP(k \mid k-1)C^{\text{T}} + R(k)]^{-1} \tag{4-5}$$

$$P(k \mid k-1) = AP(k-1 \mid k-1)A^{\text{T}} + GQ(k-1)G^{\text{T}} \tag{4-6}$$

$$P(k \mid k) = [I - K_{\text{klm}}(k)C]P(k \mid k-1) \quad (4-7)$$

$$\hat{x}(k \mid k-1) = A\hat{x}(k-1 \mid k-1) + Bu(k-1) \quad (4-8)$$

当建模准确时，由上述 Kalman 滤波递推公式得到的 $\hat{x}(k \mid k)$ 是对状态 $x(k)$ 的无偏估计，即 $r(k)$ 为零均值白噪声。

设在 $k-1$ 时刻系统发生执行器和传感器故障，系统(4-1)、(4-2)分别变为

$$x(k) = Ax(k-1) + [B + B_f(k-1)]u(k-1) + Gw_{\text{noi}}(k-1) \quad (4-9)$$

$$y(k) = [C + C_f(k)]x(k) + v_{\text{noi}}(k) \quad (4-10)$$

式中，$B_f(k)$ 和 $C_f(k)$ 分别为执行器和传感器故障函数矩阵。故障情况下的残差为

$$\begin{aligned}
r_f(k) &= y(k) - C\hat{x}(k \mid k-1) \\
&= [C + C_f(k)]\{Ax(k-1) + [B + B_f(k-1)]u(k-1) + Gw_{\text{noi}}(k-1)\} + \\
&\quad v_{\text{noi}}(k) - C\hat{x}(k \mid k-1) \\
&= [C + C_f(k)][B_f(k-1)u(k-1)] + C_f(k)[Ax(k-1) + Bu(k-1) + \\
&\quad Gw_{\text{noi}}(k-1)] + C[Ax(k-1) + Bu(k-1) + Gw_{\text{noi}}(k-1)] + \\
&\quad v_{\text{noi}}(k) - C\hat{x}(k \mid k-1)
\end{aligned} \quad (4-11)$$

对故障定位来说，如果同时发生多个故障，则有可能出现不同故障效果相抵消的情况。因此，要分析上述情况，就要考虑不同系统的具体动态特性以及不同故障情况的各种组合，这使得系统分析复杂化，而且缺乏实际意义。并且实际情况中，多个故障同时发生的概率是很小的，因此为了简化分析，假设每次只有一个故障发生。

1) 一个传感器发生故障

此时有

$$B_f(k) = 0, \quad C_f(k) = [\mathbf{0}^T \quad \cdots \quad \mathbf{0}^T \quad C_{fi}(k)^T \quad \mathbf{0}^T \quad \cdots \quad \mathbf{0}^T]^T \quad (4-12)$$

式中，$\mathbf{0}$ 为具有适当维数的零行向量；$C_{fi}(k)$ 为第 i 个传感器的故障函数行向量。在故障刚发生的一个时刻，由式(4-11)得

$$\begin{aligned}
E[r_f(k)] &= E\{C_f(k)[Ax(k-1) + Bu(k-1) + Gw_{\text{noi}}(k-1)]\} + \\
&\quad E\{C[Ax(k-1) + Bu(k-1) + Gw_{\text{noi}}(k-1)] + v_{\text{noi}}(k) - C\hat{x}(k \mid k-1)\} \\
&= E\{C_f(k)[Ax(k-1) + Bu(k-1) + Gw_{\text{noi}}(k-1)]\} + E[r(k)] \\
&= C_f(k)E\{[Ax(k-1) + Bu(k-1) + Gw_{\text{noi}}(k-1)]\}
\end{aligned}$$

可见，此时只有传感器 i 对应的残差的统计特性发生了变化。但根据 Kalman 滤波的迭代公式可知，在随后的迭代过程中，由于矩阵 A、C 和 $K_{\text{klm}}(k)$ 的作用，残差第 i 个分量的异常会对其他状态的估计都造成影响，从而导致残差序列其他分量的统计特性发生变化，因此无法进行故障定位，只能检测出有故障发生。当矩阵 A、C 和 $K_{\text{klm}}(k)$ 对每一个

状态变量均解耦时才能够定位故障，此时残差的第 i 个分量统计特性的异常对应第 i 个传感器故障。

2）一个执行器发生故障

采用与1）同样的分析方法可以得到类似的结论：任何一个执行器故障都会使残差向量的各分量均发生变化，从而不能进行故障定位。当矩阵 A、C 和 $K_{klm}(k)$ 对每一个状态变量均解耦时才能够定位故障。

综上所述，单个 Kalman 滤波器通常只能进行故障检测。即使矩阵 A、C 和 $K_{klm}(k)$ 对每一个状态变量均解耦，也只能定位是哪个子系统故障，而不能判断是该子系统的执行器还是传感器故障。

4.2.2 基于 Kalman 滤波器组的故障诊断方法

1）悬浮传感器的故障诊断

为了解决单个 Kalman 滤波器方法无法定位故障的问题，下面给出 Kalman 滤波器组故障定位的方法。

设 C_i 为 C 的第 i 行，$v_{noi,i}(k)$ 为 $v_{noi}(k)$ 的第 i 个元素，$\text{Cov}[v_{noi,i}(k), v_{noi,i}(j)] = R_i(k)\delta_{kj}$，$R_i(k)$ 为 $R(k)$ 的第 i 个对角元素。如果对所有 i，(C_i, A) 都是能观的，那么将 Kalman 滤波公式(4-3)~(4-8)中的 C 和 $R(k)$ 分别用 C_i 和 $R_i(k)$ 代替，可以得到 m 个 Kalman 滤波器，分别与 m 个测量值对应。为了分析方便，将第 i 个 Kalman 滤波器的递推公式重写如下：

$$r_i(k) = y_i(k) - C_i \hat{x}_i(k \mid k-1) \tag{4-13}$$

$$\hat{x}_i(k \mid k) = \hat{x}_i(k \mid k-1) + K_{klm,i}(k) r_i(k) \tag{4-14}$$

$$K_{klm,i}(k) = P_i(k \mid k-1) C_i^T [C_i P_i(k \mid k-1) C_i^T + R_i(k)]^{-1} \tag{4-15}$$

$$P_i(k \mid k-1) = A P_i(k-1 \mid k-1) A^T + G Q(k-1) G^T \tag{4-16}$$

$$P_i(k \mid k) = [I - K_{klm,i}(k) C_i] P_i(k \mid k-1) \tag{4-17}$$

$$\hat{x}_i(k \mid k-1) = A \hat{x}_i(k-1 \mid k-1) + B u(k-1) \tag{4-18}$$

$$y_i(k) = C_i x(k) + v_{noi,i}(k) \tag{4-19}$$

式中，$r_i(k)$、$\hat{x}_i(k \mid k)$ 分别为由第 i 个 Kalman 滤波器得到的残差和估计向量。

若第 i 个传感器发生故障，则 C_i 变为 $C_i + C_{fi}(k)$。采用与 4.2.1 节 1）中同样的方法分析可知，残差 $r_{fi}(k)$ 的统计特性会发生变化：$E\{r_{fi}(k)\} \neq 0$。若第 $j(\neq i)$ 个传感器发生故障，由式(4-13)~式(4-19)可知，第 i 个传感器对应的 Kalman 滤波递推公式的每个环节都没有受到故障 $C_{fj}(k)$ 信息的影响。即第 i 个 Kalman 滤波器和系统此时的实际情况是匹配的，而且其接收到的测量信息 $y_i(k)$ 也是正确的(因为第 i 个传感器未发生故障),因此 $\hat{\boldsymbol{x}}_i(k\mid k)$ 是对 $\hat{\boldsymbol{x}}(k)$ 的无偏估计,即 $\mathrm{E}\{\boldsymbol{r}_i(k)\}=0$。

综上所述,可以采用如下故障诊断策略:

$$\begin{cases} \mathrm{E}\{\boldsymbol{r}_i(k)\}=0, \text{传感器 } i \text{ 正常} \\ \mathrm{E}\{\boldsymbol{r}_i(k)\}\neq 0, \text{传感器 } i \text{ 故障} \end{cases}$$

对于上述方法,任意一个执行器发生故障,都会导致实际系统输入和每个 Kalman 滤波模型的输入不符,从而使每个 Kalman 滤波器对应的残差都发生异常。若对每个执行器设计一个 Kalman 滤波器,即将式(4-8)中的 $\boldsymbol{B}$ 用 b_i 代替,也会直接造成各滤波器的输入与实际模型输入不符。因此,上述方法不能进行执行器故障诊断。

2) 悬浮系统的故障诊断

磁浮列车的单铁悬浮模型能够在一定程度上反映磁浮列车悬浮的特点,对该模型的研究也已经比较成熟,同时为了着重进行故障诊断理论方法的研究,此处不再赘述单铁悬浮模型的建模过程,而是直接将其连续线性化模型以 0.5 ms 采样间隔离散化,得到

$$\begin{aligned}\boldsymbol{x}(k) &= \boldsymbol{A}\boldsymbol{x}(k-1)+\boldsymbol{B}\boldsymbol{u}(k-1)+\boldsymbol{G}\boldsymbol{w}_{\mathrm{noi}}(k-1)\\ &= \begin{bmatrix} 1.000\,3 & 0.000\,5 & 0.000\,0 \\ 1.225\,0 & 1.000\,0 & -0.000\,5 \\ 0.681\,1 & 1.111\,7 & 0.998\,2 \end{bmatrix}\boldsymbol{x}(k-1)+\begin{bmatrix} 0.000\,0 \\ 0.000\,0 \\ 0.002\,9 \end{bmatrix}\boldsymbol{u}(k-1)+\boldsymbol{w}_{\mathrm{noi}}(k-1)\end{aligned}$$

(4-20)

反馈控制律取为

$$\boldsymbol{u}(k-1)=\boldsymbol{K}_{\mathrm{fb}}\boldsymbol{C}\boldsymbol{x}(k-1)=320[2\,000 \quad 35 \quad -0.12]\boldsymbol{C}\boldsymbol{x}(k-1) \quad (4-21)$$

式中,状态向量 $\boldsymbol{x}=(\Delta c,\Delta \dot{c},\Delta i_e)^{\mathrm{T}}$ 分别为悬浮间隙、垂直速度以及电磁铁电流相对于稳态时的偏差值;u 为输入电压相对于稳态电压的偏差值。由于所有状态都可测,因此 $\boldsymbol{C}$ 取单位矩阵。

容易验证,对于模型(4-20)、(4-21),$(\boldsymbol{C}_i, \boldsymbol{A})(i=1, 2, 3)$ 总是能观的,因此可以考虑为每个传感器建立一个 Kalman 滤波器。

由于采用了闭环控制,系统(4-20)、(4-21)和递推公式(4-13)~(4-19)中的系统矩阵 $\boldsymbol{A}$ 应该由 $\boldsymbol{A}_c = \boldsymbol{A}+\boldsymbol{B}\boldsymbol{K}_{\mathrm{fb}}\boldsymbol{C}$ 代替。在这种情况下,任何一个传感器发生故障都会导致实际系统的系统矩阵 $\boldsymbol{A}_c$ 发生变化,使得故障后系统模型与每个 Kalman 滤波器的模型均不符,因此由每个 Kalman 滤波器得到的残差统计特性都会发生变化,这样就不能实现故障定位。

为解决上述问题,将系统的状态反馈看作外部输入,同时也输入到各 Kalman 滤波器中,这样闭环系统就等效为一个开环系统,系统矩阵仍然为 $\boldsymbol{A}$。这样处理以后就可以采用本节介绍的故障诊断算法。该故障诊断系统的框图如图 4-1 所示。

图 4-1 中第 i 个 Kalman 滤波器的递推公式即为式(4-13)~式(4-17)、式(4-19)

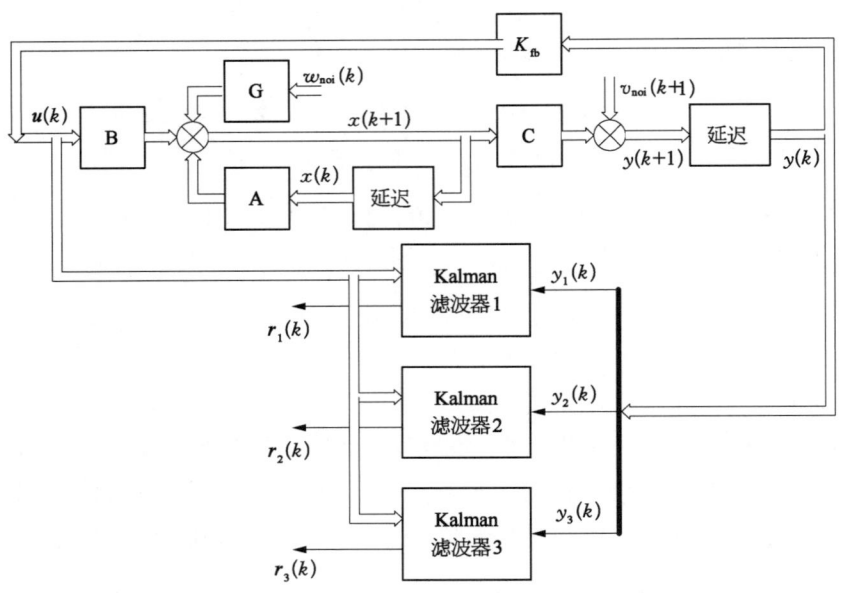

图 4-1 基于 Kalman 滤波器组的传感器故障诊断系统结构

与式(4-22)：

$$\hat{x}_i(k\mid k-1) = A\hat{x}_i(k-1\mid k-1) + BK_{\text{fb}}Cx(k-1) \tag{4-22}$$

对于执行器故障，由于单铁悬浮系统的执行器只有一个，再由上述分析可知，该执行器一旦发生故障，各 Kalman 滤波器的残差统计特性都会发生变化。综上所述，在假设每次只有一个故障发生的条件下，可以得到如下故障诊断规则：

$$\begin{cases} \text{E}[r_1(k)] \neq 0 \cap \text{E}[r_2(k)] = 0 \cap \text{E}[r_3(k)] = 0, \text{传感器 1 故障} \\ \text{E}[r_1(k)] = 0 \cap \text{E}[r_2(k)] \neq 0 \cap \text{E}[r_3(k)] = 0, \text{传感器 2 故障} \\ \text{E}[r_1(k)] = 0 \cap \text{E}[r_2(k)] = 0 \cap \text{E}[r_3(k)] \neq 0, \text{传感器 3 故障} \\ \text{E}[r_1(k)] \neq 0 \cap \text{E}[r_2(k)] \neq 0 \cap \text{E}[r_3(k)] \neq 0, \text{执行器故障} \end{cases} \tag{4-23}$$

4.2.3 基于 Kalman 滤波器的故障诊断仿真

1) 基于单个 Kalman 滤波器的故障检测

对于系统(4-20)、(4-21)，按照 4.2.1 节介绍的方法设计单个 Kalman 滤波器进行故障检测。图 4-2 所示为系统正常运行时得到的残差序列，此时残差的各分量序列接近均值为零的白噪声。

假设系统在第 40 步时加速度传感器完全失效，即加速度隔直积分形成的速度信号被卡死。图 4-3 所示为该情况下的残差序列。可以看出，虽然只是加速度传感器发生故障，但残差序列三个分量的统计特性都发生了变化。为各分量设计适当的阈值即可进行

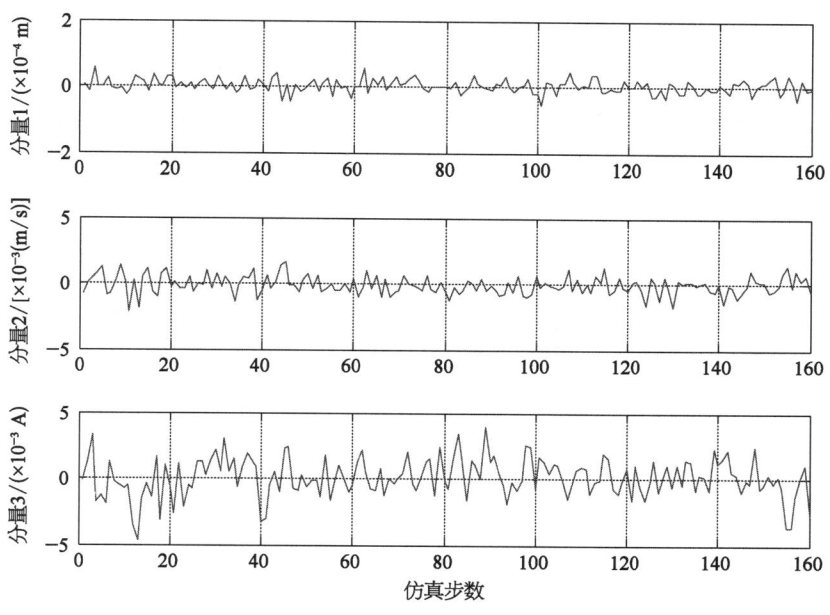

图 4-2 正常情况下的残差序列

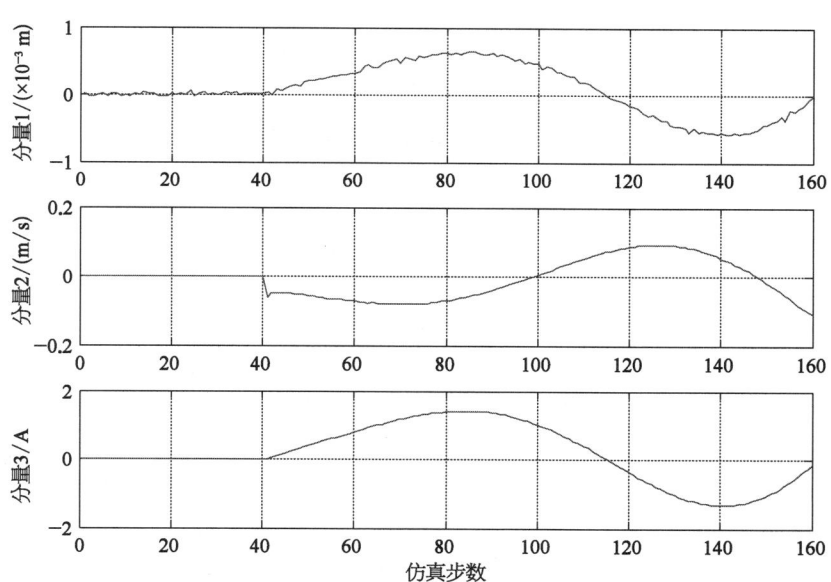

图 4-3 加速度传感器完全失效时的残差序列

故障检测,但无法进行故障定位。这与 4.2.1 节的分析是吻合的。对于其他传感器故障也能得到类似的仿真结果,此处不再赘述。

2) 基于 Kalman 滤波器组的故障诊断

采用 4.2.2 节的方法为系统(4-20)、(4-21)的每个传感器建立一个 Kalman 滤波器,将系统的状态反馈作为系统和每个 Kalman 滤波器的外部输入(图 4-1)。当系统正常运行时,三个 Kalman 滤波器对相应状态的估计值以及得到的残差如图 4-4~图 4-6 所示。可见三个 Kalman 滤波器都能准确估计出相应的状态,残差序列都为均值为零的白噪声序列。

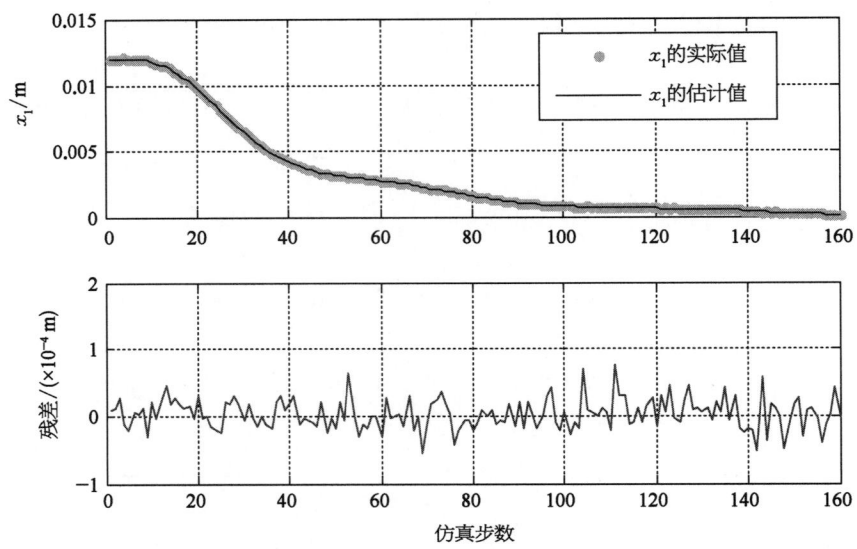

图 4-4　x_1 对应的 Kalman 滤波器得到的估计值与残差

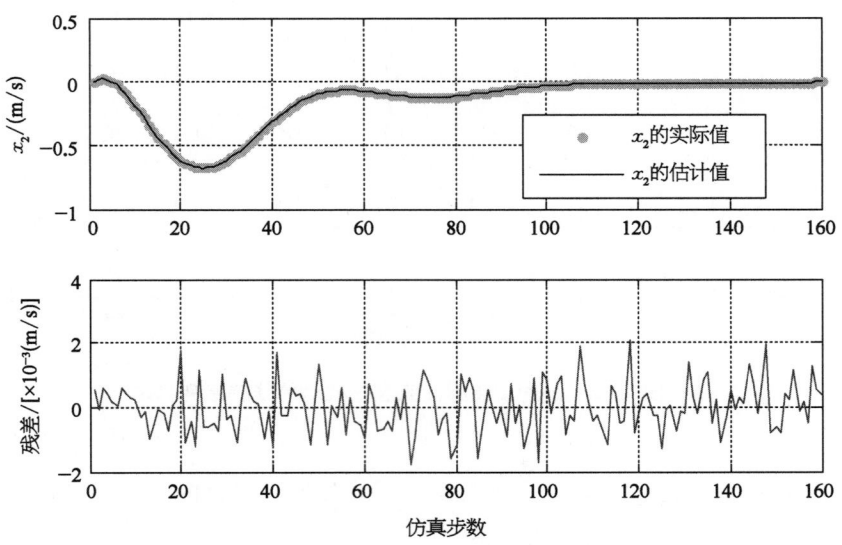

图 4-5　x_2 对应的 Kalman 滤波器得到的估计值与残差

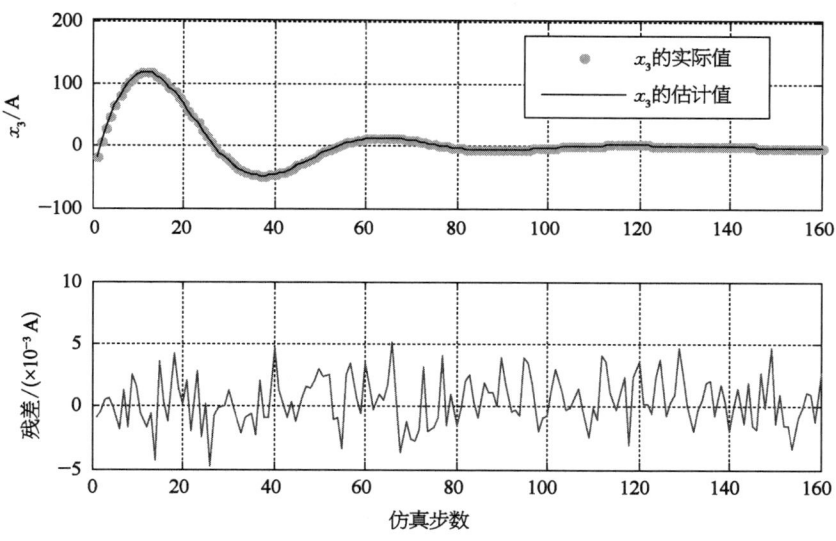

图 4-6　x_3 对应的 Kalman 滤波器得到的估计值与残差

假设从第 40 步开始,加速度传感器完全失效,即速度值保持为故障前一步的值不再变化,那么三个 Kalman 滤波器对相应状态的估计以及得到的残差分别如图 4-7～图 4-9 所示。由图 4-8 可知,当加速度传感器完全失效后,实际的速度 x_2 开始发散,而估计值却趋向于一个固定值。由于 x_2 对应的 Kalman 滤波器采用了故障传感器信息,这就相当于该 Kalman 滤波器的模型与实际系统已不相符合,从而导致对状态的估计不准,使残差的统计特性发生异常。但由图 4-7 所示 x_1 对应的 Kalman 滤波器对相应状态的估

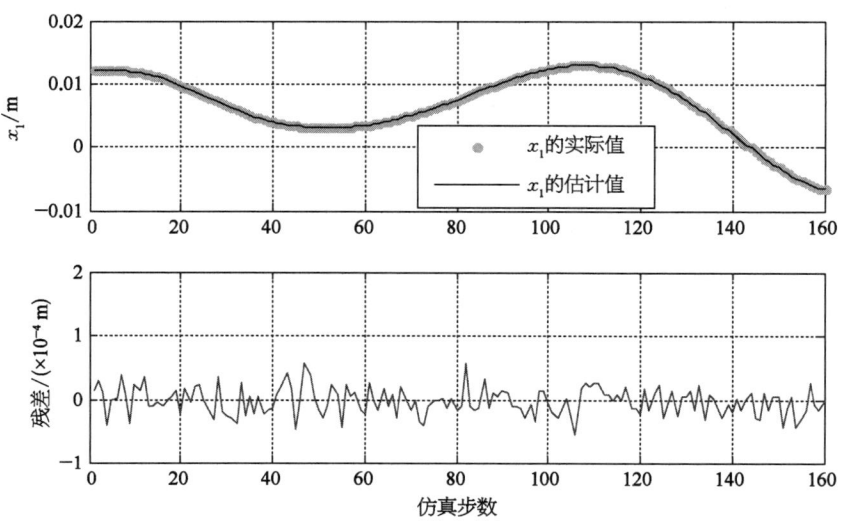

图 4-7　加速度传感器失效时 x_1 对应的 Kalman 滤波器得到的估计值与残差

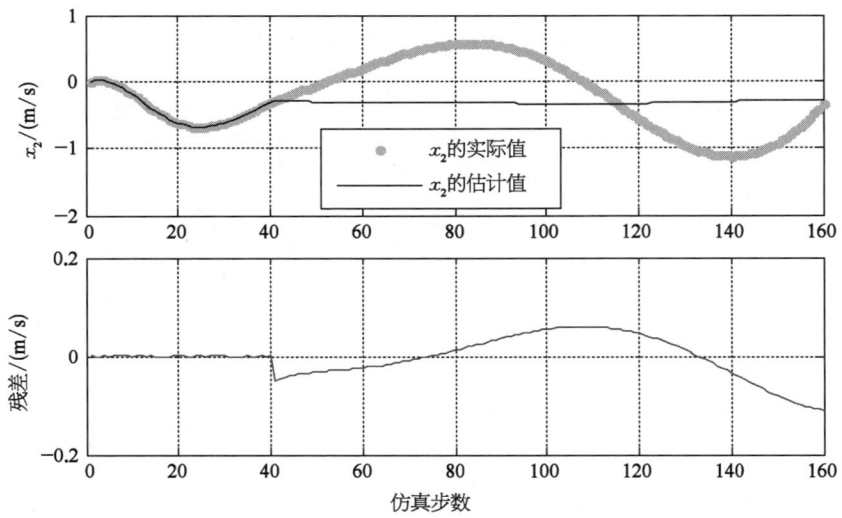

图 4-8　加速度传感器失效时 x_2 对应的 Kalman 滤波器得到的估计值与残差

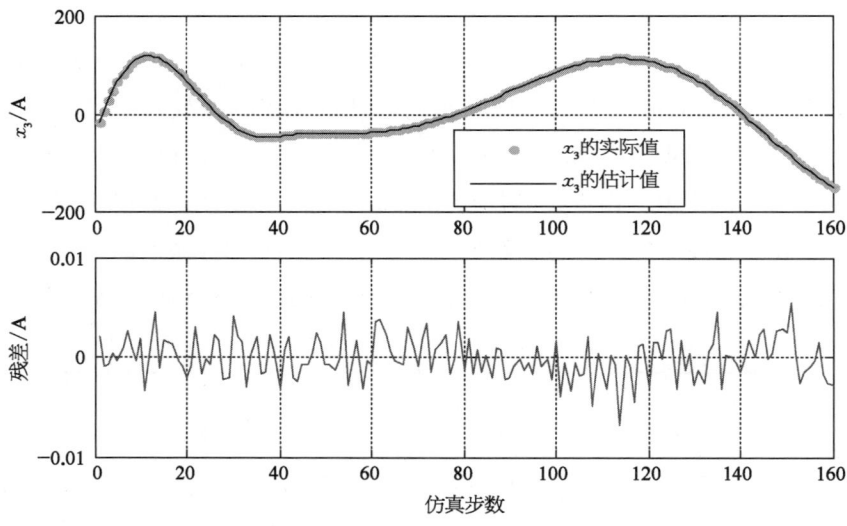

图 4-9　加速度传感器失效时 x_3 对应的 Kalman 滤波器得到的估计值与残差

计还是准确的,即使此时实际系统的状态已经开始发散,该 Kalman 滤波器始终能对相应状态进行跟踪,即估计值与实际值一同发散,其残差向量的统计特性仍然同系统正常时一样。

由图 4-9 所示,x_3 对应的 Kalman 滤波器的仿真曲线也可以得到类似结论。这是由于 x_1、x_3 的 Kalman 滤波器始终采用无故障传感器得到的测量信号作为修正,没有受到故障传感器的影响,其模型始终与实际系统保持一致。可见仿真结果与 4.2.2 节的分析也是吻合的。

此外,要注意到残差并不是状态的实际值与估计值之间的差,而是传感器对状态实际值的测量值与预估值之差。对于其他传感器故障也可以得到类似的结论,即只要为各 Kalman 滤波器得到的残差分别设定相应的阈值就可以定位出故障传感器,此处不再赘述。

图 4-10～图 4-12 所示为从第 40 步开始,执行器的增益衰减一半时的仿真情况。可见故障发生后由各 Kalman 滤波器得到的残差向量都发生了异常,这同 4.2.2 节的分析也是一致的,因此可采用式(4-23)的故障诊断策略进行故障定位。

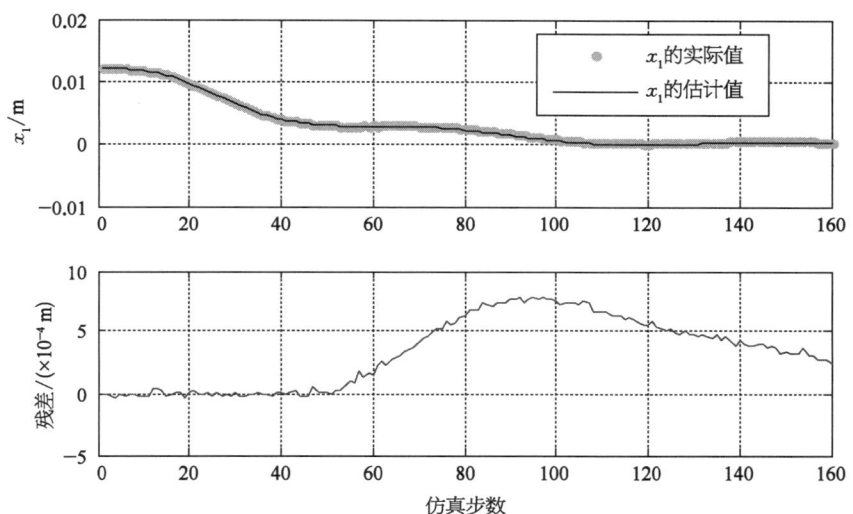

图 4-10　执行器故障时 x_1 对应的 Kalman 滤波器得到的估计值与残差

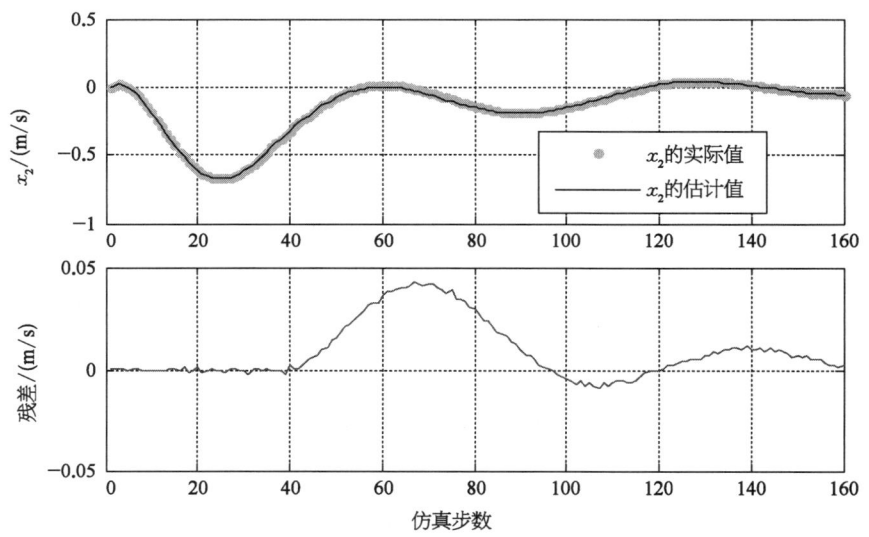

图 4-11　执行器故障时 x_2 对应的 Kalman 滤波器得到的估计值与残差

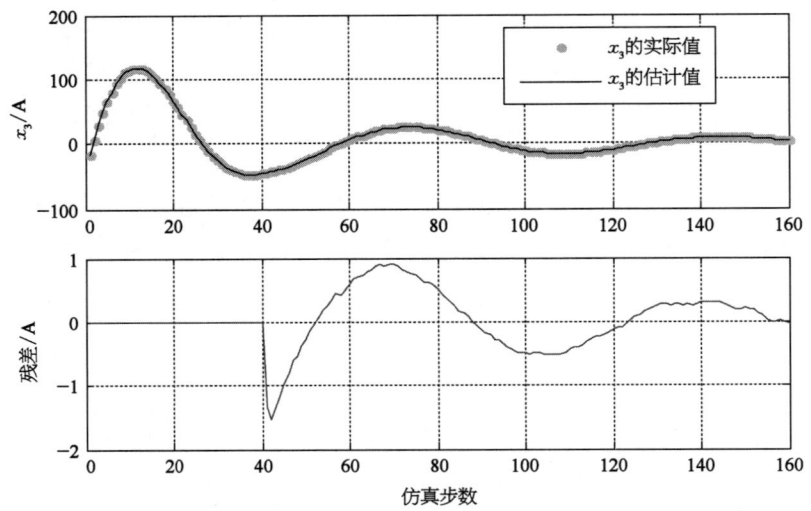

图 4-12 执行器故障时 x_3 对应的 Kalman 滤波器得到的估计值与残差

4.2.4 基于 Kalman 滤波器的故障检测试验

在磁浮小车试验平台上进行执行器故障模拟,试验系统框图如图 4-13 所示。在悬浮控制器中,处理器在时钟信号的驱动下按照等周期采样完成系统的悬浮控制运算后,启动系统的故障诊断算法,利用 CAN 总线网络可以直接与上层的监控系统相连,把故障诊断的信息实时传输到上位计算机中保存。

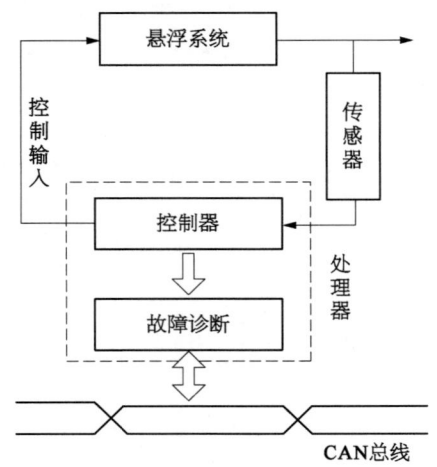

图 4-13 故障诊断试验系统框图

图 4-14 所示为无故障情况下的间隙测量值与 Kalman 滤波值的对比。从图 4-14 中可以看出,Kalman 滤波估计值能够很好地对实际值进行跟踪和平滑。

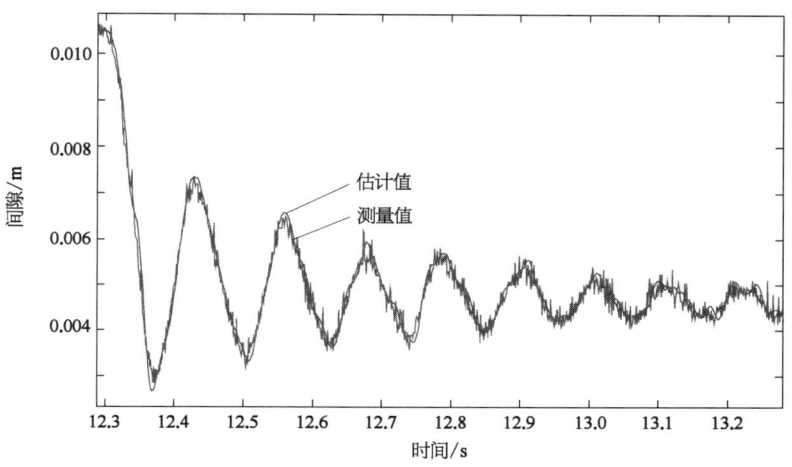

图 4-14 无故障情况下的间隙测量值与 Kalman 滤波值波形对比

图 4-15 为 2 s 时关闭加速度传感器电源、模拟加速度传感器失效的情况下速度测量值与 Kalman 滤波值的对比。可见故障后 Kalman 滤波器不能正确估计出实际状态，导致残差增大，选取适当的阈值即可检测出故障。

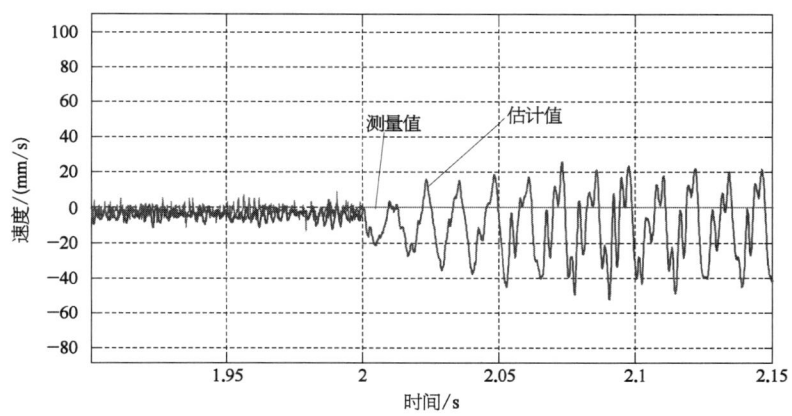

图 4-15 加速度传感器失效后速度的测量值与估计值对比

4.3 基于强跟踪滤波器的悬浮系统故障诊断

工程实践中为了能在线诊断系统故障，采用观测器的方法通常较难实现（如

Luenberger 观测器或 Kalman 滤波器),这主要是由于系统受到不确定因素的影响,并且状态观测方法不利于故障的分离和定位。为解决这些问题,周东华提出了强跟踪滤波器,根据正交性原理,在扩展 Kalman 滤波器的基础上引入渐消因子,使得滤波器具有较强的关于实际系统参数变动的鲁棒性以及极强的关于突变状态的跟踪能力,并在滤波器达到稳态时,仍具有对缓变以及突变状态的强跟踪能力,且具有适中的计算复杂性。下面在强跟踪滤波器的基础上进而提出系统状态与参数的联合估计方法,即将系统参数扩充为状态变量,然后采用强跟踪滤波器进行估计。

4.3.1 基于强跟踪滤波器的状态与参数联合估计方法

1) 强跟踪滤波器的递推公式

考虑如下离散系统:

$$\left.\begin{array}{l} \boldsymbol{x}(k) = f[k-1, \boldsymbol{u}(k-1), \boldsymbol{x}(k-1)] + \boldsymbol{v}_{\text{noi}}(k-1) \\ \boldsymbol{y}(k) = f_C[k, \boldsymbol{x}(k)] + \boldsymbol{w}_{\text{noi}}(k) \end{array}\right\} \quad (4-24)$$

上述系统的扩展 Kalman 递推公式如下:

$$\hat{\boldsymbol{x}}(k \mid k) = \hat{\boldsymbol{x}}(k \mid k-1) + \boldsymbol{K}_{\text{eklm}}(k)\boldsymbol{r}(k) \quad (4-25)$$

$$\hat{\boldsymbol{x}}(k \mid k-1) = f[k-1, \boldsymbol{u}(k-1), \hat{\boldsymbol{x}}(k-1 \mid k-1)] \quad (4-26)$$

$$\boldsymbol{K}_{\text{eklm}}(k) = \boldsymbol{P}(k \mid k-1)\boldsymbol{C}^{\text{T}}[k, \hat{x}(k \mid k-1)] \times$$
$$\{\boldsymbol{C}[k, \hat{x}(k \mid k-1)]\boldsymbol{P}(k \mid k-1)\boldsymbol{C}^{\text{T}}[k, \hat{x}(k \mid k-1)]\}^{-1} + \boldsymbol{R} \quad (4-27)$$

$$\boldsymbol{P}(k \mid k-1) = \boldsymbol{F}[k-1, \boldsymbol{u}(k-1), \hat{\boldsymbol{x}}(k-1 \mid k-1)]\boldsymbol{P}(k-1 \mid k-1) \times$$
$$\boldsymbol{F}^{\text{T}}[k-1, \boldsymbol{u}(k-1), \hat{\boldsymbol{x}}(k-1 \mid k-1)] + \boldsymbol{Q} \quad (4-28)$$

$$\boldsymbol{P}(k \mid k) = \{\boldsymbol{I} - \boldsymbol{K}_{\text{eklm}}(k)\boldsymbol{C}[k, \hat{\boldsymbol{x}}(k \mid k-1)]\}\boldsymbol{P}(k \mid k-1) \quad (4-29)$$

$$\boldsymbol{r}(k) = \boldsymbol{y}(k) - f_C[k, \hat{\boldsymbol{x}}(k \mid k-1)] \quad (4-30)$$

其中

$$\boldsymbol{F}[k, \boldsymbol{u}(k), \hat{\boldsymbol{x}}(k \mid k)] = \{\partial f[k, \boldsymbol{u}(k), \boldsymbol{x}(k)]/\partial \boldsymbol{x}\} \mid_{\boldsymbol{x} = \hat{\boldsymbol{x}}(k \mid k)} \quad (4-31)$$

$$\boldsymbol{C}[k, \hat{\boldsymbol{x}}(k \mid k-1)] = \{\partial f_C[k, \boldsymbol{x}(k)]/\partial \boldsymbol{x}\} \mid_{\boldsymbol{x} = \hat{\boldsymbol{x}}(k \mid k-1)} \quad (4-32)$$

$$\text{E}[\boldsymbol{w}_{\text{noi}}(k)] = 0, \text{E}[\boldsymbol{v}_{\text{noi}}(k)] = 0, \text{Cov}[\boldsymbol{w}_{\text{noi}}(k), \boldsymbol{w}_{\text{noi}}(j)] = \boldsymbol{Q}\delta_{kj},$$
$$\text{Cov}[\boldsymbol{v}_{\text{noi}}(k), \boldsymbol{v}_{\text{noi}}(j)] = \boldsymbol{R}\delta_{kj}$$

$$\text{E}[\boldsymbol{x}(0)] = \boldsymbol{x}_0, \text{Var}[\boldsymbol{x}(0)] = \boldsymbol{P}_0, \text{Cov}[\boldsymbol{w}_{\text{noi}}(k), \boldsymbol{v}_{\text{noi}}(j)] = 0, \forall k, j$$

目标是使上述 Kalman 滤波器满足如下强跟踪性能:① 较强的关于实际系统不确定性的鲁棒性;② 极强的关于状态的跟踪能力;③ 适中的计算复杂性。

引入正交性原理，使得上述滤波器为强跟踪滤波器的一个充分条件是在线选择时变增益矩阵 $\boldsymbol{K}_{\text{sek}}(k)$，满足

$$\text{E}\{[\boldsymbol{x}(k)-\hat{\boldsymbol{x}}(k\mid k)][\boldsymbol{x}(k)-\hat{\boldsymbol{x}}(k\mid k)]^{\text{T}}\}=\min \tag{4-33}$$

$$\text{E}[\boldsymbol{r}^{\text{T}}(k)\boldsymbol{r}(k+j)]=0 \quad (k=1,2,\cdots; j=1,2,\cdots) \tag{4-34}$$

上述正交性原理的物理意义在于：当存在模型不确定性时，应在线调整增益矩阵 $\boldsymbol{K}_{\text{sek}}(k)$，使得输出残差序列具有类似高斯白噪声的性质，这表明已将输出残差序列中的有效信息提取出来。为满足正交性原理，引入变化的渐消因子，将式(4-28)变为

$$\boldsymbol{P}(k\mid k-1)=\lambda(k)\boldsymbol{F}[k-1,\boldsymbol{u}(k-1),\hat{\boldsymbol{x}}(k-1\mid k-1)]\boldsymbol{P}(k-1\mid k-1)\times \\ \boldsymbol{F}^{\text{T}}[k-1,\boldsymbol{u}(k-1),\hat{\boldsymbol{x}}(k-1\mid k-1)]+\boldsymbol{Q} \tag{4-35}$$

式中，$\lambda(k)$ 可由如下算法计算：

$$\lambda(k)=\begin{cases}\lambda_0, & \lambda_0 \geqslant 1 \\ 1, & \lambda_0 < 1\end{cases} \tag{4-36}$$

式中，$\lambda_0 = \dfrac{\text{tr}[\boldsymbol{N}(k)]}{\text{tr}[\boldsymbol{M}(k)]}$。其中

$$\boldsymbol{N}(k)=\boldsymbol{V}_0(k)-\boldsymbol{C}[k,\hat{\boldsymbol{x}}(k\mid k-1)]\boldsymbol{Q}\boldsymbol{C}^{\text{T}}[k,\hat{\boldsymbol{x}}(k\mid k-1)]-\boldsymbol{R} \tag{4-37}$$

$$\boldsymbol{M}(k)=\boldsymbol{C}[k,\hat{\boldsymbol{x}}(k\mid k-1)]\boldsymbol{F}[k-1,\boldsymbol{u}(k-1),\hat{\boldsymbol{x}}(k-1\mid k-1)]\boldsymbol{P}(k-1\mid k-1)\times \\ \boldsymbol{F}^{\text{T}}[k-1,\boldsymbol{u}(k-1),\hat{\boldsymbol{x}}(k-1\mid k-1)]\boldsymbol{C}^{\text{T}}[k,\hat{\boldsymbol{x}}(k\mid k-1)] \tag{4-38}$$

$$\boldsymbol{V}_0(k)=\begin{cases}\boldsymbol{r}(1)\boldsymbol{r}(1)^{\text{T}}, & k=1 \\ \dfrac{\rho\boldsymbol{V}_0(k-1)+\boldsymbol{r}(k)\boldsymbol{r}(k)^{\text{T}}}{1+\rho}, & k\geqslant 2\end{cases} \tag{4-39}$$

式中，$0<\rho\leqslant 1$，为遗忘因子。

2) 基于强跟踪滤波器的状态与参数联合估计

考虑如下离散系统：

$$\left.\begin{aligned}\boldsymbol{x}(k)&=f[k-1,\boldsymbol{u}(k-1),\boldsymbol{\theta}(k-1),\boldsymbol{x}(k-1)]+\boldsymbol{v}_{\text{noi}}(k-1) \\ \boldsymbol{y}(k)&=\boldsymbol{f}_{\text{C}}[k,\boldsymbol{\theta}(k),\boldsymbol{x}(k)]+\boldsymbol{w}_{\text{noi}}(k)\end{aligned}\right\} \tag{4-40}$$

式中，$\boldsymbol{\theta}(k)$ 为待估计参数向量。将 $\boldsymbol{\theta}(k)$ 扩充为状态向量如下：

$$\left.\begin{aligned}\boldsymbol{x}(k)&=f[k-1,\boldsymbol{u}(k-1),\boldsymbol{\theta}(k-1),\boldsymbol{x}(k-1)]+\boldsymbol{v}_{\text{noi}}(k-1) \\ \boldsymbol{\theta}(k)&=\boldsymbol{\theta}(k-1) \\ \boldsymbol{y}(k)&=\boldsymbol{f}_{\text{C}}[k,\boldsymbol{\theta}(k),\boldsymbol{x}(k)]+\boldsymbol{w}_{\text{noi}}(k)\end{aligned}\right\} \tag{4-41}$$

令

$$x_e(k) = \begin{bmatrix} x(k) \\ \theta(k) \end{bmatrix}, \quad v_{noie}(k-1) = \begin{bmatrix} v_{noi}(k-1) \\ 0 \end{bmatrix}$$

$$f_e[k-1, u(k-1), x_e(k-1)] = \begin{bmatrix} f[k-1, u(k-1), \theta(k-1), x(k-1)] \\ \theta(k-1) \end{bmatrix}$$

$$f_{Ce}[k, x_e(k)] = f_C[k, \theta(k), x(k)]$$

则式(4-41)等价为

$$\left. \begin{aligned} x_e(k) &= f_e[k-1, u(k-1), x_e(k-1)] + v_{noie}(k-1) \\ y(k) &= f_{Ce}[k, x_e(k)] + w_{noi}(k) \end{aligned} \right\} \quad (4-42)$$

若此时式(4-42)模型的状态是可观的,那么采用强跟踪滤波器得到状态的估计值,也即得到式(4-40)系统的状态以及参数 $\theta(k)$ 的估计值。

4.3.2 基于强跟踪滤波器的悬浮系统故障诊断方法及仿真

单铁悬浮系统发生执行器与传感器故障的系统模型为

$$\left. \begin{aligned} x(k) &= Ax(k-1) + B[\delta_{um}u(k-1) + \delta_{up}] + w_{noi}(k-1) \\ y(k) &= \text{diag}[\delta_{m1} \quad \delta_{m2} \quad \delta_{m3}]x(k) + [\delta_{p1} \quad \delta_{p2} \quad \delta_{p3}]^T + v_{noi}(k) \\ u(k) &= K_{fb}y(k) \end{aligned} \right\} \quad (4-43)$$

式中, δ_{p1}、δ_{p2}、δ_{p3} 为传感器的加性故障因子,代表相应传感器通道的恒偏差故障; δ_{m1}、δ_{m2}、δ_{m3} 为传感器的乘性故障因子,表示相应传感器的增益与正常增益的比值; δ_{um}、δ_{up} 分别为执行器的乘性故障因子和加性故障因子。

将故障因子表示为状态变量形式,得到与式(4-43)系统等价的增广系统模型:

$$\left. \begin{aligned} x_e &= [\Delta z, \Delta \dot{z}, \Delta i, \delta_{m1}, \delta_{m2}, \delta_{m3}, \delta_{p1}, \delta_{p2}, \delta_{p3}, \delta_{um}, \delta_{up}]^T \\ x_e(k) &= \begin{bmatrix} A & 0_{3\times 8} \\ 0_{8\times 3} & I_{8\times 8} \end{bmatrix} x_e(k-1) + \begin{bmatrix} B \\ 0_{8\times 1} \end{bmatrix}[x_{e10}(k-1)u(k-1) + x_{e11}(k-1)] + \\ & \quad \begin{bmatrix} I \\ 0_{8\times 1} \end{bmatrix} w_{noi}(k-1) \\ y(k) &= \begin{bmatrix} x_{e4}(k)x_{e1}(k) + x_{e7}(k) \\ x_{e5}(k)x_{e2}(k) + x_{e8}(k) \\ x_{e6}(k)x_{e3}(k) + x_{e9}(k) \end{bmatrix} + v_{noi}(k) \\ u(k) &= K_{fb}y(k) \end{aligned} \right\} \quad (4-44)$$

采用强跟踪滤波器对式(4-44)的模型进行状态估计:

$$F[k,u(k),\hat{x}(k\mid k)] = \begin{bmatrix} A & \mathbf{0}_{3\times 6} & \begin{matrix} b_1 u(k) & b_1 \\ b_2 u(k) & b_2 \\ b_3 u(k) & b_3 \end{matrix} \\ \mathbf{0}_{8\times 3} & & I_{8\times 8} \end{bmatrix}$$

$$C[k,\hat{x}(k\mid k-1)] = \begin{bmatrix} \hat{x}_{e4}(k\mid k-1), 0, 0, \hat{x}_{e1}(k\mid k-1), 0, 0, 1, 0, 0, 0, 0 \\ 0, \hat{x}_{e5}(k\mid k-1), 0, 0, \hat{x}_{e2}(k\mid k-1), 0, 0, 1, 0, 0, 0 \\ 0, 0, \hat{x}_{e6}(k\mid k-1), 0, 0, \hat{x}_{e3}(k\mid k-1), 0, 0, 1, 0, 0 \end{bmatrix}$$

通过理论分析和仿真计算,基于强跟踪滤波器的故障诊断方法能较准确地估计出故障因子,并且实时性较好,具有较好的故障诊断效果。

4.3.3 基于强跟踪滤波器的悬浮系统故障诊断试验

针对单自由度悬浮控制试验系统,以加速度传感器故障为例进行强跟踪滤波故障诊断试验。由于加速度传感器的乘性故障相当于增大了反馈系数即增大了系统的阻尼,对系统稳定性无明显影响,因此只对加性故障进行模拟。

图 4-16 与图 4-17 所示为在 20 s 后对速度采样值(即加速度积分值)叠加 -0.5 m/s 恒定偏差情况下的试验曲线。

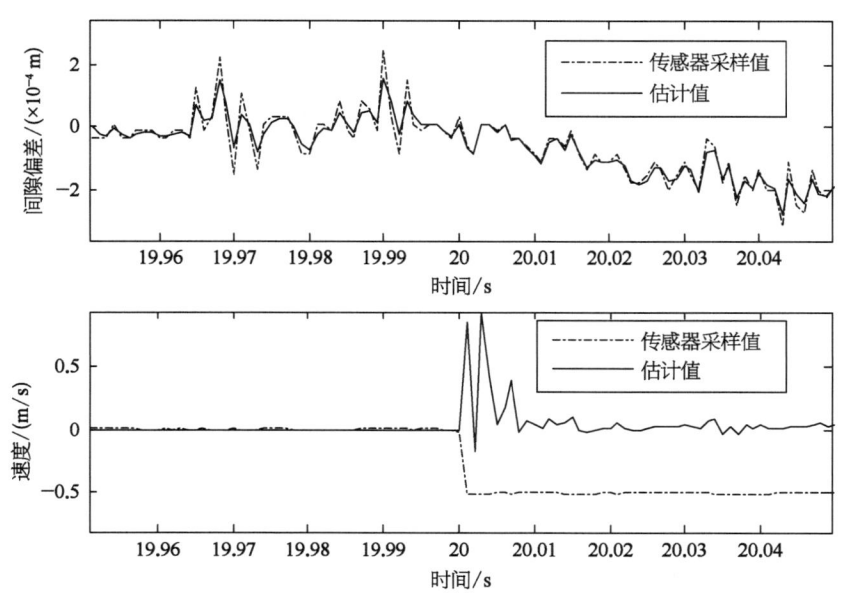

图 4-16 加速度传感器加性故障下的速度和间隙测量值与估计值对比

图 4-16 所示为间隙和速度的测量值与估计值的对比。其中,间隙传感器测量信号与强跟踪滤波估计值吻合得很好,都较好地反映了间隙的实际情况。在 20 s 时故障发生

之后，间隙逐渐偏离设定值，表现为间隙偏差的绝对值逐渐增大。对于速度信号，故障发生后，传感器测量值始终偏离实际值约 -0.5 m/s，而跟踪滤波值仍然接近于 0，较好地估计出了速度的实际情况，体现出强跟踪滤波器的鲁棒性和准确性。

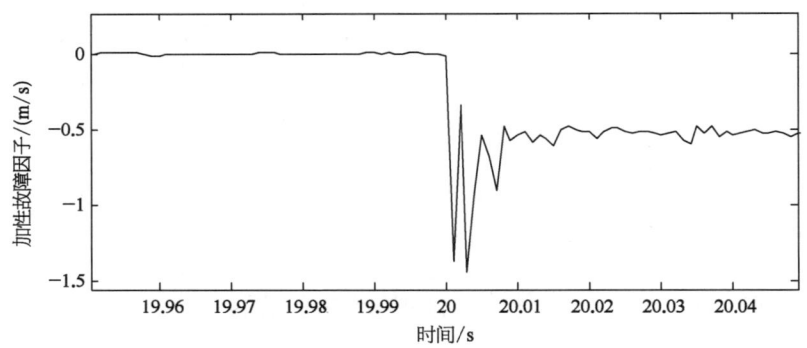

图 4-17 加速度传感器加性故障下的加性故障因子估计值

图 4-17 为加速度加性故障下的故障因子实时估计曲线，可见当故障发生之后，故障因子的估计值迅速由正常时的 0 变为 -0.5 m/s 左右，较准确地估计出了故障程度。上述试验验证了基于强跟踪滤波器的故障诊断算法的有效性。

4.4 基于全维状态观测器的执行器故障诊断

闻新等提出了一种针对故障导致系统参数变化的故障诊断算法，其主要思想是把参数的变化量通过观测器观测出来，但该方法难以表示故障对系统的影响程度。王德军等提出了一种把故障量化为输入增益变化的百分比的算法，但因对象是连续系统，其求解故障量化指标复杂、不利于实现。针对磁浮列车电磁铁的匝间短路和部分电磁铁失效现象，在上述学者研究的基础上，本节提出一种新的执行器故障诊断方法。首先将故障后控制系统的参数变化表示为控制输入增益的变化，然后观测出故障前后控制输入增益变化的百分比。该算法吸取了前述算法的优点，并且有利于控制系统对故障诊断方案的设计与实现。最后，通过仿真和试验对该故障诊断算法的有效性进行了验证。

4.4.1 系统参数变化故障的等效模型

能控能观的单输入线性系统可描述为如下能控标准型：

$$\begin{rcases}\dot{x} = Ax + Bu \\ y = Cx\end{rcases} \quad (4-45)$$

式中，$A = \begin{bmatrix} 0 & 1 & 0 & \cdots & 0 \\ 0 & 0 & 1 & \cdots & 0 \\ \vdots & \vdots & \vdots & & \vdots \\ a_1 & a_2 & a_3 & \cdots & a_n \end{bmatrix}$，$B = \begin{bmatrix} 0 \\ 0 \\ \vdots \\ b \end{bmatrix}$。$x \in R^n$，$u \in R$，$y \in R^p$，$C$ 为具有相应维数的输出矩阵。为了使得式(4-45)系统稳定，采用如下状态反馈控制算法：

$$u = Kx \quad (4-46)$$

式中，$K = [k_1, \cdots, k_n]$ 为反馈增益矩阵。

假设执行器故障条件下系统的参数摄动如下所述：

$$\begin{rcases}\dot{x} = (A + \Delta A)x + (B + \Delta B)u \\ y = Cx\end{rcases} \quad (4-47)$$

则有

$$\begin{aligned}\dot{x} &= (A + \Delta A)x + (B + \Delta B)u = Ax + Bu + \sum_{j=1}^{i} \Delta a_j x_j I' + \Delta bu I' \\ &= Ax + Bu + \left(\sum_{j=1}^{i} \Delta a_j x_j + \Delta bKx\right) I' \\ &= Ax + Bu + (\Delta a_1 x_1 + \cdots + \Delta a_n x_n + \Delta b k_1 x_1 + \cdots + \Delta b k_n x_n) I' \end{aligned} \quad (4-48)$$

$$I' = [0, \cdots, 0, 1]^T \quad (4-49)$$

式中，Δa_j 表示 A 矩阵的第 j 个参数变化；Δb 代表故障后 B 矩阵的改变量。

由于 $(\Delta a_1 x_1 + \cdots + \Delta a_n x_n + \Delta b k_1 x_1 + \cdots + \Delta b k_n x_n)$ 为标量，必然存在变量 δ，使得

$$b(\delta - 1)k_1 x_1 + \cdots + b(\delta - 1)k_n x_n = \Delta a_1 x_1 + \cdots + \Delta a_n x_n + \Delta b k_1 x_1 + \cdots + \Delta b k_n x_n \quad (4-50)$$

上述方程为一元一次方程，是可解的。于是，式(4-47)故障系统又可以描述成

$$\begin{rcases}\dot{x} = Ax + Bu + B(\delta - 1)u \\ y = Cx\end{rcases} \quad (4-51)$$

于是可得

$$\begin{rcases}\dot{x} = Ax + B\delta u \\ y = Cx\end{rcases} \quad (4-52)$$

由此可见，系统的执行器故障影响可以等效为动态的控制输入增益改变。

4.4.2 基于状态观测的故障诊断算法

王德军等针对连续系统,采用状态观测器的方法实现了对故障的诊断与识别。为便于工程实现,需从离散系统角度进行分析,考虑到单铁悬浮系统是一个单输入系统,因此针对单输入系统推导如下:

$$\left.\begin{array}{l} \boldsymbol{x}(k) = \boldsymbol{A}_\mathrm{d} \boldsymbol{x}(k-1) + \boldsymbol{B}_\mathrm{d} \delta \boldsymbol{K} \boldsymbol{x}(k-1) \\ \boldsymbol{y}(k) = \boldsymbol{C}_\mathrm{d} \boldsymbol{x}(k) \end{array}\right\} \quad (4-53)$$

式中,$\boldsymbol{A}_\mathrm{d} = \mathrm{e}^{AT}$;$\boldsymbol{B}_\mathrm{d} = \left[\int_0^T \mathrm{e}^{At} \mathrm{d}t\right] \boldsymbol{B}$,$\boldsymbol{C}_\mathrm{d} = \boldsymbol{C}$。将反馈 $\boldsymbol{K}\boldsymbol{x}(k-1)$ 看作系统的输入,上述系统的离散全维状态观测器为

$$\hat{\boldsymbol{x}}(k) = \boldsymbol{A}_\mathrm{d} \hat{\boldsymbol{x}}(k-1) + \boldsymbol{B}_\mathrm{d} \boldsymbol{K} \boldsymbol{x}(k-1) + \boldsymbol{L}[\boldsymbol{y}(k-1) - \boldsymbol{C}_\mathrm{d} \hat{\boldsymbol{x}}(k-1)] \quad (4-54)$$

系统的观测误差

$$\boldsymbol{e}(k) = (\boldsymbol{A}_\mathrm{d} - \boldsymbol{L}\boldsymbol{C}_\mathrm{d}) \boldsymbol{e}(k-1) + \boldsymbol{B}_\mathrm{d}(\delta - 1) \boldsymbol{K} \boldsymbol{x}(k-1) \quad (4-55)$$

式(4-55)中,$\boldsymbol{K}\boldsymbol{x}(k-1)$ 为一标量,于是有

$$\boldsymbol{e}(k) = (\boldsymbol{A}_\mathrm{d} - \boldsymbol{L}\boldsymbol{C}_\mathrm{d}) \boldsymbol{e}(k-1) + \boldsymbol{B}_\mathrm{d} \boldsymbol{K} \boldsymbol{x}(k-1)(\delta - 1) \quad (4-56)$$

当 $[\boldsymbol{B}_\mathrm{d} \boldsymbol{K} \boldsymbol{x}(k-1)]^\mathrm{T} [\boldsymbol{B}_\mathrm{d} \boldsymbol{K} \boldsymbol{x}(k-1)]$ 的逆存在时,可以解出

$$\begin{aligned} \delta = &\{[\boldsymbol{B}_\mathrm{d} \boldsymbol{K} \boldsymbol{x}(k-1)]^\mathrm{T} [\boldsymbol{B}_\mathrm{d} \boldsymbol{K} \boldsymbol{x}(k-1)]\}^{-1} [\boldsymbol{B}_\mathrm{d} \boldsymbol{K} \boldsymbol{x}(k-1)]^\mathrm{T} [\boldsymbol{e}(k) - \\ &(\boldsymbol{A}_\mathrm{d} - \boldsymbol{L}\boldsymbol{C}_\mathrm{d}) \boldsymbol{e}(k-1)] + 1 \end{aligned} \quad (4-57)$$

式中,δ 为执行器故障失效因子:为 0 时,相当于执行器处于开路失效故障状态;为 1 时,表示执行器正常工作。

4.4.3 执行器模拟故障分析与诊断

以 CMS04 实用型磁浮列车为例,单辆磁浮列车由 20 个悬浮控制点完成车辆的悬浮。为不失一般性,本节以单个悬浮控制点为例研究悬浮控制系统的故障诊断。

在工程应用中,借鉴串级控制思想,悬浮控制系统被分解为电流环和位置环两个子系统。电流环用于提高电磁铁电流对控制电压的响应速度,降低因电磁铁大电感造成的迟滞;位置环的设计目标是保证悬浮间隙稳定跟踪设定的悬浮间隙。如图 4-18 所示为单点悬浮系统结构。

适当选择电流环反馈系数,则如图 4-18 所示单点悬浮系统可以近似简化为二阶系统:

$$\dot{\boldsymbol{x}} = \boldsymbol{A}\boldsymbol{x} + \boldsymbol{B}\boldsymbol{u} \quad (4-58)$$

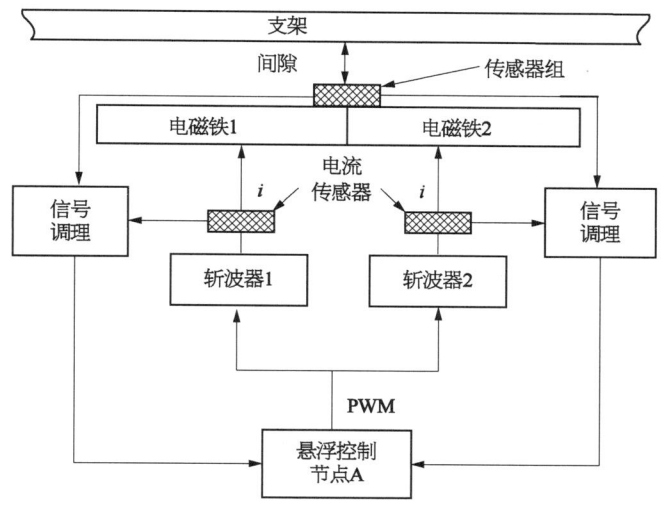

图 4-18 单点悬浮系统结构

其中

$$\left.\begin{array}{l} \boldsymbol{A} = \begin{bmatrix} 0 & 1 \\ (k_{z1}+k_{z2})/m & 0 \end{bmatrix} \\ \boldsymbol{B} = -\begin{bmatrix} 0 \\ (k_{i1}+k_{i2})/m \end{bmatrix} \end{array}\right\} \quad (4-59)$$

式中,$k_{zj}=\dfrac{\mu_0 N_j^2 S i_{0j}^2}{2z_0^3}$,$k_{ij}=\dfrac{\mu_0 N_j^2 S i_{0j}}{2z_0^2}$,$j=1,2$。其中,$N$ 代表电磁铁线圈的匝数;S 代表电磁铁极面积;m 是悬浮系统质量;z_0、i_0 分别为系统处于工作平衡点时的间隙和电流值。

为使得系统稳定,采取控制律如下:

$$u = \boldsymbol{K}x \quad (4-60)$$

式中,$\boldsymbol{K}=\begin{bmatrix} k_1 & k_2 \end{bmatrix}$。

在故障诊断的理论研究中,讨论系统的执行器故障,一般是讨论控制输入 u 发生改变的情况。对磁浮控制系统来说,控制输入 u 是由控制计算机产生的,考虑到控制计算机具有极高的可靠性,总是能够保证控制输入 u 无故障。而电磁铁是悬浮控制系统的电磁力提供单元,容易发生漏电、内部短路等故障,这些故障会导致对象参数的变化,同时,电磁铁的故障会引起悬浮系统的结构参数发生改变。因此,主要分析电磁铁故障问题。电磁铁可能发生的两类故障是:

(1) 电磁铁内部发生匝间短路。在此种故障情况下,电磁铁某些线圈被短路,其有效匝数减小,同时电磁铁的电阻减小。

(2) 电磁铁组中的一个电磁铁或斩波器失效。

实际系统中,常采用将两个电磁铁串联或者并联作为一个电磁铁组使用,因此就存在发生短路(串联)或断路(并联)的情况,使其中一个电磁铁失效。在此种情况下电磁铁的有效匝数变小,电磁铁的等效电阻也同时发生变化。

因此,从以上分析可以看出,在电磁铁发生上述两种故障的情况下,系统的参数都会发生变化,并且使得电磁铁的驱动能力变小。对于式(4-58)的系统,当电磁铁发生故障时,会导致系统的 k_{zj} 和 k_{ij} 两参数的改变。设故障后的 k_{zj} 和 k_{ij} 相应变成 k'_{zj} 和 k'_{ij},于是

$$k'_{zj}=\frac{\mu_0 N_{jf}^2 S i_{01}^2}{2z_{01}^3}, \quad k'_{ij}=\frac{\mu_0 N_{jf}^2 S i_{01}}{2z_{01}^2}$$

式中,N_{jf} 为第 j 个电磁铁故障后的线圈有效匝数,则故障后的系统模型为

$$\dot{x}=\begin{bmatrix} 0 & 1 \\ (k'_{z1}+k'_{z2})/m & 0 \end{bmatrix}x-\begin{bmatrix} 0 \\ (k'_{i1}+k'_{i2})/m \end{bmatrix}u \quad (4-61)$$

令 $k_z=k_{z1}+k_{z2}$,$k_i=k_{i1}+k_{i2}$,故障系统系数分别为 $k'_z=k'_{z1}+k'_{z2}$、$k'_i=k'_{i1}+k'_{i2}$。应用前述参数改变故障分析算法,则悬浮控制系统的电磁铁故障可以表述为

$$\dot{x}=\begin{bmatrix} 0 & 1 \\ k_z/m & 0 \end{bmatrix}x-\begin{bmatrix} 0 \\ k_i/m \end{bmatrix}\delta u = \boldsymbol{A}x+\boldsymbol{B}\delta u \quad (4-62)$$

式中,$u=\boldsymbol{K}x$。

通过对悬浮系统的结构分析和以上算法得知,当电磁铁发生故障时,故障可以等效为控制输入 u 发生的故障,并且由于电磁铁有效线圈的减少,其故障程度可以用故障因子 δ 来表示。当 δ 为 0 时表示电磁铁完全失效;为 1 时其正常工作;介于 0~1 之间表示电磁铁故障后剩余的执行驱动能力。

4.4.4 执行器故障对悬浮系统的影响

1) 电磁铁故障对电流环的影响分析

采用电流环以后,控制器以电磁铁两端电流为直接控制对象,电流环传递函数为

$$G(s)=\frac{C}{Ls+R'+C} \quad (4-63)$$

式中,L 为电磁铁的电感,R' 为等效电阻,实际系统中,这两个值都不大。当 C 取值较大,使得 C 远大于 R' 和 L 时,系统在低频段处满足 $G(s)\approx 1$。当系统的电磁铁发生前述两种故障后,L 和 R' 都相应减小,故障后的传递函数为 $G'(s)$,满足 $G(s)<G'(s)\approx 1$。可以看出,当电流环反馈增益较大时,电磁铁故障后对电流环的动态特性影响不明显。

2) 电磁铁故障对系统稳定性的影响

电磁铁故障后,如果不采取任何容错控制措施,则必然会对系统的稳定性产生影响,可能的情况有两种:

(1) 系统能够悬浮,但间隙波动增大,性能变差。

(2) 电磁铁无法提供足够电磁力,发生落车事故。

为了使得悬浮控制系统依然能够安全可靠运行,需要对故障后的系统实现容错控制,因此有必要首先对系统的故障状态做出判断。

采用式(4-60)所述控制方法,则闭环的悬浮控制系统表达式为

$$\dot{x} = \begin{bmatrix} 0 & 1 \\ \dfrac{k_z}{m} - \dfrac{k_i k_1}{m} & -\dfrac{k_i k_2}{m} \end{bmatrix} x \quad (4-64)$$

式中,$[k_1, k_2]$ 分别表征悬浮系统的间隙反馈系数和垂向速度反馈系数。设闭环系统(4-64)的特征值为 v_1、v_2,则上式稳定的充要条件是

$$\left.\begin{matrix} v_1 < 0 \\ v_2 < 0 \end{matrix}\right\} \quad (4-65)$$

求解可得

$$\begin{cases} k_i > 0 & \text{(a)} \\ k_z < k_i k_1 & \text{(b)} \end{cases} \quad (4-66)$$

对于式(4-66)中的条件(a),根据系统的物理意义,其总是满足的。当系统的稳定裕度足够大,满足式(4-66)中的条件(b)时,悬浮控制系统在发生电磁铁故障后,依然维持稳定状态,但平衡点发生了变化。

同时,式(4-66)中的条件(b)也表明,当由于电磁铁故障使得系统性能下降或导致落车事故时,增大间隙反馈系数可以使系统重新回到原来的平衡位置,这就是实现故障后容错控制的理论依据。

4.4.5 执行器的故障诊断仿真和试验

1) 模拟电磁铁故障诊断仿真

以磁浮试验小车的悬浮控制系统为例:$m = 42 \text{ kg}$,$S = 0.0018 \text{ m}^2$,$R = 6.3 \text{ }\Omega$,$N = 1400$。将上述算法应用于磁浮列车单铁模型,得到仿真结果如图 4-19 所示。图 4-19 中 $k < 1000$ 步时的部分为系统无故障时系统的故障因子输出,此时故障因子分布在 1 附近,表明系统无故障发生。当 $k = 1000$ 步时,电磁铁内部发生 1/3 匝数短路故障,此时故障因子迅速收敛到 0.57 附近,故障因子清楚表明了故障对系统的整体影响。可见该方法能够比较准确地在线估计出执行器的故障情况。

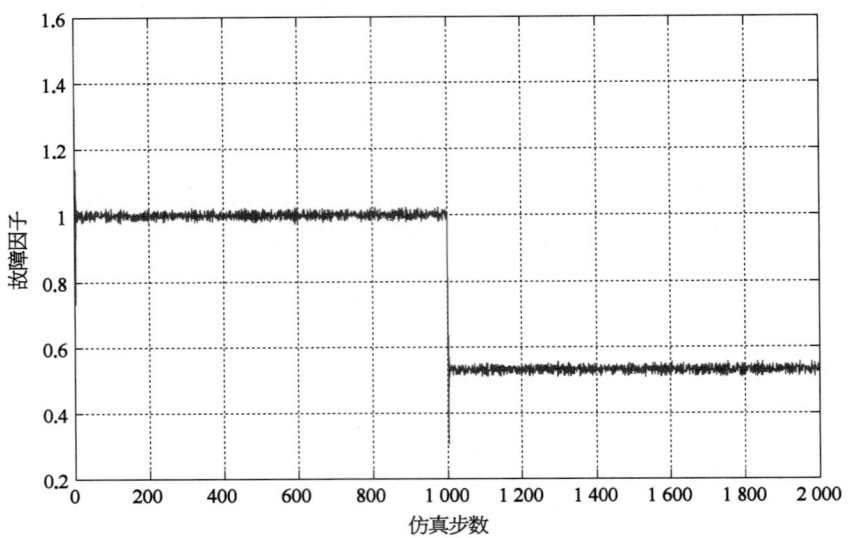

图 4-19 电磁铁发生故障时的故障因子输出

2) 故障诊断的试验研究

在磁浮试验小车中,悬浮节点的电磁铁是由两个电磁铁并联组成的,其故障包括两种:一是电磁铁内部的部分线圈短路,二是某个电磁铁整体断路失效。对于整个电磁铁断路,在试验中可以采取断路开关的方法加以模拟;对于电磁铁内部的部分线圈短路,采用减小控制器输出增益的方法来模拟实现。

如前所述,系统无故障时故障因子输出为1,完全失效时其输出为0,而发生部分失效时其值在 0~1 之间。系统的控制器为 DSP 处理器,在运算完成系统的故障诊断算法后,需要通过 CAN 总线把故障因子传输到计算机中保存。在试验过程中,为了方便 CAN 总线传输数据,将故障因子人为扩大了 100 倍,也就是当系统的故障因子在 100 附近时表明此时无故障,而小于 100 时代表系统出现了故障。

(1) 模拟电磁铁线圈内部短路故障试验。如图 4-20 所示,在 20 s 时刻,电磁铁的增益变为原来的 0.75 倍,模拟线圈内部出现了短路。

从图 4-20 中可以看出,当系统无故障时,故障因子在 100 附近波动;当系统中出现了 0.75 倍的增益故障时,故障因子偏离 100,收敛于 70 左右,表明执行器故障发生。由于在计算故障因子的过程中存在求逆运算,放大了系统的噪声,因此故障因子波形的输出噪声较大。

图 4-21 是当增益在 20 s 时变为 0.65 倍的故障因子变化,该切换过程更剧烈,使得故障诊断的动态过程变差。通过两组试验对比可以看出,当故障增大时,故障因子变小,从而指示出较大的故障发生,因此该故障因子能够完成故障的大致估计,其大小能够反映

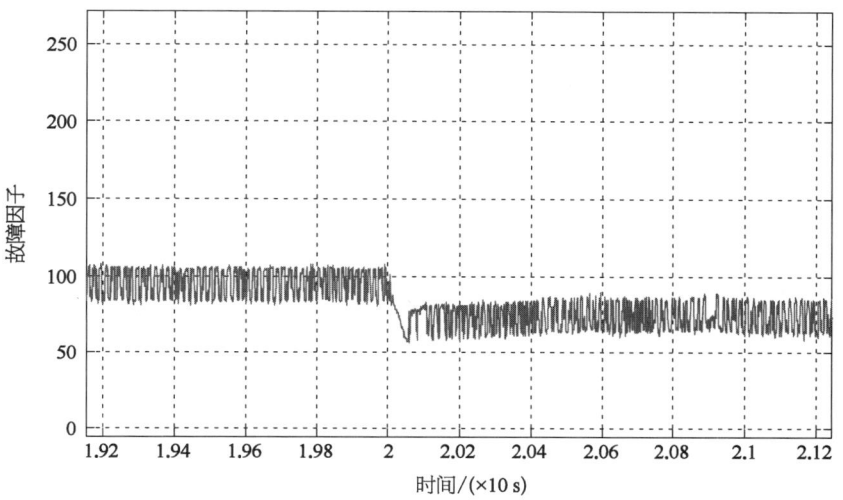

图 4‑20 电磁铁线圈 75% 有效时故障诊断结果输出

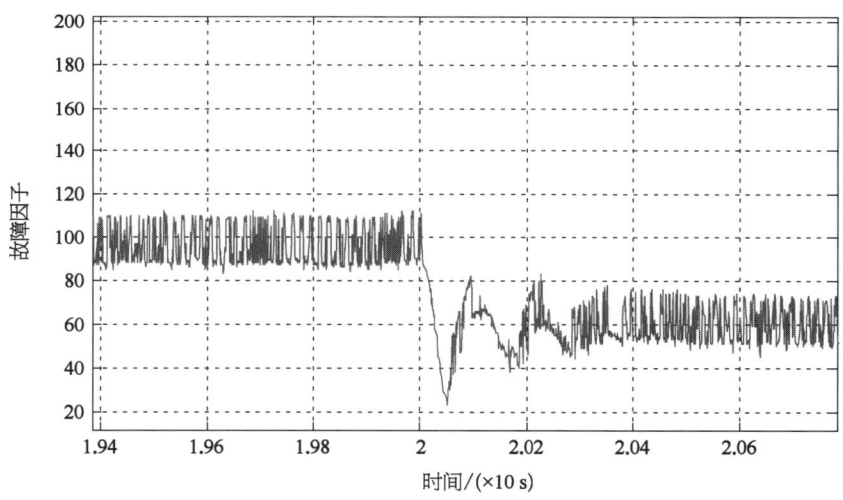

图 4‑21 电磁铁线圈 65% 有效时故障诊断结果输出

出不同故障对系统影响的强烈程度。

（2）某个电磁铁断路时的故障检测。为了模拟某个电磁铁整体断路的情况，与该电磁铁串联一个接触器，当接触器断开时实现了该电磁铁的断路。

图 4‑22 是系统的故障因子对于故障的诊断结果，从图中可以看出，当系统无故障时，故障因子在 100 附近波动。在 14.2 s 时，两个并联电磁铁中的某一个被人为断路，此时只有一个电磁铁工作。此时故障因子迅速响应了系统的故障，在经历了一个明显超调过程后，故障因子最终稳定于 42 左右，表明故障发生。

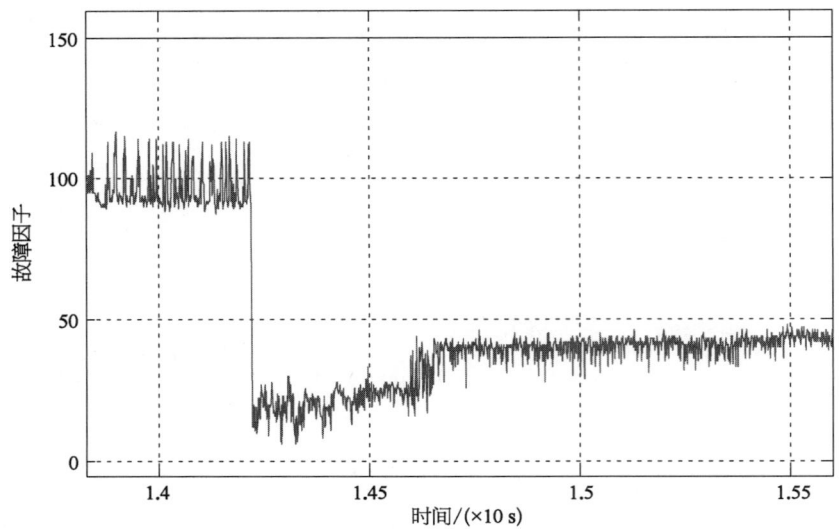

图 4‑22 某个电磁铁断路时故障因子的变化

4.5 基于信号比较的加速度传感器故障诊断

  磁浮列车悬浮系统采用间隙信号、垂向速度信号和电流信号实现稳定闭环反馈控制,这些反馈信号分别由间隙传感器、加速度传感器信号的积分和电流互感器提供。电流互感器安装在机箱内部,运行条件较好,在实际使用中故障率较低。为了解决过接缝问题,间隙传感器采用了三模冗余配置,单个间隙传感器故障不会导致间隙信号异常。然而,由于加速度传感器需要测量悬浮电磁铁的振动信号,因此加速度传感器直接安装在电磁铁上,其运行的电磁环境较差,在实际中是比较容易发生故障的传感器部件。因此,本节主要针对加速度传感器的故障诊断问题展开研究。

  实际系统中很多故障都会使系统测量信号的某些特征发生改变。基于信号处理的故障诊断方法就是直接对可测信号的某些特征进行分析、校核,从而反推出相应的故障模式。该方法无须对系统建立数学模型,适合磁浮列车的具体情况。下面采用信号校核的方法对加速度传感器的故障诊断问题进行研究。

4.5.1 加速度传感器故障诊断

  在不考虑轨道变形的条件下,悬浮系统的垂直速度一方面可以通过加速度积分得到,另一方面可以通过间隙的微分得到。由于间隙传感器的冗余配置,因此考虑将间隙微分得到的速度信号作为基准,来诊断加速度传感器是否发生故障,如图4-23所示。

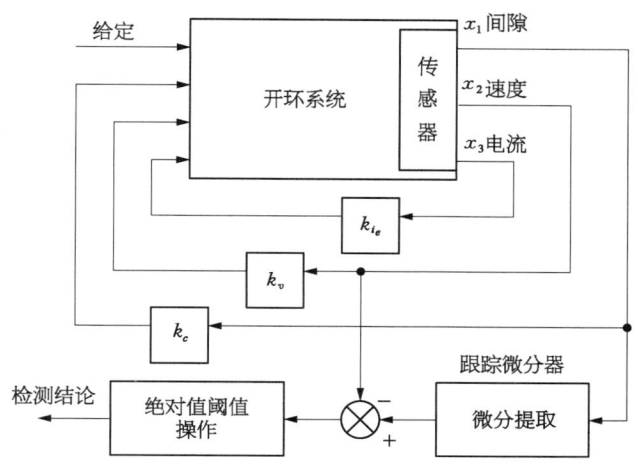

图 4-23　基于信号微分的加速度传感器故障诊断原理

采用经典微分方法提取的微分信号很容易被噪声所淹没,因此上述加速度传感器的故障诊断方案需要解决的关键问题是如何从具有噪声的间隙信号中有效地提取微分信号。非线性快速跟踪微分器为解决该问题提供了行之有效的途径。

1) 韩氏跟踪微分器的离散形式

韩京清利用等时区方法分析得到了离散最速控制系统的一个最速控制函数——韩氏快速函数,从而构造了快速跟踪微分器的一种离散形式。韩氏跟踪微分器具有良好的滤波和抗噪声性能,能够快速、无超调、无振荡地跟踪输入信号,同时得到品质优良的微分信号。韩京清在《自抗扰控制技术》一书中将其应用于控制系统的过渡过程安排、配置系统零点、数字整流和数字检波等方面。张文革等对采用离散跟踪微分器进行零点配置进行了详细阐述。李卓等将韩氏跟踪微分器用于全球导航卫星系统的定位数据处理,提高了定位精度。以跟踪微分器为关键技术发展起来的自抗扰控制已在很多领域得到了广泛的应用。

韩京清提出的跟踪微分器的离散形式如下:

$$\left.\begin{array}{l}x_1(k+1)=x_1(k)+h_{td}x_2(k)\\ x_2(k+1)=x_2(k)+h_{td}\text{fhan}[x_1(k)-v(k),x_2(k),r_{td},c_{td0}h_{td}]\end{array}\right\} \quad (4-67)$$

函数 $\text{fhan}(x_1,x_2,r_{td},h_{td})$ 计算如下:

$$\left.\begin{aligned}&d_{td}=r_{td}h_{td},\ d_{td0}=h_{td}d_{td},\ y_{td}=x_1+h_{td}x_2\\&a_{td0}=\sqrt{d_{td}^2+8r_{td}|y_{td}|}\\&a_{td}=\begin{cases}x_2+[(a_{td0}-d_{td})\mathrm{sign}(y_{td})]/2,\ |y_{td}|>d_{td0}\\x_2+y_{td}/h,\ |y_{td}|\leqslant d_0\end{cases}\\&\mathrm{fhan}=-\begin{cases}r_{td}\mathrm{sign}(a_{td}),\ |a_{td}|>d_{td}\\(r_{td}a_{td})/d_{td},\ |a_{td}|\leqslant d_{td}\end{cases}\end{aligned}\right\} \quad (4-68)$$

式中，h_{td} 为离散化步长；$v(k)$ 为被跟踪信号输入；$x_1(k+1)$ 为跟踪输出；$x_2(k+1)$ 为微分输出；r_{td} 为快速因子；c_{td0} 为滤波因子，$c_{td0}>1$ 时 $x_1(k+1)$ 为输入信号的滤波输出，c_{td0} 越大，滤波效果越好，但是跟踪和微分信号的时间滞后越严重。

2) 另一种跟踪微分器 fast

Xie 等针对连续非线性跟踪微分器的离散化问题，分析了双积分串联系统的最优快速综合函数，在开关曲线附近引进线性区域，并做归零控制，控制策略采用精确控制，从而得到了另一个最速综合函数的离散形式——fast。

考虑二阶连续系统

$$\left.\begin{aligned}\dot{x}_1&=x_2\\\dot{x}_2&=u\end{aligned}\right\} \quad (4-69)$$

其开关曲线的方程为

$$\Gamma(x_1,\ x_2,\ r)=x_1+x_2|x_2|/(2r_{td}) \quad (4-70)$$

在相平面中任意一初始点 $M_s(x_1,\ x_2)$ 最多经过一次切换到达原点 O，若 $M_s(x_1,\ x_2)$ 不在开关曲线上，则以 t_A 表示由 $M_s(x_1,\ x_2)$ 到达开关曲线上的时间；若 $M_s(x_1,\ x_2)$ 位于开关曲线上，则以 t_B 表示由 $M_s(x_1,\ x_2)$ 到达原点 O 的时间。则非线性跟踪微分器的离散化形式为

$$\left.\begin{aligned}x_1(k+1)&=x_1(k)+h_{td}x_2(k)+r_{td}h_E^2u(k)/2-b_{td}h_{td}^3/3\\x_2(k+1)&=x_2(k)+r_{td}h_{td}u(k)-b_{td}h_{td}^2/2\end{aligned}\right\} \quad (4-71)$$

式中，$[u(k),b_{td}]=\mathrm{fast}(x_1,x_2,r_{td},h_{td})$。非线性函数 $\mathrm{fast}(x_1,x_2,r_{td},h_{td})$ 由如下规则确定：

(1) 当 $M_s(x_1,\ x_2)$ 还没有到达开关曲线时。

若 $t_A\geqslant h_{td}$，取

$$b_{td}=0,\ u(k)=-\mathrm{sign}\left[x_1(k)+\frac{1}{2r_{td}}x_2(k)|x_2(k)|\right] \quad (4-72)$$

若 $t_A<h_{td}$，取

$$b_{td}=0,$$
$$u(k)=-1/2+x_2(k)s_{td}/(r_{td}h_{td})+\frac{1}{2}\sqrt{1+[4x_2(k)/(r_{td}h_{td})+8x_1(k)/(r_{td}h_{td}^2)]s_{td}}$$
(4-73)

式中，$s_{td}=\text{sign}[\Gamma(x_1,x_2,r_{td})]=\text{sign}[x_1+x_2|x_2|/(2r_{td})]$。

(2) 当 $M_s(x_1,x_2)$ 位于开关曲线上时。

若 $t_B \geqslant h_{td}$，取

$$b_{td}=0, u(k)=-\text{sign}[x_2(k)] \quad (4-74)$$

若 $t_B < h_{td}$，取

$$b_{td}=6[x_2(k)h_{td}+2x_1(k)]/(r_{td}h_{td}^3), u(k)=a_{fst}+b_{td}h_{td} \quad (4-75)$$

式中，$a_{fst}=-2[2x_2(k)h_{td}+3x_1(k)]/(r_{td}h_{td}^2)$。

通常函数 fast 具有更一般的形式：$\text{fast}[x_1-v(k),x_2,r_{td},c_{td0}h_{td}]$，即将规则(1)、(2)中的相应变量进行替换即可。此时系统的分量 $x_1(k)$，将最快地跟踪输入信号 $v(k)$。其中，c_{td0} 为滤波因子，其作用和性质与韩氏跟踪微分器中的滤波因子一样。

3) 两种跟踪微分器性能比较

为了在具体应用中选择跟踪微分器时能够有一定的依据，现将两种跟踪微分器的基本性能进行比较，如图 4-24 所示。

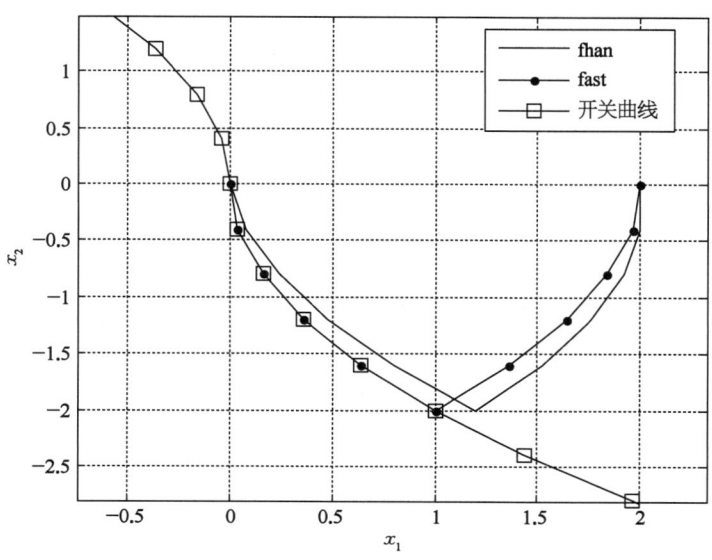

图 4-24 两种跟踪微分器的相轨迹比较

图4-24所示为两种跟踪微分器的状态从某一相同初始状态回到原点的相平面图。显然,fast算法能够准确到达开关曲线,并且在相位上更加靠前。

图4-25所示为两种滤波器对同一信号的滤波效果图。其中,v_0为理想的输入信号,v为对v_0叠加了噪声的实际输入信号,叠加的噪声为标准白噪声,选取$r_{td}=500$、$c_{td0}=24$。

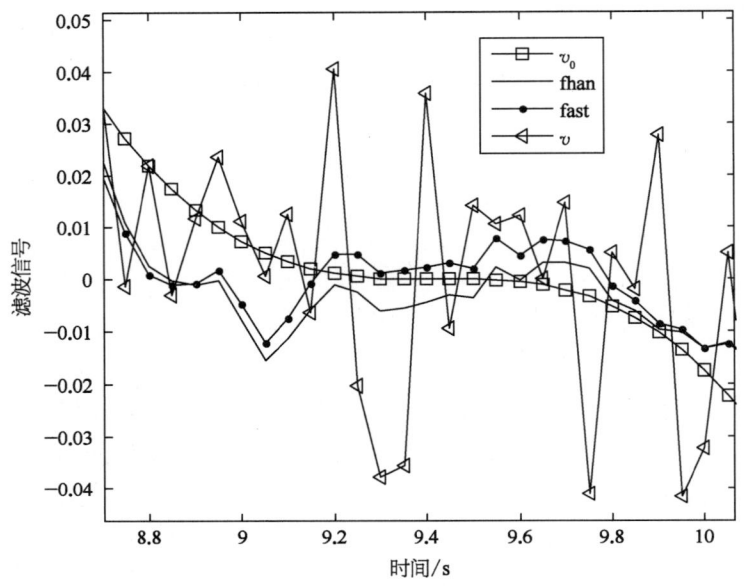

图4-25 跟踪微分器滤波效果比较

为了定量表示滤波特性,取滤波值与原始信号的差的累计平均方差来表示:

$$Err = \sqrt{\left\{\sum_{i=1}^{N}[\hat{V}(k)-V(k)]^2\right\}/N_d} \quad (4-76)$$

式中,$\hat{V}(k)$表示滤波信号;N_d为数据长度。则对于上述仿真情况有$Err(\text{fast})=0.0092$、$Err(\text{fhan})=0.0150$。显然,fast比fhan得到的滤波信号更加平滑,更加接近无噪信号,而且度量指标具有更加小的数值。

通过对fhan和fast的幅频、相频特性曲线进行比较,得出结论如下:随着滤波因子的增加,fhan与fast相比,前者的相位滞后以及幅值的衰减都更大,也就是说fast能够更好地处理大噪声的滤波问题。

4.5.2 故障诊断仿真分析

1) 残差生成

通过建立的悬浮模块线性模型,代入悬浮试验小车实际参数,得到如下状态方程:

$$\dot{x}(t) = \begin{bmatrix} 0 & 0 & 1 & 0 \\ 0 & 0 & 0 & 1 \\ 2\,143.7 & 306.25 & 0 & 0 \\ 306.25 & 2\,143.7 & 0 & 0 \end{bmatrix} x(t) + \begin{bmatrix} 0 & 0 \\ 0 & 0 \\ -3.5178 & -0.5025 \\ -0.5025 & -3.5178 \end{bmatrix} u(t)$$

$$u(t) = K_{fb} x(t) = \begin{bmatrix} 1\,218.8 & 0 & 26.5 & -1.9 \\ 0 & 1\,218.8 & -1.9 & 26.5 \end{bmatrix} x(t)$$

式中，$(x_1, x_2, x_3, x_4) = (c_1, c_2, \dot{c}_1, \dot{c}_2)$，$c_1$ 与 c_2 分别表示左侧和右侧传感器处的间隙相对于稳态值的变化量(简称"间隙偏差")、$\dot{c}_1$ 与 $\dot{c}_2$ 分别表示左侧和右侧传感器处测得的列车在竖直方向上的速度，此处假设轨道绝对平顺并忽略其弹性振动。

图 4-26～图 4-28 所示为系统无故障状态下稳定悬浮时左侧各信号的仿真情况，其中韩氏跟踪微分器的 $c_{td0} = 2$、fast 的 $c_{td0} = 3$。两种跟踪微分器的滤波因子 c_{td0} 取相同的情况下，韩氏跟踪微分器的滤波效果较好，但相位延迟和幅值衰减特性较差；c_{td0} 分别取为 2 和 3 时，则 fast 的各方面性能都稍优于韩氏跟踪微分器。

图 4-26 所示为间隙偏差的测量值与两种跟踪微分器滤波值的对比；图 4-27 所示为加速度积分信号与两种跟踪微分器对间隙的微分信号的对比；图 4-28 所示为两种跟踪微分器得到的间隙微分信号与加速度积分信号之差的绝对值(简称"残差")。可见两种跟踪微分器对间隙信号都有较好的平滑滤波作用，对间隙微分所带来的噪声也在较小的数量级之内。此处由于稳定悬浮状态下间隙偏差信号近似于均值为零的白噪声信号，因此其微分信号的噪声显得很强；在间隙偏差动态变化时，由跟踪微分器得到的微分信号的

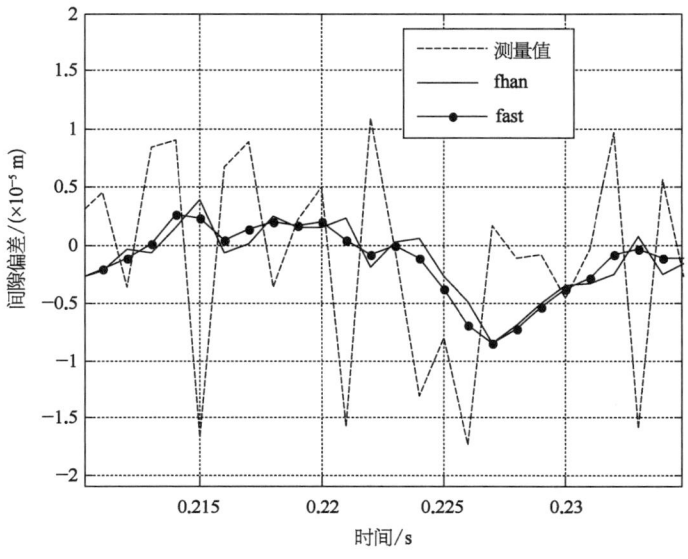

图 4-26 无故障时左侧间隙偏差的测量值与滤波值对比

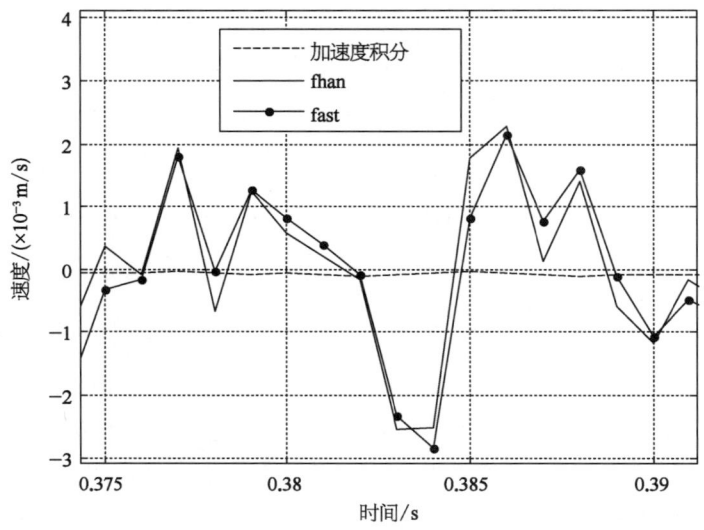

图 4-27 无故障时左侧加速度积分值与间隙微分值对比

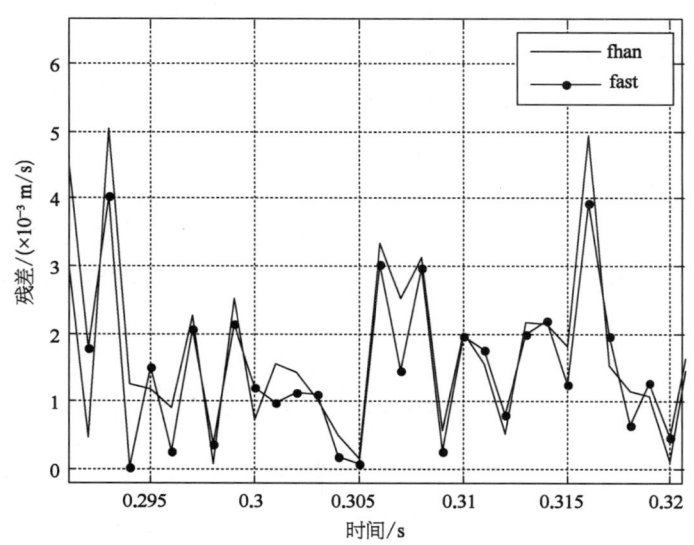

图 4-28 无故障时左侧两种残差对比

效果就能更好地体现出来(见图 4-30)。由图 4-28 可见,无故障时残差也在 0 附近波动。无故障情况下右侧信号的仿真结果与左侧类似。

图 4-29~图 4-31 所示为左侧加速度传感器完全失效(即输出为 0),速度输出固定为 0.005 m/s 的情况。左侧加速度传感器失效后系统开始振荡发散(图 4-29)。此时跟踪微分器仍能对间隙信号进行良好的滤波平滑同时提取出微分信号。由于左侧加速度传感器故障,加速度积分值保持不变,而间隙微分值则与间隙信号一起振荡发散(图 4-30),导致残差增大(图 4-31),若取阈值为 0.01 则在 0.51 s 时可检测出故障。

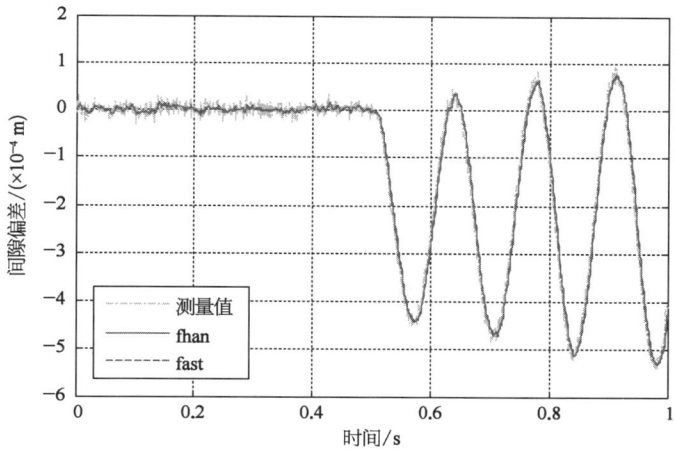

图 4-29 加速度传感器失效时间隙偏差的测量值与滤波值对比

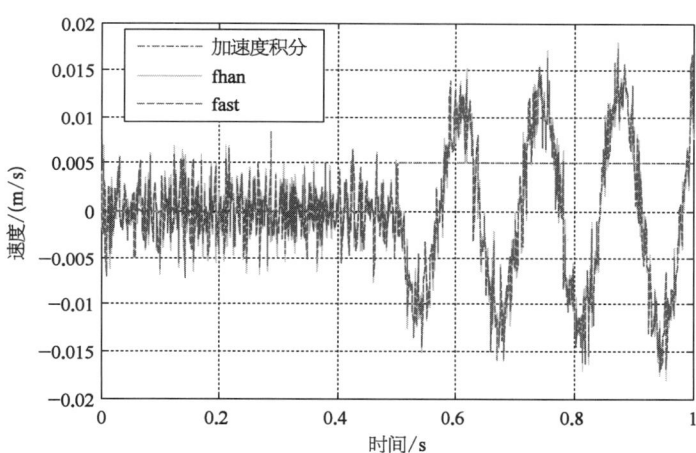

图 4-30 加速度传感器失效时加速度积分值与间隙微分值对比

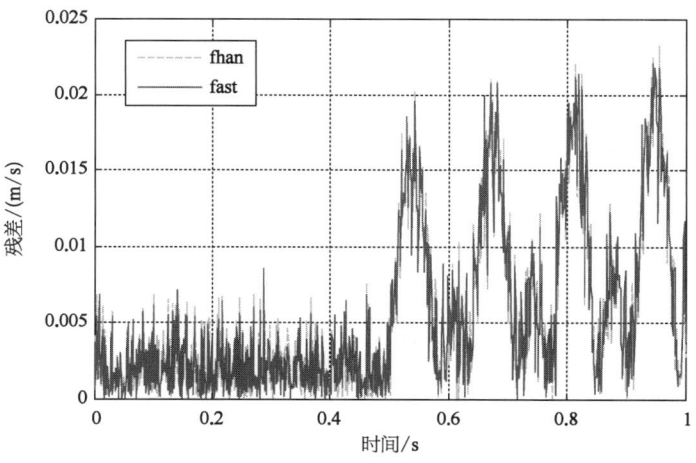

图 4-31 加速度传感器失效时两种残差信号对比

2) 阈值选取

上述仿真中的阈值选取带有很大的主观经验成分，为了提高故障检测的实时性，降低误报率，有必要采取一种客观合理的阈值选取方式。因此，采取基于贝叶斯决策理论的方法，其算法如下。

(1) 确定正常状态下残差的均值和方差：

$$\mu_{e0} = \frac{1}{N_{w1}} \sum_{i=1}^{N_{w1}} r(i), \quad \sigma_0^2 = \frac{1}{N_{w1}} \sum_{i=1}^{N_{w1}} [r(i) - \mu_{e0}]^2 \quad (4-77)$$

式中，$r(i)$ 表示系统正常时的残差序列；N_{w1} 为数据窗长度。

(2) 计算运行状态下残差的各种统计特性：

$$\left. \begin{array}{l} \mu_e(k) = \dfrac{1}{N_w} \sum\limits_{i=1}^{N_w} r(k-i), \quad \sigma_I^2(k) = \dfrac{1}{N_w} \sum\limits_{i=1}^{N_w} [r(k-i) - \mu_{e0}]^2 \\ \sigma_{II}^2(k) = \dfrac{1}{N_w} \sum\limits_{i=1}^{N_w} [r(k-i) - \mu_e(k)]^2 \end{array} \right\} \quad (4-78)$$

式中，$r(k-i)$ 表示待检测的残差序列，$N_w > N_{w1}$。

(3) 决策量及门限值：

$$\left. \begin{array}{l} d_j(k) = \dfrac{\sigma_I^2(k)}{\sigma_0^2} - \ln \dfrac{\sigma_{II}^2(k)}{\sigma_0^2} - 1 \\ d_j(k) \begin{cases} \leqslant 2\ln[N_w P_t/(1-P_t)], \text{加速度传感器正常} \\ > 2\ln[N_w P_t/(1-P_t)], \text{加速度传感器故障} \end{cases} \end{array} \right\} \quad (4-79)$$

式中，P_t 为系统无故障的先验概率。

图 4-32 所示为将上述阈值判决方法应用到图 4-31 所示残差数据的判决结果。其

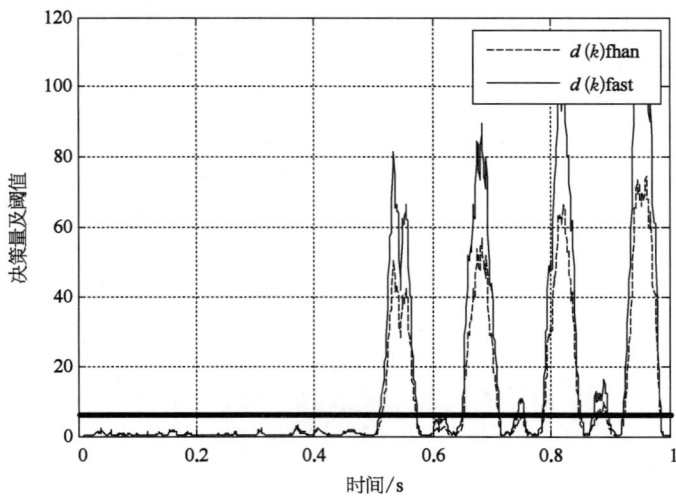

图 4-32 决策量及门限值

中取 $P_t=0.8$，则在 $0.51 s$ 左右检测出左侧传感器故障。

4.5.3 加速度传感器故障诊断试验

在磁浮试验小车上进行加速度传感器故障模拟，在小车稳定悬浮 10 s 后关闭加速度传感器电源，图 4-33～图 4-35 所示为该情况下的采样信号与跟踪微分器得到信号的比较。可见当加速度传感器失效后，残差显著增大，若选择阈值为 0.001，那么在大约 10.02 s 时即可检测出故障。试验结果与理论分析和仿真结果都比较吻合，证明了该故障诊断方法的有效性。

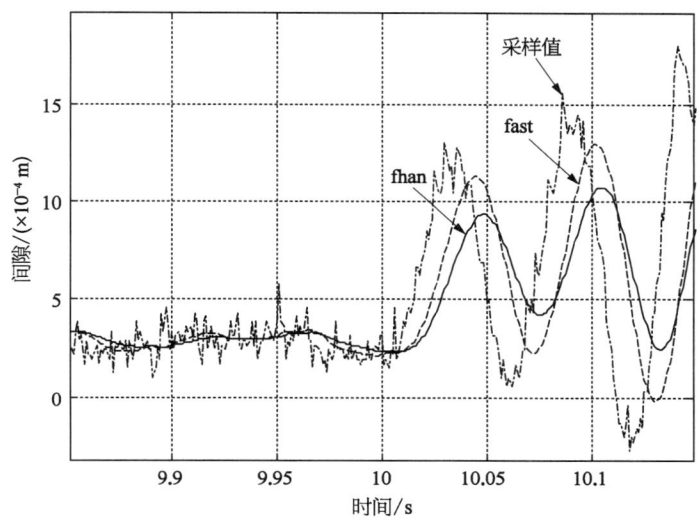

图 4-33 间隙采样值与跟踪滤波值对比

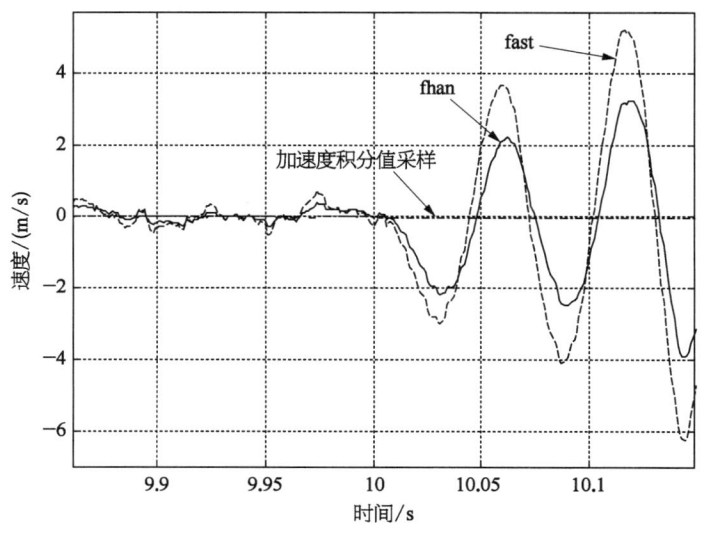

图 4-34 加速度积分值与微分值对比

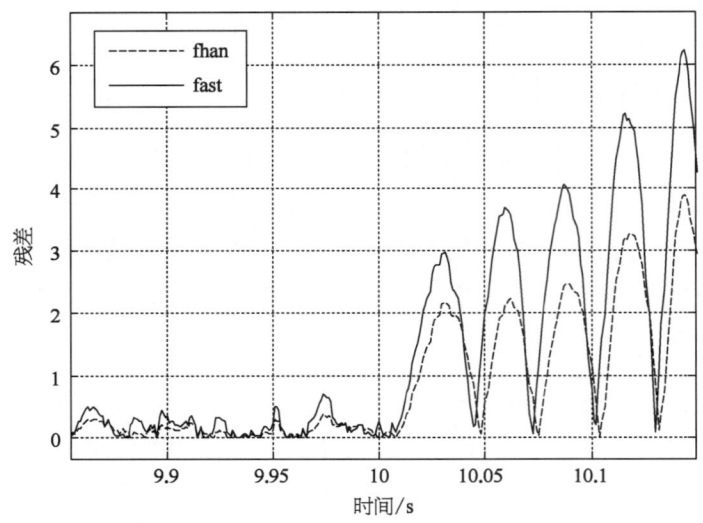

图 4-35 残差信号对比

本章针对磁浮列车悬浮系统,从工程应用角度,对悬浮系统的执行器、传感器和控制器的故障诊断问题进行了较为全面的介绍。

上述理论方法的实时性、精确性以及诊断范围等性能均有所差别,为了便于今后的研究,下面给出这些故障诊断方案在磁浮列车中应用的性能比较总结:

基于 Kalman 滤波器组的方案要求较为精确的系统模型,需要噪声的统计特性。计算量较大、实时性一般。每个传感器对应的输出都要是可观的,适用条件较高。

基于强跟踪滤波器的故障诊断方案,对模型参数变化具有较强的鲁棒性,也需要噪声的统计特性。该方案不仅能定位故障,而且能估计故障程度,其计算量比基于 Kalman 滤波器组的方案更小。该方案要求系统可观。

基于全维状态观测器的方案,要求较为精确的系统模型,不需要噪声的统计特性,其鲁棒性较差、实时性好。由于涉及求逆计算,其适用条件较高。

基于信号的故障诊断方案是专门针对加速度传感器故障而设计的,它利用了悬浮系统测量信号间的特有微分关系,不存在由模型失配带来的问题。

第 5 章

磁浮列车的故障模糊综合评估

磁浮列车系统按照功能模块主要包括车体、转向架、二系悬挂、车载供电、悬浮、牵引、制动、控制与诊断、车厢电器等子系统，各子系统相互联系、相互影响。当列车发生故障时，不仅需要进行故障检测，更重要的是能对故障后果的严重程度给予合适的评估。本章基于模糊综合评估方法，建立了磁浮列车系统的多层次模糊综合评估模型，对因素隶属度以及因素权重值进行了确定，并结合两编组实用型磁浮列车和唐山试验示范线的实际故障案例，对模型分析结果进行了试验验证。

5.1 概　　述

磁浮列车系统结构庞大复杂，整体上由磁浮列车、线路轨道、牵引与供电、运行控制这四大系统组成，其中车辆系统又由多个子系统构成。各子系统之间相互联系、相互影响，共同保障了磁浮列车的安全运行。而当列车发生故障时，不仅需要进行故障检测，更重要的是能对故障后果的严重程度给予合适的评估，因为某个设备发生的故障等级情况不一定代表列车的故障状况；反过来多个设备的轻微故障综合起来，对于列车则可能是严重故障。因此其评估结果的准确性直接关系到列车能否继续安全行驶和维护检修的工作量大小。目前，实用化磁浮列车采用驾驶员人工驾驶+自动防护的运行模式，所有和车辆运行相关的状态和故障数据都集中在车载状态监测与故障评估系统中。

对磁浮列车系统故障等级评估，既要考虑设备部件或某功能子系统发生严重故障时对列车系统的影响，也要考虑发生某些次要故障时对列车系统的影响。磁浮列车故障等级评估工作涉及多个影响因素，各个因素的属性又分为不同的类别和层次，且许多影响因素难以量化，因而具有一定的模糊性。对于这样因素众多又具有不同层次的复杂系统，如果仅用简单的综合评估模型，往往很难比较系统中各因素之间的优劣次序，从而得不出有意义的评估结果。考虑到磁浮列车故障等级评估的主要特点，需建立一套能从总体上反映评估对象本质的评估模型，并能够将列车底层设备故障发生情况综合成一个能够从总体上衡量磁浮列车故障等级情况的综合指标。通过分析比较各种综合评估方法的特点，并参考国内外轮轨铁路车辆系统故障综合评估方法，本书提出采用模糊综合评估方法对磁浮列车系统进行故障综合评估。

模糊综合评估方法是应用模糊关系合成的原理，从多个因素对评估事物隶属度等级状况进行综合评估的一种方法。通过建立在模糊集合概念上的数学规则，该方法能够对难以精确描述的概念采用模糊隶属度函数进行表达和处理。故障模糊综合评估就是应用模糊变换原理及相应的评估原则，根据各故障原因与故障单元之间的不同程度的因果关系,在综合考虑所有故障单元的基础上进行综合分析,估计其影响,以评估系统的故障级别。该方法是一种综合模糊理论和隶属原则的方法,它采用模糊数学中的隶属度概念表示故障征兆和征兆论域的模糊关系,并引入了一种重要程度系数即权重来解决多种故障的综合评估问题。

5.2 故障模糊综合评估方法与模型分析

磁浮列车故障模糊综合评估方法综合考虑所有影响评估结果的因素,并给各因素分配一定的权重值,通过模糊矩阵运算给出综合评估结果,确定列车系统的故障等级,提示驾驶员或列车自动驾驶系统采取措施,以预防灾难性事故的发生。

5.2.1 故障模糊综合评估方法

1) 单层次故障模糊综合评估模型

首先介绍模糊评估模型建立中的几个相关概念。

评估因素集 $U=\{u_1,u_2,\cdots,u_n\}$,是所有影响评估结果的因素 u_i 集合,因素 u_i 表示底层设备或部件级故障。评估等级集 $V=\{v_1,v_2,\cdots,v_m\}$,评估结果根据具体要求划分的评估等级共 m 级。系统故障可划分为三个级别,$V=\{$轻微故障,一般故障,严重故障$\}$。

因素评估矩阵 $\underset{\sim}{R}\in F(U\times V)$,可表示为

$$\underset{\sim}{R}=\begin{bmatrix}f(u_1)\\f(u_2)\\\vdots\\f(u_n)\end{bmatrix}=\begin{matrix}u_1\\u_2\\\vdots\\u_n\end{matrix}\begin{bmatrix}\phantom{r_{11}}v_1 & v_2 & \cdots & v_m\\r_{11} & r_{12} & \cdots & r_{1m}\\r_{21} & r_{22} & \cdots & r_{2m}\\\vdots & \vdots & \vdots & \vdots\\r_{n1} & r_{n2} & \cdots & r_{nm}\end{bmatrix} \quad (5-1)$$

$\underset{\sim}{R}\in F(U\times V)$ 表示 U 到 V 的模糊关系矩阵,其中 $f(u_i)$ 表示对因素 u_i 进行评估所得到的评估结果,而 r_{ij} 表示对因素集中 u_i 因素进行评估,评估结果在评估集 v_j 等级上的份额。

权重集 $\underset{\sim}{A}=\{a_1,a_2,\cdots,a_n\}$,其中 $a_i(0\leqslant a_i\leqslant 1)$ 称为因素 u_i 的重要程度系数,且权重集中各元素满足条件 $\sum_{i=1}^{n}a_i=1$。当模糊关系矩阵 $\underset{\sim}{R}$ 和权重集 $\underset{\sim}{A}$ 确定后,可以采用式

(5-2)来进行模糊综合评估,单层次模糊综合评估可用图 5-1 所示框图表示:

$$B = A \circ R \in F(V), 其中 B = \{b_1, b_2, \cdots, b_m\} \quad (5-2)$$

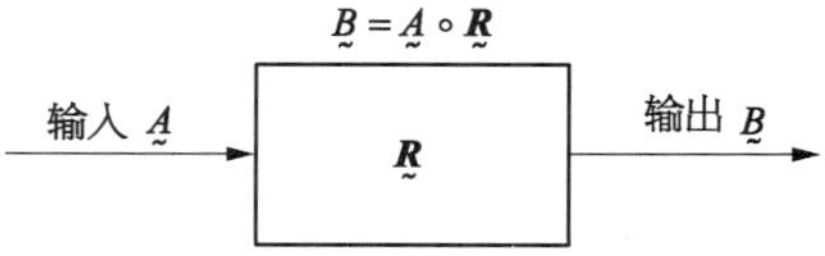

图 5-1 单层次模糊综合评估过程框图

综合评估结果 B 是评估集 V 上的模糊子集, b_j 为等级 v_j 对综合评估所得模糊子集 B 的隶属度。由于模糊综合评估集 B 也是评估集 V 上的模糊子集,为此还须对评价指标进行处理,目前处理方法有多种,包括最大隶属度法、加权平均法、模糊分布法等,不过这些方法都各有特点,需要针对不同的评估对象进行适当的选用。

在广义模糊运算下, B 的各元素为

$$b_j = (a_1 \dot{*} r_{1j}) \overset{+}{*} (a_2 \dot{*} r_{2j}) \overset{+}{*} \cdots \overset{+}{*} (a_n \dot{*} r_{nj}) \quad (5-3)$$

式中, $j=1, 2, \cdots, m$; $\dot{*}$ 为广义模糊"与"运算; $\overset{+}{*}$ 为广义模糊"或"运算;可将模型简记为 $M(\dot{*}, \overset{+}{*})$。通过式中的广义"与"运算 $a_i \dot{*} r_{ij}$ 的结果 r_{ij}^*,是在全面综合考虑各种因素的影响时,因素 u_i 对评估等级 v_j 的隶属度,也就是在单独考虑因素 u_i 在总评估中的影响程度 a_i 时,对属于等级 v_j 的隶属度 r_{ij} 进行的调整;而广义"或"运算 $\overset{+}{*}$ 就是对各个调整后的隶属度 r_{ij}^* 进行综合处理,即可求得合理的综合评估结果。

2) 多层次故障模糊综合评估模型

在复杂系统中,由于影响系统故障的因素很多,并且各因素之间往往还有层次之分,在这种复杂的情况下,用单层次综合评估模型难以比较系统中诊断对象之间的优劣次序,得不出有意义的评估结果,即会使故障重要程度模糊子集难以分配而导致运算后淹没许多信息,致使评估系统会忽略可能对系统造成重大安全隐患的"小"故障。如果遇到这种情况,可把故障集合按照某些属性分成几类,先对每一类做综合评估,然后在对各类评估结果的基础上进行更高一层次的综合评估,即采用多层次模糊综合评估模型。现以三层评估模型为例来说明多层评估模型的评估步骤,这种评估过程可用图 5-2 所示框图表示。

设 $U = \{u_1, u_2, \cdots, u_N\}$ 表示第一层(最高层)评估因素集,对应的权重集为 $A = \{a_1, a_2, \cdots, a_N\}$,模糊约束关系为 R; $U_i = \{u_{i1}, u_{i2}, \cdots, u_{in_j}\}$ 表示第二层(中间层)评估因素集,因素集 U_i 对应的权重集用 A_i 表示,模糊约束关系用 R_i 表示; $U_{ij} = \{u_{ij1}, u_{ij2}, \cdots, u_{ijl}\}$ 表示第三层(最底层)评估因素集,因素集 U_{ij} 对应的权重集用 A_{ij} 表示,模糊约束关系用 R_{ij} 表示。

具体的评估步骤如下:

(1) 第三层综合评估。根据系统相应的检测设备状态模块计算设备故障严重程度的隶属度值 $S(U_{ij}) = (S_1, S_2, \cdots, S_l)$,由此可以求得第三层评估因素集 U_{ij} 的故障评估结果 $B_{ij} = [A_{ij} \times S(U_{ij})] \circ R_{ij}$,并确定下一层模糊关系矩阵 R_i 为

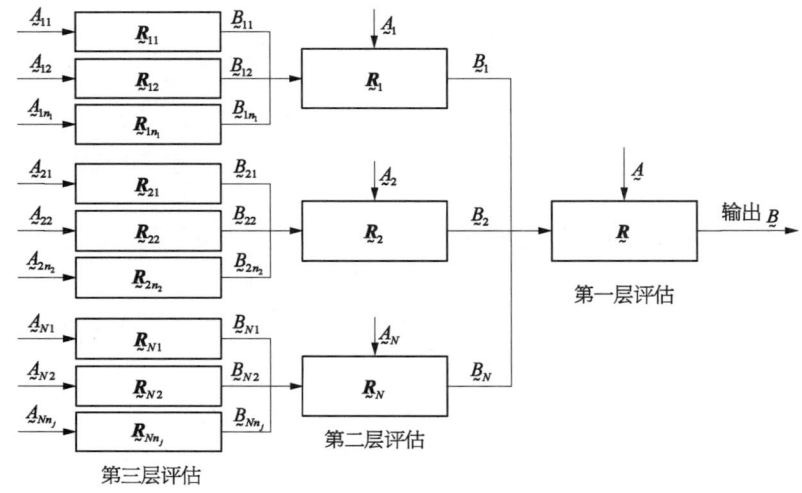

图 5-2　多层次模糊综合评估过程框图

$$\underset{\sim}{\boldsymbol{R}}_i = [\underset{\sim}{B}_{i1} \quad \underset{\sim}{B}_{i2} \quad \cdots \quad \underset{\sim}{B}_{im}]^{\mathrm{T}} \quad (5-4)$$

（2）第二层综合评估。对因素集 U_i 进行评估得 $\underset{\sim}{B}_i$，以及确定下一层模糊关系矩阵 $\underset{\sim}{\boldsymbol{R}}$：

$$\underset{\sim}{B}_i = \underset{\sim}{A}_i \circ \underset{\sim}{\boldsymbol{R}}_i \quad (5-5)$$

$$\underset{\sim}{\boldsymbol{R}} = [\underset{\sim}{B}_1 \quad \underset{\sim}{B}_2 \quad \cdots \quad \underset{\sim}{B}_N]^{\mathrm{T}} \quad (5-6)$$

（3）第一层综合评估。对因素集 U 进行评估得评估结果 $\underset{\sim}{B}$，采用最大隶属度法确定系统故障级别：

$$\underset{\sim}{B} = \underset{\sim}{A} \circ \underset{\sim}{\boldsymbol{R}} \quad j = \{j \mid \max(\underset{\sim}{b}_j), \underset{\sim}{b}_j \in \underset{\sim}{B}\} \quad (5-7)$$

5.2.2　故障模糊综合评估模型分析

式（5-3）中的广义模糊"与"和"或"运算符，在采用不同的组合时，得到的评估模型是不一样的。理论上，广义模糊运算随"与"和"或"运算含义定义的不同有多种。在实际应用中常见的模型有五种，其特点见表 5-1。

在故障诊断的实际应用中，综合评估结果 $\underset{\sim}{B}$ 值的绝对大小没有多大意义，有意义的是不同诊断对象间的比较，即相对大小。如何选用合适的模型建模视具体问题的需要和可能存在的情况而定，结合磁浮列车具体模型的研究分析如下：

模型 M(∧，∨)只强调主故障的决定作用，即为主故障决定型的综合评估。在主故障和次要故障同时发生时，突出主故障对系统的影响，但却忽略了次要故障对系统的影响，此模型比较适用于单项评估最优就能算作综合评估最优的情况，在某种意义上失去了

表 5-1 五种评估模型的特点比较

模型代号	运算符的含义	特征和适用范围
$M(\wedge, \vee)$	"$\wedge$"、"$\vee$"分别为取小(min)和取大(max)运算,即 $b_j = \bigvee\limits_{i=1}^{m}(a_i \wedge r_{ij})$	特征:"主故障决定型"的综合评估。适用于故障因素较少,强调主导因素起作用的评估模型
$M(\cdot, \vee)$	"$\cdot$"为普通乘法运算,"$\vee$"为取大(max)运算,即 $b_j = \bigvee\limits_{i=1}^{m}(a_i \cdot r_{ij})$	特征:"主故障突出型"的综合评估。适用于 $M(\wedge, \vee)$ 模型失效时,突出主要故障又兼顾其他故障的评估模型
$M(\wedge, \oplus)$	"$\wedge$"为取小(min)运算,"$\oplus$"定义为 $\alpha \oplus \beta = \min(1, \alpha+\beta)$ 运算,$\oplus\sum\limits_{i=1}^{m}$ 为对 m 个数在 $\oplus$ 运算下求和,即 $b_j = \oplus\sum\limits_{i=1}^{m}(a_i \wedge r_{ij})$	特征:"主故障突出型"的综合评估。适用于 $M(\cdot, \vee)$ 模型失效时,只是两者的隶属度求取不同
$M(\cdot, \oplus)$	"$\cdot$"为普通乘法运算,"$\oplus$"定义为 $\alpha \oplus \beta = \min(1, \alpha+\beta)$ 运算,$\oplus\sum\limits_{i=1}^{m}$ 为对 m 个数在 $\oplus$ 运算下求和,即 $b_j = \oplus\sum\limits_{i=1}^{m}(a_i \cdot r_{ij})$	特征:"加权平均型"的综合评估。依权重的大小对所有的故障原因均衡兼顾,比较适用于总和最大的情形
$M(\cdot, +)$	"$\cdot$"和"$+$"分别为普通乘法和加法运算,权系数的和满足条件 $\sum\limits_{i=1}^{m}a_i = 1$,即 $b_j = \sum\limits_{i=1}^{m}(a_i \cdot r_{ij})$	特征:"加权平均型"的综合评估模型。该模型均衡考虑所有故障发生情况,比较适用于要求总和最大的情形

综合评估的意义。而磁浮列车系统故障等级不可能由某个主故障完全决定,列车发生的其他次要故障也会在一定程度上影响评估结果,在这种情况下模型 $M(\wedge, \vee)$ 得不出有意义的结果。

模型 $M(\cdot, \vee)$ 和模型 $M(\wedge, \oplus)$ 突出主故障的作用,同时也能兼顾其他次要故障,即为主故障突出型的综合评估。这两种模型的运算比 $M(\wedge, \vee)$ 模型中的运算精细,一般来说,评估结果既突出了主要故障的影响,又考虑了次要故障因素对系统的影响。值得注意的是,在模型 $M(\cdot, \vee)$ 中,a_i 只是在考虑多故障时 r_{ij} 的修正系数,它虽然与故障 u_i 的重要性程度有关,但没有权系数的意义,各个 a_i 加起来的和也不一定为 1,这就导致在决定评估结果 b_j 时,并未考虑所有故障的影响,而磁浮列车故障综合评估需要综合考虑所有发生故障的影响,所以这种模型也不能满足磁浮列车系统故障等级评估的要求;$M(\wedge, \oplus)$ 模型直接对隶属度做"有上界"相加,在很多情况下也得不出有意义的综合评估结果。另外经过仿真试验程序测试也验证了这两种模型在评估过程中"取大""取小""取上界"运算损失了一些有用信息,导致评估结果不尽如人意。

模型 $M(\cdot, \oplus)$ 和模型 $M(\cdot, +)$ 依权重的大小均衡考虑各种因素，即为加权平均型的综合评估，适合于各层次之间评估因素重要度相当的情形。但模型 $M(\cdot, \oplus)$ 在主故障和很多次要故障同时发生时，由于在运算过程中对隶属度做"有上界"相加，导致有可能舍去某些次要故障因素在系统中的作用，而得出不恰当的结论；模型 $M(\cdot, +)$ 在计算时综合考虑了所有因素的影响，采用加权的方法既强调了主要因素的影响，又能使其他因素在评估中均能发挥应有的作用，充分利用了所有信息，避免了在模糊矩阵的复合运算中取大数时丢小数、取小数时丢大数所带来的不利影响，这样就能使评估成为名副其实的综合评估，能够比较准确地反映系统的整体特性。

本节研究对象是众多因素级组成的磁浮列车系统的故障级别评估，需要综合考虑各类设备部件故障因素，而这些设备部件的故障严重程度对列车系统的影响是不同的，甚至可能会出现多个设备的次要故障综合起来，对列车系统来说就是个危害性较大的故障的情况。因此，对磁浮列车系统故障的综合评估模型选用 $M(\cdot, +)$，同时兼顾主要故障和次要故障因素对系统的影响，体现列车系统的整体性。另外针对综合评估结果 $\tilde{B}$，参照目前轨道交通的大多数做法，采用最大隶属度法则进行故障级别评定。

5.3　故障模糊综合评估模型

本节以我国研制的实用型中低速磁浮列车为研究对象，依据综合评估模型的建模原理，建立磁浮列车系统故障的多层次模糊综合评估模型。

5.3.1　中低速磁浮列车系统组成

中低速磁浮列车作为一种新型城市轨道交通工具，其组成与城市地铁、轻轨的系统类似，主要由车辆、线路轨道、地面供电、运行控制与维护四个大系统组成，其中运行控制、地面供电可采用城市地铁、轻轨相同的技术，线路、桥梁以及隧道技术与现有轨道交通技术基本相同。

1) 车辆系统

车辆系统主要由车体结构、转向架、供电系统、悬浮系统、牵引系统、制动系统、列车控制与诊断系统等组成。除转向架和悬浮导向系统外，其他系统技术与传统轮轨车辆技术类似。

（1）供电系统。供电系统用于完成从单一的输入电源到各种类型的输出电源的变换，以满足列车所有设备的供电需求。车载电源系统主要包括直流变直流 330 V、110 V

及直流变三相交流 380 V 三类电源。

(2) 悬浮系统。磁浮列车区别于普通轮轨列车的特殊之处就在于磁浮列车在行进过程中不与轨道接触,而是悬浮于轨道之上,悬浮控制系统也是磁浮列车的专有系统。

CMS04 磁浮列车由 5 个独立转向架支撑,每个转向架又分左、右 2 个悬浮模块,每个模块上有 4 个电磁铁,对应 2 个悬浮控制点,即一辆车共有 20 个悬浮控制点,每个悬浮控制点(即一个悬浮单元)由悬浮传感器(位置、加速度和电流传感器)、悬浮控制器、功率斩波器及控制电源等辅助设备组成。

(3) 牵引系统。每辆磁浮列车由 10 台直线电机牵引,在每个转向架两侧模块上各安装一台。电机采用 5 串 2 并的连接方式,由一台变频牵引逆变器(即主牵引逆变器)供电。主牵引逆变器实现了直流 1 500 V 电压到交流电压的转换,以实现磁浮列车的牵引功能。

(4) 制动系统。制动系统由制动指令发生及传输系统、制动控制系统、动力制动装置、基础制动装置、风源系统、风缸、气动系统等组成。

(5) 列车控制与诊断系统。主要包括车辆级和列车级控制与诊断计算机、连接设备与诊断计算机之间的控制网络等,主要实现全列车设备控制、监测与故障记录与评估。

2) 线路轨道系统

线路轨道系统包括轨道、道岔、线路基础等。其中,轨道由 F 型导轨与钢轨枕装配成的轨排、接头及轨排固定件等组成,与车辆共同作用产生悬浮力、导向力和牵引力,承载列车运行。道岔为实现磁浮车转换线路的设施。线路基础部分包括轨道梁、桥墩或支墩、墩台等,是轨道的支撑体。

3) 运行控制系统

运行控制系统的主要任务是在保证列车和乘客安全的前提下,实现列车快速、高密度、有序运行。由于中低速磁浮列车的牵引及供电方式与地铁、轻轨基本一致,故两者的运行控制系统所采用的技术也基本相同,只是车地数据通信和测速定位方式不一样。中低速磁浮交通系统的运行控制系统按照其功能和所在位置划分为列车自动监测子系统(在控制中心)、区域控制中心(在车站)、基于感应环线的车地通信系统(在线路旁)、车载运行控制子系统(在车辆上)。

4) 地面供电系统

地面供电系统与地铁、轻轨相同,主要为车辆运行提供 1 500 V 直流电。

目前唐山试验线磁浮车辆采用人工驾驶方式,所有系统的状态信息和故障信息都需要在驾驶室的列车级车载监测与评估系统上显示,以方便驾驶员操作,因此在工程上首先进行了车载状态监测和故障综合评估系统的实现,其次是地面系统的故障综合评估。考虑磁浮列车车载电气设备数量和层次多且关系密切,下面的故障模糊综合评估实例分析均以车载状态监测与故障综合评估为例进行。车载状态监测与评估对象主要包括车辆电气系统各部件及影响悬浮稳定性的线路轨道随机不平顺等,其主要构成如图 5-3 所示。

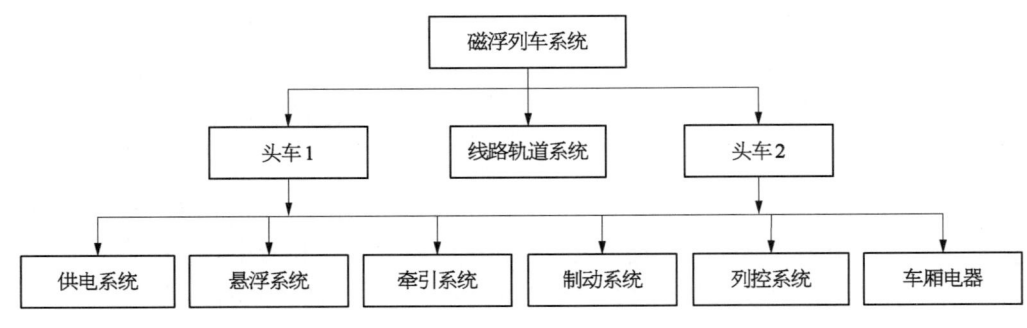

图 5-3 列车系统主要构成

5.3.2 评价集与因素集层次的划分

1) 评价集的划分

参考铁路、地铁和轻轨的做法,把磁浮列车故障等级分为以下 3 个等级:

列车一级故障——不影响运行的故障已发生,可以继续运行,要求在结束本日运行后,到维修基地检修,属于轻微故障;

列车二级故障——功能性故障已发生,必须按照本系统的提示,降功率 1/4 或切除 1/4 功率后降速运行,到终点站后进行检修,属于一般故障;

列车三级故障——严重故障已发生,必须按本系统提示降功率 1/2 或切除 1/2 功率降速运行,到下一站,全部旅客下车,进入维修基地检修,属于严重故障。

对磁浮列车的设备或部件的故障等级规定如下:

设备 A 级故障——存在某些故障或发生过某些故障,但主要功能正常;

设备 B 级故障——发生影响主要功能的故障;

设备 C 级故障——发生破坏主要功能的严重故障。

2) 因素集层次的划分

磁浮列车实际商业运行时大多采用多车编组运行,但由于多车编组连挂运行时,供电、牵引和制动子系统的设计存在冗余,使得不同编组情况时单辆车的这些子系统部件或设备故障对列车级故障影响是不一样的。磁浮列车每节车辆的供电系统结构一致,其中 DD330 V 电源失效故障将影响悬浮,AD110 V 电源失效故障将影响整车的控制,列车编组运行设计时采用各车的 DD330 V 和 AD110 V 分别并联全列车供电,各车 AC380 V 电源采用扩展供电方法,即各车的 DD330 V、AD110 V 和 AC380 V 容量设计时考虑了在单辆车的电源故障下,其他辆车的电源可以向故障车供电。因此,DD330 V、AD110 V、

AC380 V 电源牵引和制动系统的故障对多辆车编组的列车和单辆车的影响是不一样的。下面以一列两编组的实际运行磁浮列车故障综合评估模型建立为例做一介绍。

首先根据功能分块,把每辆车的底层设备分为 8 类、20 项。根据 5.3.1 节组成结构分析,并考虑磁浮列车系统底层设备项目繁多,确定选择构建四层综合评估模型。为此根据各因素在系统中实现的功能将评估因素集划分为:第一层评估因素集,由 8 类因素组成,其评估结果直接影响列车系统故障评估级别;第二层评估因素集,由 19 类因素组成,其评估结果影响第一层因素集评估;第三层评估因素集,评估结果影响第二层因素集评估,且每个因素对应一种设备,根据其故障严重程度可以分为三级(A 级:轻微、B 级:偏离、C 级:失效);第四层评估因素集,是为了对评估模型的底层细化而引入的一个划分,其评估结果影响第三层因素集评估。最终列车级故障综合评估结果划分为三个级别:轻微故障、一般故障、严重故障。

根据上述各设备或部件因素集分级,确定模糊综合评估模型各层次的因素集。所得磁浮列车评估因素集及设备或部件故障级别划分见表 5-2。

表 5-2 磁浮列车评估因素集及设备或部件故障级别划分

第一层因素集	第二层因素集	第三层因素集	设备或部件名称	设备或部件故障现象及故障等级				
				1 级故障	2 级故障	3 级故障	4 级故障	5 级故障
U_1	u_{11}	u_{111}	头车 1 AD110 V 电源故障	1 个 A 级	2 个以上 A 级或 1 个 B 级	2 个以上 B 级	1 个 C 级	2 个以上 C 级
	u_{12}	u_{121}	头车 1 DD830 V 电源故障	1 个 A 级	2 个以上 A 级或 1 个 B 级	2 个以上 B 级	1 个 C 级	2 个以上 C 级
	u_{13}	u_{131}	头车 1 SIV 电源故障	1 个 A 级	2 个以上 A 级或 1 个 B 级	2 个以上 B 级	1 个 C 级	2 个以上 C 级
	u_{14}	u_{141}	头车 2 AD110 V 电源故障	1 个 A 级	2 个以上 A 级或 1 个 B 级	2 个以上 B 级	1 个 C 级	2 个以上 C 级
	u_{15}	u_{151}	头车 2 DD830 V 电源故障	1 个 A 级	2 个以上 A 级或 1 个 B 级	2 个以上 B 级	1 个 C 级	2 个以上 C 级
	u_{16}	u_{161}	头车 2 SIV 电源故障	1 个 A 级	2 个以上 A 级或 1 个 B 级	2 个以上 B 级	1 个 C 级	2 个以上 C 级
U_2	u_{21}	u_{211}	头车 1 悬浮控制器 1 故障	1 个 A 级	1 个 B 级	2 个以上 B 级	1 个 C 级	2 个以上 C 级
		⋮	⋮	同上	同上	同上	同上	同上
		$u_{21(10)}$	头车 1 悬浮控制器 10 故障	1 个 A 级	1 个 B 级	2 个以上 B 级	1 个 C 级	2 个以上 C 级
	u_{22}	u_{221}	头车 2 悬浮控制器 1 故障	1 个 A 级	1 个 B 级	2 个以上 B 级	1 个 C 级	2 个以上 C 级

(续表)

第一层因素集	第二层因素集	第三层因素集	设备或部件名称	设备或部件故障现象及故障等级				
				1级故障	2级故障	3级故障	4级故障	5级故障
U_2	u_{22}	⋮ $u_{22(10)}$	⋮ 头车2悬浮控制器10故障	同上 1个A级	同上 1个B级	同上 2个以上B级	同上 1个C级	同上 2个以上C级
U_3	u_{31}	u_{311}	头车1牵引单元故障	1个A级	1个B级	2个以上B级	1个C级	2个以上C级
	u_{32}	u_{321}	头车2牵引单元故障	1个A级	1个B级	2个以上B级	1个C级	2个以上C级
U_4	u_{41}	u_{411}	头车1制动单元故障	1个A级	1个B级	2个以上B级	1个C级	2个以上C级
	u_{42}	u_{421}	头车2制动单元故障	1个A级	1个B级	2个以上B级	1个C级	2个以上C级
U_5	u_{51}	u_{511}	头车1测速系统故障			1个A级	1个B级	1个以上C级
	u_{52}	u_{521}	头车2测速系统故障			1个A级	1个B级	1个以上C级
U_6	u_{61}	u_{611}	头车1 DXM故障	1个A级	1个B级	2个以上B级	1个C级	2个以上C级
		u_{612}	头车1 RCM故障			1个A级	1个B级	2个以上C级
		u_{613}	头车1 AXM故障		1个A级	1个B级	1个C级	2个以上C级
	u_{62}	u_{621}	头车2 DXM故障	1个A级	1个B级	2个以上B级	1个C级	2个以上C级
		u_{622}	头车2 RCM故障			1个A级	1个B级	1个以上C级
		u_{623}	头车2 AXM故障		1个A级	1个B级	1个C级	2个以上C级
U_7	u_{71}	u_{711}	空调系统故障	1个A级	1个B级	2个以上B级	1个C级	2个以上C级
	u_{72}	u_{721}	空压系统故障	1个A级	1个B级	2个以上B级	1个C级	2个以上C级
	u_{73}	u_{731}	车门系统故障	1个A级	1个B级	2个以上B级	1个C级	2个以上C级
U_8	u_{81}	u_{811}	轨道系统故障			1个以上A级	1个B级	1个以上C级

注：RCM—CAN通信接口模块；DXM—数字量输入输出模块；AXM—模拟量输入输出模块。

具体描述如下：

(1) 第一层因素集 $U=\{U_1, U_2, \cdots, U_8\}$，其中 $1 \leqslant i \leqslant 8$。$U_1$：供电系统故障；$U_2$：悬浮系统故障；$U_3$：牵引系统故障；$U_4$：制动系统故障；$U_5$：测速系统故障；$U_6$：列控系统故障；$U_7$：车厢电器故障；$U_8$：轨道系统故障。

(2) 第二层因素集 $U_i = \{u_{i1}, u_{i2}, \cdots, u_{ik}\}$。

$U_1 = \{u_{11}, u_{12}, \cdots, u_{16}\}$，其中，$u_{11}$：头车 1 AD110 V 电源系统故障；$u_{12}$：头车 1 DD330 V 电源系统故障；$u_{13}$：头车 1 SIV 电源系统故障；$u_{14}$：头车 2 AD110 V 电源系统故障；$u_{15}$：头车 2 DD330 V 电源系统故障；$u_{16}$：头车 2 SIV 电源系统故障。

$U_2 = \{u_{21}, u_{22}\}$，其中，u_{21}：头车 1 悬浮系统故障；u_{22}：头车 2 悬浮系统故障。

$U_3 = \{u_{31}, u_{32}\}$，其中，u_{31}：头车 1 牵引单元故障；u_{32}：头车 2 牵引单元故障。

$U_4 = \{u_{41}, u_{42}\}$，其中，u_{41}：头车 1 制动单元故障；u_{42}：头车 2 制动单元故障。

$U_5 = \{u_{51}, u_{52}\}$，其中，u_{51}：头车 1 测速系统故障；u_{52}：头车 2 测速系统故障。

$U_6 = \{u_{61}, u_{62}\}$，其中，u_{61}：头车 1 列控系统故障；u_{62}：头车 2 列控系统故障。

$U_7 = \{u_{71}, u_{72}, u_{73}\}$，其中，$u_{71}$：空调系统故障；$u_{72}$：空压系统故障；$u_{73}$：车门系统故障。

(3) 第三层因素集 $u_{ij} = \{u_{ij1}, u_{ij2}, \cdots, u_{ijk}\}$。

$u_{21} = \{u_{211}, u_{212}, \cdots, u_{21(10)}\}$，其中，$u_{211}$：头车 1 悬浮控制器 1 故障；$u_{212}$：头车 1 悬浮控制器 2 故障；以此类推，$u_{21(10)}$：头车 1 悬浮控制器 10 故障。

$u_{22} = \{u_{221}, u_{222}, \cdots, u_{22(10)}\}$，其中，$u_{221}$：头车 2 悬浮控制器 1 故障；$u_{222}$：头车 2 悬浮控制器 2 故障；以此类推，$u_{22(10)}$：头车 2 悬浮控制器 10 故障。

$u_{61} = \{u_{611}, u_{612}, u_{613}\}$，其中，$u_{611}$：头车 1 DXM 故障；$u_{612}$：头车 1 RCM 故障；$u_{613}$：头车 1 AXM 故障。

$u_{62} = \{u_{621}, u_{622}, u_{623}\}$，其中，$u_{621}$：头车 2 DXM 故障；$u_{622}$：头车 2 RCM 故障；$u_{623}$：头车 2 AXM 故障。

(4) 第四层因素是针对某一个具体底层设备或部件发生的故障级别 A、B、C 三个等级的一个细分，是对车辆上该设备或部件内部发生故障情况的综合，是为了对评估模型的底层细化而引入的一个划分，第四层因素集可表示为：$u_{ijk} = \{u_{ijk1}, u_{ijk2}, u_{ijk3}, u_{ijk4}, u_{ijk5}\}$，$i=1, 2, \cdots, 8$，式中 u_{ijk} 为第三层因素集中的元素代号。

5.3.3 模糊综合评估模型的建立

根据评估模型的建立原理以及评价集、因素集的划分原则，建立磁浮列车故障状态的列车级故障模糊综合评估模型，如图 5-4 所示。

在模糊综合评估方法中，数据处理的一个难点就是各个因素之间的评估度量不能用一个统一的标准进行评价，如果直接使用每个因素各自的度量方法及其对应的门限值，往往不便于分析和比较各个因素之间的关系。因此，在进行模糊综合评估之前，应先将各因

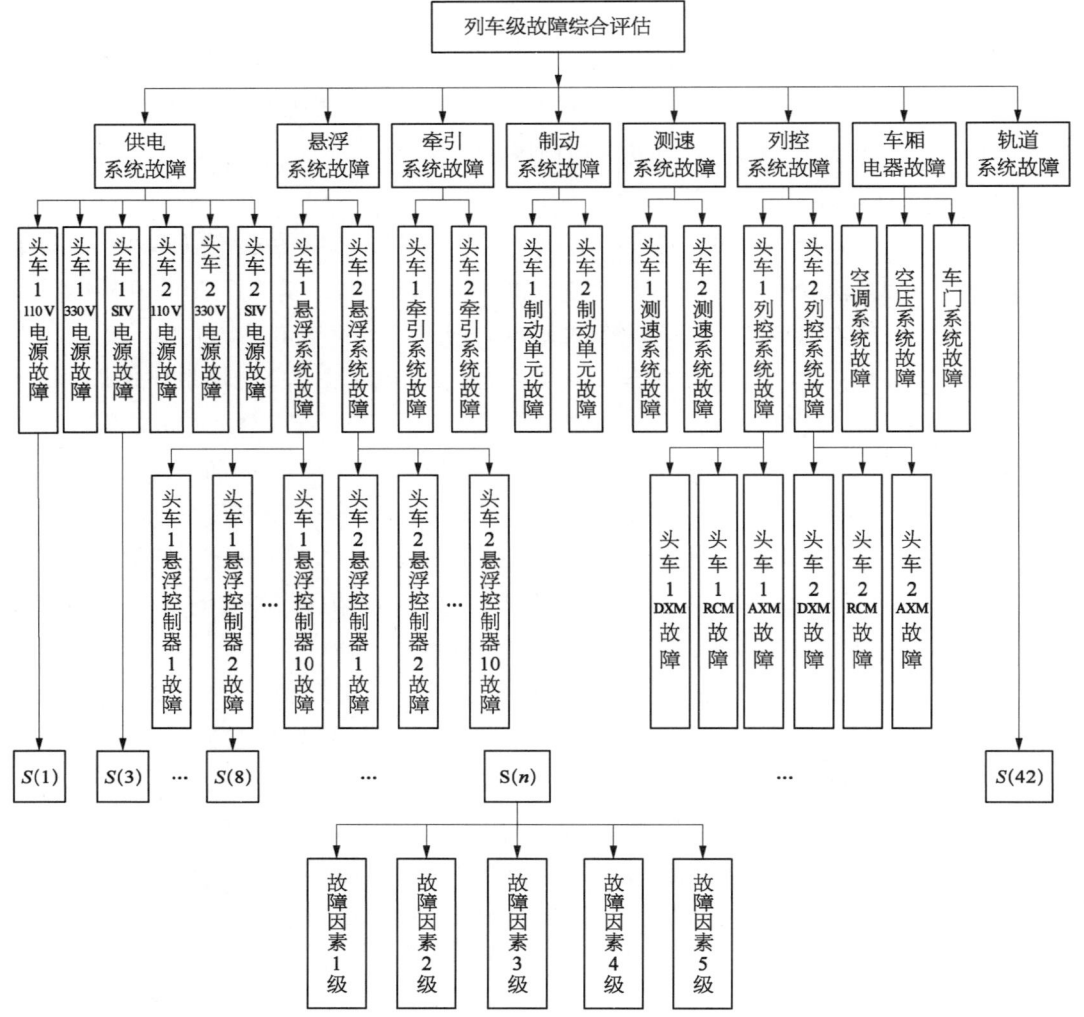

图 5-4　磁浮列车列车级故障模糊综合评估模型

素的度量结果统一变换到[0~1]的范围内,即对评估因素的度量进行归一化,这其中的关键就是要选择构造各个因素的隶属函数及因素之间的权重分配。下一节将着重分析解决该问题。

5.3.4　因素隶属度和因素权重值的分配确定

1) 因素隶属函数的确定

在模糊数学理论中,隶属度是一个关键概念,它是建立模糊集合论的基石。模糊集由隶属函数表示,模糊集的运算通过它们的隶属函数的相应运算来实现,因此隶属函数是描述模糊性的关键所在。隶属函数的具体确定,需要从模糊现象的具体特点出发,要符合一定的客观规律,不能主观任意地指定。由于模糊现象从不同角度分析存在着差异,因此依靠专家和相关操作人员等各方面经验,其结果从具体实践效果中进行反馈比较。根据经验积累,目前常用的确定隶属函数的方法主要有专家确定法、模糊统计法、模糊分布法等几种。不管采用哪一种方法,所确定的隶属度均应通过实践来检验,在使用过程中应利用信息反馈进行不断地调整,以求在实际运用中达到相对稳定。

  磁浮列车作为一种新型交通系统,其组成结构复杂,不可能单独选用其中某种具体方法来确定系统所有设备或部件的隶属度函数,而需要综合利用多种方法进行分门别类地确定对应设备或部件的隶属度。隶属度值(矩阵中元素的值)随设备或部件的不同而不同,经计算并综合专家经验暂且设置如下:

(1) AD110 V 电源 (u_{111},u_{141}),DD330 V 电源 (u_{121},u_{151}),SIV 电源 (u_{131},u_{161})。

$$\underset{\sim}{R}_{111}=\underset{\sim}{R}_{141}=\begin{bmatrix} 0.8 & 0.15 & 0.05 \\ 0.6 & 0.3 & 0.1 \\ 0.1 & 0.75 & 0.15 \\ 0 & 0.35 & 0.65 \\ 0 & 0 & 1 \end{bmatrix}, \underset{\sim}{R}_{121}=\underset{\sim}{R}_{151}=\begin{bmatrix} 0.85 & 0.15 & 0 \\ 0.7 & 0.2 & 0.1 \\ 0.35 & 0.55 & 0.1 \\ 0 & 0.4 & 0.6 \\ 0 & 0.2 & 0.8 \end{bmatrix},$$

$$\underset{\sim}{R}_{131}=\underset{\sim}{R}_{161}=\begin{bmatrix} 0.8 & 0.1 & 0.1 \\ 0.55 & 0.35 & 0.1 \\ 0.2 & 0.65 & 0.15 \\ 0 & 0.25 & 0.75 \\ 0 & 0.05 & 0.95 \end{bmatrix}$$

(2) 悬浮控制器 1(u_{211},u_{221}),悬浮控制器 2(u_{212},u_{222}),…,悬浮控制器 10($u_{21(10)}$,$u_{22(10)}$)。

$$\underset{\sim}{R}_{211}=\underset{\sim}{R}_{212}=\underset{\sim}{R}_{221}=\underset{\sim}{R}_{222}=\cdots=\underset{\sim}{R}_{21(10)}=\underset{\sim}{R}_{22(10)}=\begin{bmatrix} 0.5 & 0.4 & 0.1 \\ 0.3 & 0.5 & 0.2 \\ 0 & 0.7 & 0.3 \\ 0 & 0.85 & 0.15 \\ 0 & 0.05 & 0.95 \end{bmatrix}$$

(3) 头车 1 牵引单元 (u_{311}),头车 2 牵引单元 (u_{321})。

$$\underset{\sim}{R}_{311}=\underset{\sim}{R}_{321}=\begin{bmatrix} 0.7 & 0.15 & 0.15 \\ 0.5 & 0.3 & 0.2 \\ 0.2 & 0.3 & 0.5 \\ 0 & 0.1 & 0.9 \\ 0 & 0 & 1 \end{bmatrix}$$

(4) 头车 1 制动单元（u_{411}），头车 2 制动单元（u_{421}）。

$$\underset{\sim}{R}_{411} = \underset{\sim}{R}_{421} = \begin{bmatrix} 0.5 & 0.35 & 0.15 \\ 0.3 & 0.4 & 0.3 \\ 0.1 & 0.5 & 0.4 \\ 0 & 0.05 & 0.95 \\ 0 & 0 & 1 \end{bmatrix}$$

(5) 头车 1 测速系统（u_{511}），头车 2 测速系统（u_{521}）。

$$\underset{\sim}{R}_{511} = \underset{\sim}{R}_{521} = \begin{bmatrix} 0 & 0 & 0 \\ 0 & 0 & 0 \\ 0 & 0.4 & 0.6 \\ 0 & 0.2 & 0.8 \\ 0 & 0.1 & 0.9 \end{bmatrix}$$

(6) DXM（u_{611}，u_{621}），RCM（u_{612}，u_{622}），AXM（u_{613}，u_{623}）。

$$\underset{\sim}{R}_{611} = \underset{\sim}{R}_{621} = \begin{bmatrix} 0.9 & 0.1 & 0 \\ 0.7 & 0.25 & 0.05 \\ 0.5 & 0.4 & 0.1 \\ 0.2 & 0.5 & 0.3 \\ 0 & 0.6 & 0.4 \end{bmatrix}, \underset{\sim}{R}_{612} = \underset{\sim}{R}_{622} = \begin{bmatrix} 0 & 0 & 0 \\ 0 & 0 & 0 \\ 0 & 0.4 & 0.6 \\ 0 & 0.25 & 0.75 \\ 0 & 0.1 & 0.9 \end{bmatrix}, \underset{\sim}{R}_{613} = \underset{\sim}{R}_{623} =$$

$$\begin{bmatrix} 0 & 0 & 0 \\ 0 & 0.7 & 0.3 \\ 0 & 0.2 & 0.8 \\ 0 & 0.1 & 0.9 \\ 0 & 0 & 1 \end{bmatrix}$$

(7) 空调系统（u_{711}），空压系统（u_{721}），车门系统（u_{731}）。

$$\underset{\sim}{R}_{711} = \begin{bmatrix} 0.9 & 0.1 & 0 \\ 0.75 & 0.25 & 0 \\ 0.55 & 0.4 & 0.05 \\ 0 & 0 & 0 \\ 0 & 0 & 0 \end{bmatrix}, \underset{\sim}{R}_{721} = \begin{bmatrix} 0.6 & 0.4 & 0 \\ 0.4 & 0.55 & 0.05 \\ 0.2 & 0.65 & 0.15 \\ 0 & 0.75 & 0.25 \\ 0 & 0.65 & 0.35 \end{bmatrix}, \underset{\sim}{R}_{731} = \begin{bmatrix} 0.9 & 0.1 & 0 \\ 0.75 & 0.25 & 0 \\ 0.55 & 0.4 & 0.05 \\ 0 & 0 & 0 \\ 0 & 0 & 0 \end{bmatrix}$$

(8) 轨道系统（u_{811}）。

$$\underset{\sim}{\boldsymbol{R}}_{811} = \begin{bmatrix} 0 & 0 & 0 \\ 0 & 0 & 0 \\ 0 & 0.45 & 0.55 \\ 0 & 0.2 & 0.8 \\ 0 & 0 & 1 \end{bmatrix}$$

2) 因素权重系数的分配确定

权重表示各因素间的相对重要程度。在评估因素体系中，每个因素对系统评估结果的重要程度各不相同。合理调整分配因素权重，能体现出系统评估中各因素主次轻重，也能体现出评估因素之间的可比性。可见，权重是综合评估的重要信息，因此权重的确定应根据因素的相对重要性，即各因素对综合评估的"贡献"来确定。目前具体确定权重的方法很多，如定性判定方面有德尔菲(Delphi)法，定量处理方面有主成分分析法，以及定性定量技术相结合的层次分析法(AHP)、环比法(DARE)，等等。目前运用最广泛的是定性定量技术相结合的层次分析法。

层次分析法由美国运筹学家沙旦(T. L. Saaty)于 20 世纪 70 年代提出，其基本思想是先按要求对问题所涉及的因素进行分类，构造一个各因素之间相互联结的梯形层次结构模型，通过两两比较因素之间的相对重要性，给出相应的比例标度，构成上层某因素对下层相关因素的判断矩阵，以给出相关因素对上层某因素的相对重要序列。

针对磁浮列车这一复杂系统，采用层次分析法确定权重是比较有效的工具，因为列车系统中因素众多，而其中许多因素无法通过定量的函数关系来进行量化评估，更多的则是依靠专家的经验进行判断，但是有时面对如此复杂、繁多影响因素的指标体系，即使是经验丰富的专家也难以判断和评估。若将因素两两进行比较，专家还是能够确定它们之间的相对重要性，而层次分析法正是通过因素的两两比较构造两两比较判断矩阵，再经过数学运算，就能间接得到各因素的权重分配。

此处就层次分析法确定权重值提出了三种具体计算方法：(1~9)标度法、(-2~2)标度法、三标度法。综合考虑磁浮列车特点及所建立的故障综合评估模型特点，具体选用(-2~2)标度法来进行权重值的计算，并相应地进行一致性检验。根据(-2~2)标度法确定两编组情况时磁浮列车系统多层次模糊综合评估模型的权重值，见表 5-3。

表 5-3 因素权重集表

权 重 集	权 重 值	一致性检验
$A_{111}, A_{121}, \cdots, A_{211}, \cdots, A_{21(10)}, \cdots, A_{811}$	{0.08, 0.12, 0.15, 0.25, 0.4}	C.R. = 0.05 < 0.1
$A_{11}, A_{12}, A_{13}, A_{14}, A_{15}, A_{16}$	{1}	C.R. = 0 < 0.1

(续表)

权 重 集	权 重 值	一致性检验
A_{21}，A_{22}	{0.1, 0.1, 0.1, 0.1, 0.1, 0.1, 0.1, 0.1, 0.1, 0.1}	C.R.=0<0.1
A_{31}，A_{32}	{1}	C.R.=0<0.1
A_{41}，A_{42}	{1}	C.R.=0<0.1
A_{51}，A_{52}	{1}	C.R.=0<0.1
A_{61}，A_{62}	{0.16, 0.68, 0.16}	C.R.=0<0.1
A_{71}，A_{72}，A_{73}	{1}	C.R.=0<0.1
A_{81}	{1}	C.R.=0<0.1
A_1	{0.17, 0.17, 0.16, 0.17, 0.17, 0.16}	C.R.=0<0.1
A_2	{0.5, 0.5}	C.R.=0<0.1
A_3	{0.5, 0.5}	C.R.=0<0.1
A_4	{0.5, 0.5}	C.R.=0<0.1
A_5	{0.5, 0.5}	C.R.=0<0.1
A_6	{0.5, 0.5}	C.R.=0<0.1
A_7	{0.11, 0.78, 0.11}	C.R.=0<0.1
A_8	{1}	C.R.=0<0.1
A	{0.13, 0.13, 0.13, 0.13, 0.13, 0.13, 0.09, 0.13}	C.R.=0<0.1

5.4 故障模糊综合评估流程与试验

5.4.1 故障模糊综合评估流程框架

图 5-5 为列车故障模糊综合评估流程。根据目前实际两编组情况，列车级故障综合评估系统采用四层次模糊综合评估方法进行逐层评估，最后按最大隶属度法则确定列车发生的故障级别。

具体算法流程如下：

（1）设备或部件故障因素级别融合划分确定。每个故障共分为 5 个等级，检测系统根据表 5-2 来确定设备或部件故障的等级。如设备或部件 u_{ijk} 发生因素 1 级故障，则 $\mathbf{S}(u_{ijk})=(1\ 0\ 0\ 0\ 0)$，所以设 $\mathbf{S}(u_{ijk})=(s_1,s_2,s_3,s_4,s_5)$，对于设备或部件 u_{ijk} 发生因素 l 级故障（$1 \leqslant l \leqslant 5$），则有

$$s_i = \begin{cases} 0, & i \neq l \\ 1, & i = l \end{cases} \tag{5-8}$$

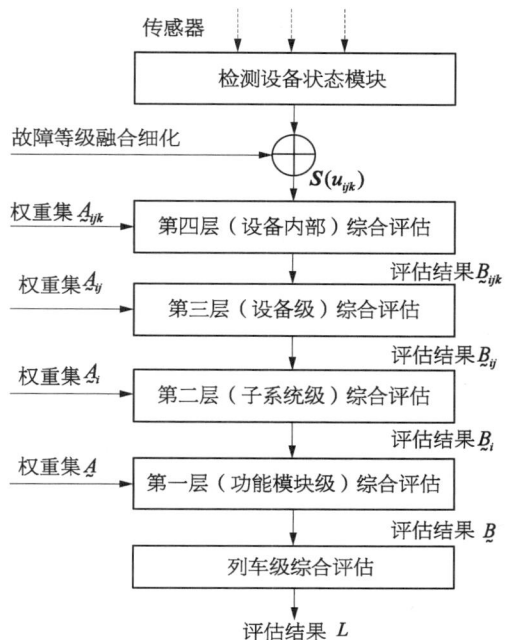

图 5-5　列车故障模糊综合评估流程

（2）第四层综合评估。该层评估是对设备或部件类故障严重程度的综合评估，由（1）得到设备或部件 u_{ijk} 的因素级别约束向量 $\mathbf{S}(u_{ijk})$，因此可以求得对设备或部件类 u_{ijk} 故障评估结果 $\underset{\sim}{B}_{ijk}=[\underset{\sim}{A}_{ijk} \times \mathbf{S}(u_{ijk})] \circ \underset{\sim}{\mathbf{R}}_{ijk}$，其中"×"为点乘运算、"∘"为合成运算，合成运算根据 5.2.2 节分析采用 M（·，+）模型所定义的普通乘法和普通加法运算。

（3）第三层综合评估。该层评估是对子系统级的综合评估，评估公式如下：

$$\underset{\sim}{B}_{ij} = \underset{\sim}{A}_{ij} \circ \underset{\sim}{\mathbf{R}}_{ij} \tag{5-9}$$

$$\underset{\sim}{\mathbf{R}}_{ij} = [\underset{\sim}{B}_{ij1}, \underset{\sim}{B}_{ij2}, \cdots, \underset{\sim}{B}_{ijn}]^T \tag{5-10}$$

式中，T 表示矩阵转置；n 表示因素子集 u_{ij} 共有 n 个子因素，$i=1,2,\cdots,6$。

（4）第二层综合评估。该层评估是对功能模块级的综合评估，评估公式如下：

$$\underset{\sim}{B}_i = \underset{\sim}{A}_i \circ \underset{\sim}{\mathbf{R}}_i \tag{5-11}$$

$$\underset{\sim}{\mathbf{R}}_i = [\underset{\sim}{B}_{i1}, \underset{\sim}{B}_{i2}, \cdots, \underset{\sim}{B}_{in}]^T \tag{5-12}$$

式中，T 表示矩阵转置；n 表示因素子集 U_i 共有 n 个子因素，$i=1,2,\cdots,6$。

（5）第一层综合评估。该层评估是对列车系统故障级别的评估，评估公式如下：

$$\underset{\sim}{B} = \underset{\sim}{A} \circ \underset{\sim}{\mathbf{R}} \tag{5-13}$$

$$\underset{\sim}{\mathbf{R}} = [\underset{\sim}{B}_1\ \underset{\sim}{B}_2\ \cdots\ \underset{\sim}{B}_6]^T \tag{5-14}$$

（6）确定评估结果。最后计算出集合 $\underset{\sim}{B}=(b_1,b_2,b_3)$，按照最大隶属度法则确定列车系统发生的故障级别：

$$j = \{i \mid \max(b_i), b_i \in \underset{\sim}{B}\} \tag{5-15}$$

5.4.2　故障模糊综合评估试验分析

(1) 若整列车系统发生如下故障：列车车载监测诊断系统检测到头车 1 车辆设备 AD110 V 电源输出过流（一个 C 级故障），则列车系统故障综合评估过程如下。

① 设备内部故障因素级别确定。根据表 5-2，头车 1 设备 AD110 V 电源因素 4 级故障，于是得到设备 AD110 V 电源内部 u_{111} 的因素级别约束向量 $\boldsymbol{S}(u_{111})$ 为

$$\boldsymbol{S}(u_{111}) = (0 \quad 0 \quad 0 \quad 1 \quad 0)$$

② 第四层综合评估。根据式 $\underset{\sim}{\boldsymbol{B}}_{ijk} = [\underset{\sim}{\boldsymbol{A}}_{ijk} \times \boldsymbol{S}(u_{ijk})] \circ \underset{\sim}{\boldsymbol{R}}_{ijk}$ 得

$$\begin{aligned}
\underset{\sim}{\boldsymbol{B}}_{111} &= [\underset{\sim}{\boldsymbol{A}}_{111} \times \boldsymbol{S}(u_{111})] \circ \underset{\sim}{\boldsymbol{R}}_{111} \\
&= [(0.08, 0.12, 0.15, 0.25, 0.4) \times (0 \quad 0 \quad 0 \quad 1 \quad 0)] \circ \begin{bmatrix} 0.8 & 0.15 & 0.05 \\ 0.6 & 0.3 & 0.1 \\ 0.1 & 0.75 & 0.15 \\ 0 & 0.35 & 0.65 \\ 0 & 0 & 1 \end{bmatrix} \\
&= (0 \quad 0.0875 \quad 0.1625)
\end{aligned}$$

③ 第三层综合评估。由于其他设备或部件无故障发生，因此其他设备或部件的内部第四层评估结果均为 (0　0　0)，第三层因素集与评价集间的模糊约束矩阵为

$$\underset{\sim}{\boldsymbol{R}}_{11} = [\underset{\sim}{\boldsymbol{B}}_{111}]^{\mathrm{T}} = [0 \quad 0.0875 \quad 0.1625]$$

综合评估结果为

$$\underset{\sim}{\boldsymbol{B}}_{11} = \underset{\sim}{\boldsymbol{A}}_{11} \circ \underset{\sim}{\boldsymbol{R}}_{11} = [1] \circ [0 \quad 0.0875 \quad 0.1625] = [0 \quad 0.0875 \quad 0.1625]$$

④ 第二层综合评估。由于其他设备无故障发生，因此其他部件类第三层评估结果均为 (0　0　0)，根据式(5-12)，第二层因素集与评价集间的模糊约束矩阵为

$$\underset{\sim}{\boldsymbol{R}}_1 = [\underset{\sim}{\boldsymbol{B}}_{11} \quad \underset{\sim}{\boldsymbol{B}}_{12} \quad \underset{\sim}{\boldsymbol{B}}_{13} \quad \underset{\sim}{\boldsymbol{B}}_{14} \quad \underset{\sim}{\boldsymbol{B}}_{15} \quad \underset{\sim}{\boldsymbol{B}}_{16}]^{\mathrm{T}} = \begin{bmatrix} 0 & 0.0875 & 0.1625 \\ 0 & 0 & 0 \\ 0 & 0 & 0 \\ 0 & 0 & 0 \\ 0 & 0 & 0 \\ 0 & 0 & 0 \end{bmatrix}$$

由式(5-11)，综合评估结果为

$$B_1 = A_1 \circ R_1 = [0.17 \quad 0.17 \quad 0.16 \quad 0.17 \quad 0.17 \quad 0.16] \circ \begin{bmatrix} 0 & 0.0875 & 0.1625 \\ 0 & 0 & 0 \\ 0 & 0 & 0 \\ 0 & 0 & 0 \\ 0 & 0 & 0 \\ 0 & 0 & 0 \end{bmatrix}$$

$$= [0 \quad 0.014\,875 \quad 0.027\,625]$$

⑤ 第一层综合评估。由式(5-14)得第一层因素集与评价集间的模糊约束矩阵为

$$R = \begin{bmatrix} 0 & 0.014\,875 & 0.027\,625 \\ 0 & 0 & 0 \\ 0 & 0 & 0 \\ 0 & 0 & 0 \\ 0 & 0 & 0 \\ 0 & 0 & 0 \\ 0 & 0 & 0 \\ 0 & 0 & 0 \end{bmatrix}$$

由 $B = A \circ R$，得到综合评估结果为

$$B = A \circ R$$
$$= (0.13, 0.13, 0.13, 0.13, 0.13, 0.13, 0.09, 0.13) \circ R$$
$$= (0 \quad 0.001\,933\,75 \quad 0.003\,591\,25)$$

⑥ 确定评估结果。对于⑤中的综合评估结果 B，应用最大隶属度法则得知，列车系统发生三级严重故障。

(2) 若整列车系统发生如下故障：列车车载监测诊断系统检测到头车2的DD330 V电源系统发生输出过压和输入过压(2个B级故障)，根据表5-2知，头车2的DD330 V电源发生一个因素3级故障，于是得到DD330 V设备内部 u_{151} 的因素级别约束向量 $S(u_{151})$ 为

$$S(u_{151}) = (0 \quad 0 \quad 1 \quad 0 \quad 0)$$

具体故障综合评估级别评估过程同上述情况(1)，同时考虑两编组情况，最终可得

$$B = A \circ R$$
$$= [0.15 * 0.35 * 0.17 * 0.13 \quad 0.15 * 0.55 * 0.17 * 0.13 \quad 0.15 * 0.1 * 0.17 * 0.13]$$
$$= [0.001\,160\,25 \quad 0.001\,823\,25 \quad 0.000\,331\,5]$$

对综合评估结果 $\underset{\sim}{B}$，应用最大隶属度法则得知，列车系统发生二级一般故障。

（3）若整列车系统发生如下故障：列车车载监测诊断系统不仅检测到头车 1 车辆设备 AD110 V 电源输出过流（一个 C 级故障），而且检测到头车 2 的 DD330 V 电源系统发生输出过压和输入过压（2 个 B 级故障），同样根据表 5-2，头车 1 设备 AD110 V 电源发生因素 4 级故障，头车 2 的设备 DD330 V 电源发生一个因素 3 级故障。于是得到 AD110 V 设备内部 u_{111} 的因素级别约束向量 $S(u_{111})$，以及得到 DD330V 设备内部 u_{151} 的因素级别约束向量 $S(u_{151})$ 分别为

$$S(u_{111}) = (0 \quad 0 \quad 0 \quad 1 \quad 0)$$

$$S(u_{151}) = (0 \quad 0 \quad 1 \quad 0 \quad 0)$$

具体故障综合评估级别评估过程同前述情况，也考虑两辆车编组情况，最终可得

$$\begin{aligned}
\underset{\sim}{B} &= \underset{\sim}{A} \circ \underset{\sim}{R} \\
&= 0.13 * [0.17 * 0.15 * 0.35 \quad 0.0875 * 0.17 + 0.15 * 0.55 * 0.17 \\
&\quad 0.17 * 0.1625 + 0.15 * 0.1 * 0.17] \\
&= [0.001\,160\,25 \quad 0.001\,933\,75 + 0.001\,823\,25 \quad 0.003\,591\,25 + 0.000\,331\,5] \\
&= [0.001\,160\,25 \quad 0.003\,757 \quad 0.003\,922\,75]
\end{aligned}$$

由此，综合评估结果 $\underset{\sim}{B}$ 应用最大隶属度法则得知，列车系统发生严重故障。

模糊综合评估是一种综合模糊理论和分级判别的方法。它采用了模糊数学中的隶属度概念表示故障征兆和征兆论域的模糊关系，并引入一种重要程度系数以解决多故障的评估问题；通过长沙试验线和唐山试验线的长期运行考核验证了该方法的可行性。但是该方法一个严重的缺陷是评估权重矩阵和模糊关系矩阵难以确定，通常需要专家根据经验确定，这就造成传统的模糊评估方法人为因素比较大的问题，而且这些经验的获取对于已经长时间运营的轮轨列车可能并非难事，但对于磁浮列车这种新型的交通工具来说就非常困难了。此外，磁浮系统中的电气设备更多、结构更加复杂，也难以利用传统方法制定出精确可靠的模型参数，这也是第 6 章需要研究解决的问题。

第6章

基于分布估计的模糊综合评估参数优化

模糊综合评估是国内外广泛采用的对轮轨列车故障等级进行评估的一种方法。该方法结构简单、易于理解且执行(计算)效率很高,缺点在于模糊模型参数的确定和修改困难。特别是对磁浮列车系统进行故障级别评估而言,模型参数的数量庞大,单纯依赖专家进行制定既不科学也难以将方法普遍推广,而评估模型参数是否合理对故障级别最终判定的正确性有着直接影响。本章针对传统模糊综合评估模型参数难以确定和优化的不足,提出了基于分布估计算法的参数优化方法,通过采用分布估计算法(estimation of distribution algorithm,EDA)对评估模型进行逼近建模,实现了模糊评估模型参数的自动学习和优化。

6.1 概　　述

近年来,机器学习的蓬勃发展令人关注。机器学习与其他学科的交叉往往得到很好的效果。特别是发展迅速的进化学习为各种复杂参数优化问题的解决提供了重要的方法和工具。进化学习基于数据驱动和逼近建模的思想,能够结合给定模型利用实际观测数据进行逼近建模,并且在建模过程中采用进化算法实现模型参数的自动优化。经典的进化算法如遗传算法(genetic algorithms,GA)、进化策略(evolution strategies,ES)、进化规划(evolutionary programming,EP)和遗传规划(genetic programming,GP)等都利用了传统的交叉或者变异算子来完成群体变换的操作。交叉和变异算子的思想来源于生物染色体遗传的相关机理,主要通过直接对个体表达进行遗传操作来生成新的个体表达、扩大问题的搜索空间。

相对于其他机器学习方法如决策树学习、基于神经网络的监督学习方法等,进化计算更适合结合模型进行计算。作为一类随机式的启发算法,其优点是能在可以接受的时间内寻找近似最优解,并且针对大规模参数优化问题具有良好的全局收敛性和噪声条件下的鲁棒性。

分布估计算法是进化计算领域兴起的一类新型随机优化算法,是当前国际智能计算领域的研究热点。EDA继承了遗传算法的进化思想,却又不同于大多数进化计算方法将交叉和变异操作作为产生新种群必要工具的做法,而是通过估计和模拟被选择个体的联合概率分布来实现新种群的生成。这种全新的进化模式能够通过概率模型对变量之间的关系进行建模,从而能有效地解决多变量相关的优化问题。试验分析表明分布估计算法在求解高维问题时表现出了比一般遗传算法更好的性能,应用分布估计算法解决工程和科学中的复杂优化问题具有很大的潜力。

本章针对第5章提出的使用传统模糊综合评估模型参数制定的人为因素比重大、难以准确确定且不利于后续改进的问题,提出了一种基于分布估计算法的模糊综合故障评估模型参数优化方法。通过分布估计算法自动优化模型参数、提高评估的准确程度,并保留了传统的模糊综合评估模型在形式上易于理解且运算效率高的优势,形成优势互补,有利于实现磁浮列车综合故障级别的正确评估。

6.2 分布估计算法的设计思想与特点分析

6.2.1 分布估计算法的基本思想

进化算法是一类随机式的启发算法,优点是能在可以接受的时间内寻找近似最优解,这一点在工程研究领域尤为重要。由于进化算法是对问题整个参数空间给出一种编码方案,而不是直接对问题的具体参数进行处理,从一组初始个体搜索,而不是从某个单一的初始个体开始搜索,因此具有较好的鲁棒性和全局性。但传统的进化算法普遍存在两大问题:

(1) 算法的进化性能与算法本身的参数有很大关系,如果研究人员对具体优化的问题的求解没有什么经验,那么算法参数的选取本身就成为一个寻优问题。

(2) 不同变量之间的相互关系没有在选择和产生个体时被有效考虑,导致算法对种群进化方向的预测变得十分困难。

分布估计算法是一类基于概率模型的进化算法,它没有传统的交叉、变异等遗传操作,是一种全新的进化模式。其基本思想是通过统计学习手段建立解空间内个体(候选解决方案)的概率分布模型,然后选择其中的优势群体(或称种群,由多组个体组成),并根据优势群体的概率模型随机采样产生新的群体,如此反复进行实现群体的进化。这种优化技术能够通过概率模型对变量之间的关系进行建模,从而能有效地解决多变量相关的优化问题。其基本算法过程描述如下:

记 $\boldsymbol{X}=(X_1, X_2, \cdots, X_n)$ 为一组随机矢量,其中 X_i 为随机变量,X_i 的实现值记为 x_i。$\boldsymbol{x}=(x_1, x_2, \cdots, x_n)$ 表示一组候选随机矢量,即个体。D 代表种群,$\boldsymbol{x} \in D$,D_l 表示第 l 代种群,D_l^{Se} 表示第 l 代选择的优势群体,$\rho(x)$ 表示概率分布。

具体流程如下:

① 初始化种群,随机生成 N 组个体作为初始种群;

② 判断是否满足终止条件,否则,重复步骤③、④;

③ 通过对种群 D_{l-1} 的评估，挑选出其中较好的个体作为优势群体 D_{l-1}^{Se}，并构造出 D_{l-1}^{Se} 的概率分布 $p(x)$；

④ 通过上一代优势群体的概率分布采样生成新的种群 D_l，回到步骤②。

根据进化变量的定义域不同，概率模型可以分为离散域的概率分布和连续域的概率分布。目前离散域的分布估计算法研究相对成熟，根据概率模型的复杂度，分布估计算法分为如下种类：

① 独立变量分布估计，如 UMDA（univariate marginal distribution algorithm）、PBIL（population based incremental learning）、CGA（compact genetic algorithm）等；

② 双变量相关分布估计，包括 MIMIC（mutual information maximization for input clustering）、COMIT（combining optimizers with mutual information trees）等；

③ 多变量相关分布估计，包括 ECGA（extended compact genetic algorithm）、FDA（factorized distribution algorithms）、BOA（bayesian optimization algorithm）等。

连续域分布估计算法的设计相对困难，主要原因是每一个连续变量都有无限的取值可能，使得优化算法的搜索空间很大，特别在变量维数较大的情况下这种矛盾更加突出。但由于实际应用中连续的情况更为常见，因此对于该领域也进行了很多研究，概率密度函数线性衰减模型一般采用高斯分布函数形式，如在 UDMA 基础上发展的 UDMAc，在 PBIL 上发展的 PBILc，双变量相关的 MIMICc，多变量相关的有 $EGNA_{ee}$、$EGNA_{BGe}$，等等。

另外，根据概率模型的复杂程度以及不同的采样方法，分布估计算法发展了很多不同的具体实现方法，但是都可以归纳为下面两个主要步骤：

① 构建描述解空间的概率模型。通过对种群的评估，选择优秀的个体集合，然后采用统计学习等手段构造一个描述当前解集的概率模型。

② 由概率模型随机采样产生新的种群。一般地，采用蒙特卡罗方法对概率模型采样得到新的种群。

6.2.2 分布估计算法的特点分析

分布估计算法作为一种新型的进化算法，它的科学价值主要体现在以下几个方面。首先，从生物进化的数学模型上来看，分布估计算法与传统进化算法不同：传统进化算法是基于对种群中的各个个体进行遗传操作（交叉、变异等）来实现群体的进化的，是对生物进化"微观"层面上的数学建模；而分布估计算法则是基于对整个群体建立数学模型，直接描述整个群体的进化趋势，是对生物进化"宏观"层面上的数学建模。其次，分布估计算法给人类解决复杂的优化问题提供了新的工具，它通过概率模型描述变量之间的相互关系，从而对解决非线性、变量耦合的优化问题更加有效；试验表明，分布估计算法能更加有效地解决高维问题，降低时间复杂性。最后，分布估计算法是一种新的启发式搜索策略，是统计学习理论与随机优化算法的结合，与其他智能优化算法的混杂设计将极大丰富混杂优化算法的研究内容，给优化算法的研究提供新的思路。

总之，分布估计算法为求解复杂问题提供了一种有效途径，它具有以下技术特点：

(1) 基本思想简单、实现步骤规范、实用性强。

(2) 搜索过程对优化函数连续性没有要求，可以处理各种连续和离散的优化问题。

(3) 为一种自适应搜索技术，可以把搜索范围集中到适应度较高的部分搜索空间中，从而提高了搜索效率。另外，其搜索方式具有很强的并行性，非常适用于大规模并行的计算机，可以通过多个计算单元同时处理较复杂的高维问题。

(4) 在搜索过程中不容易陷入局部最优，即使在所定义的适应度函数是不连续的、非规则的或有噪声的情况下，它也能以很大的概率找到整体最优解，全局优化求解能力强。

(5) 进化过程简单，父代的统计分析和子代的生成都是采用简单的概率模式，并且概率分布模式可以进行灵活变化。

(6) 提供了一种求解复杂系统优化问题的通用框架，不依赖于问题的具体种类与具体领域。

6.3　分布估计算法的参数优化方法

本书第 5 章已经对磁浮列车建立了故障模糊综合评估模型，该模型的隶属度矩阵和权值矩阵中的未知参数将通过分布估计算法进行确定和优化。本节结合模糊故障综合评估模型的优点，提出采用 EDA 来实现模糊评估模型的参数学习，以充分利用车载监测诊断系统获取的故障状态数据，通过学习、优化未定参数，提高评估准确性。基于 EDA 的模糊模型参数优化流程如图 6-1 所示。

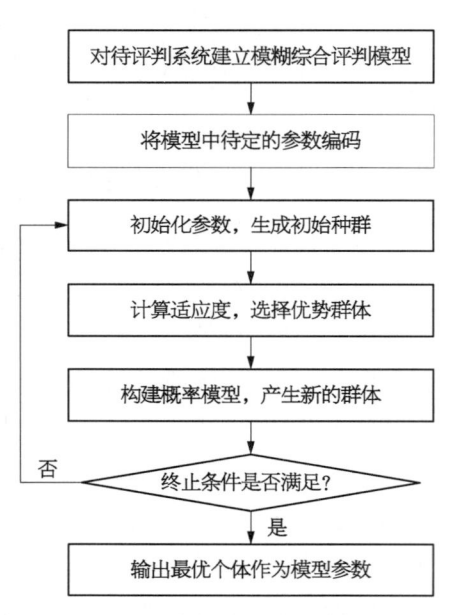

图 6-1　基于 EDA 的模糊模型参数优化流程

6.3.1　参数编码及初始化参数

参数编码及初始化参数主要涉及两部分工作：待优化参数的编码方案设计和 EDA 的参数选择。

1) 待优化参数的编码方案设计

编码的主要任务是建立解空间与种群个体空间的一一对应关系。一般而言，编码主要有完备性、健全性和非冗余性三方面要求。完备性是指解空间中的所有点都能表示为种群个体空间中的点;健全性是指种群个体空间中的所有点都能表示为解空间中的点;非冗余性是指解空间到种群个体空间的一一对应。

根据研究对象的不同,编码可以分为二进制编码和浮点编码。对磁浮列车故障综合评估模型而言,编码是将需要学习的权值和隶属度参数编成行向量。由于参数范围在 0~1 之间,应该采用浮点编码方式。同时,编码时需要充分利用已知信息,尽量减少不必要的变量个数,选择尽可能简单的编码方案以提高进化计算效率。综合评估模型待定参数共有 250 个。由于同层权重值、隶属度相加为 1,以及考虑一些并行设备的同等重要性,最终可以将参数个数精简为 138 个,那么解空间即可编码为 138 维,每个分量范围为 0~1 的数组,从而保证了非冗余。

2) EDA 的参数选择

EDA 的参数选择包括种群数量、截断概率、最大迭代次数等参数的选择。在参数选择问题上,考虑性能和效率相结合的原则是算法应用于实际问题的关键。

6.3.2 适应度的计算

适应度是判断学习个体与实际结果之间的吻合程度的标准,适应度越大,表示个体对实际环境越适应。EDA 在运行中基本上不需要外部信息,只需依据适应度函数来控制种群的更新。根据适应度函数对群体中的每个个体计算其适应度,为群体进化的选择提供依据。设计适应度函数的主要方法是把问题的目标函数转换成合适的适应度函数。因此适应度函数的选取至关重要,直接影响目标函数的收敛速度及能否找到最优解。

对种群内的个体的适应能力评估首先需要对适应度函数进行定义。生物学中的进化问题考察主要存在两种适应度函数:一种情况是适应度函数始终保持不变,比如对确定函数的优化或对一组指定的测试集进行测试;另一种情况下适应度函数是可变的,比如使用特殊环境进行区分或测试集也是伴随进化的。在实际使用过程中,适应度函数的定义没有严格要求,可以使用一般的最小均方误差的倒数作为适应度标准,也可以根据最小风险标准进行定义。

以最小风险为例,设编码形式为 $\boldsymbol{X}=(X_1,X_2,\cdots,X_i,\cdots,X_n)$,$X_i$ 的值表示为 x_i,则随机生成的评价个体为 $\boldsymbol{x}=(x_1,x_2,\cdots,x_i,\cdots,x_n)$,评价函数为综合评估模型 $F(\boldsymbol{x},\alpha)$,其中 $\boldsymbol{x}$ 为模糊参数也即待优化的系数,α 为训练集(测试集)样本故障输入,$f(\alpha)$ 为训练集(测试集)样本故障级别输出,$\lambda_{\|F(\boldsymbol{x},\alpha)-f(\boldsymbol{x})\|}$ 表示风险系数,则适应度函数可以表示为 $1/(\lambda_{\|F(\boldsymbol{x},\alpha)-f(\boldsymbol{x})\|} \cdot \|F(\boldsymbol{x},\alpha)-f(\boldsymbol{x})\|^2)$,为避免除数为 0,定义 $\varepsilon>0$,适应度函数重写成 $1/(\lambda_{\|F(\boldsymbol{x},\alpha)-f(\boldsymbol{x})\|} \cdot \|F(\boldsymbol{x},\alpha)-f(\boldsymbol{x})\|^2+\varepsilon)$。

6.3.3 概率估计模型的构建

概率估计模型的构建是 EDA 的核心,是使用 EDA 实现模型参数优化的关键。概率模型由两大部分组成:结构和一组局部广义概率密度。设 $\boldsymbol{X}=(X_1, X_2, \cdots, X_i, \cdots, X_n)$ 为一组随机矢量,随机生成的评估个体为 $\boldsymbol{x}=(x_1, x_2, \cdots, x_i, \cdots, x_n)$。$S$ 表示 $\boldsymbol{X}$ 的结构,$\rho(x)$ 表示 $\boldsymbol{X}$ 的局部广义概率密度。X_i 的父节点变量集合为 $Pa_i^S(i=2, \cdots, n)$,由于 X_i 仅与其父节点相关,那么 X_i 与 $\{X_1, \cdots, X_n\} \backslash Pa_i^S$ 独立,从而概率分布(密度)可以进行如下分解:

$$\begin{aligned}
\rho(\boldsymbol{x}) &= \rho(x_1, \cdots, x_n) \\
&= \rho(x_n \mid x_1, \cdots, x_{n-1}) \rho(x_1, \cdots, x_{n-1}) \\
&= \rho(x_n \mid x_1, \cdots, x_{n-1}) \cdots \rho(x_i \mid x_1, \cdots, x_{i-1}) \cdots \rho(x_2 \mid x_1) \cdot \rho(x_1) \\
&= \rho(x_1) \cdot \rho(x_2 \mid Pa_2^S) \cdots \rho(x_i \mid Pa_i^S) \cdots \rho(x_n \mid Pa_n^S) \\
&= \prod_{i=1}^{n} \rho(x_i \mid Pa_i^S)
\end{aligned} \tag{6-1}$$

假设局部广义概率密度与有限参数集 θ_S 相关 ($\theta_S \in \boldsymbol{\Theta}_S$),那么之前的方程可以表示如下:

$$\rho(\boldsymbol{x} \mid \theta_S) = \prod_{i=1}^{n} \rho(x_i \mid pa_i^S, \theta_i) \tag{6-2}$$

式中,$\theta_S = (\theta_1, \cdots, \theta_n)$。

由于通常对结构的研究仅限于有向无环图(directed acyclic graph, DAG),根据复杂度,结构可以分为以下三类。

(1) 树状结构。该结构中,任一个变量最多有一个父节点变量,式(6-2)可以表示如下:

$$\rho(\boldsymbol{x} \mid \theta_S) = \prod_{i=1}^{n} \rho(x_i \mid x_{j(i)}, \theta_i) \tag{6-3}$$

式中,$x_{j(i)}$(可以为空)表示 x_i 的父节点变量。

(2) 多父节点树结构。该结构中,任一个变量可以有多个父节点变量,但是父节点变量之间不相关,式(6-3)可以表示如下:

$$\rho(\boldsymbol{x} \mid \theta_S) = \prod_{i=1}^{n} \rho(x_i \mid x_{j1(i)}, x_{j2(i)}, \cdots, x_{jr_i(i)}, \theta_i) = \prod_{i=1}^{n} \prod_{k=1}^{r_i} \rho(x_{jk(i)}, \theta_i) \tag{6-4}$$

式中,$\{x_{j1(i)}, x_{j2(i)}, \cdots, x_{jri(i)}\}$(可以为空)表示 x_i 的父节点变量。

(3) 多重相关结构。该结构中,连接任意两点的路径可以不唯一,在这种情况下,局部广义概率密度在有限参数集 θ_S 下的条件概率分布仍然如式(6-3)。

这三种结构依次被包含,可以说结构(3)可以表示所有的其他结构,然而其概率模型的复杂度也依次增大,这是显而易见的。而复杂度越大的情况不仅计算效率相对更低,效果上也不能改进。所以,在结构能够满足的情况下,选择复杂度更低的概率模型是更加明智的选择。

根据模糊综合评估模型的定义,同层模型的权值参数相加为1,模型参数并不独立。而对EDA来说,变量间关系越复杂,概率估计模型也越复杂,计算难度增大。同时,由于目前对多变量相关的EDA研究并不成熟,进化效果也会受到影响。

对此,通过将形如 $e_1, e_2, \cdots, e_i, \cdots, e_n$ 的同层隶属度参数表示为

$$e_i = \left(1 - \sum_{k=1}^{i-1} e_k\right) \cdot x_i, \ i = 1, 2, \cdots, n \left(\sum_{i=1}^{n} e_i = 1\right) \quad (6-5)$$

从而将参数间的联系分解。使用 $x_1, x_2, \cdots, x_{n-1}(x_n=1)$ 进行训练,从而可以选择独立变量分布方法 UDMAc 实现参数的优化,其概率分布简化为

$$\rho(\bm{x} \mid \theta_S) = \prod_{i=1}^{n} \rho(x_i, \theta_i) \quad (6-6)$$

6.3.4 训练和测试模型

在试验设计方面,主要采用如图6-2所示基于分布式估计算法的模糊综合评估试验模型。

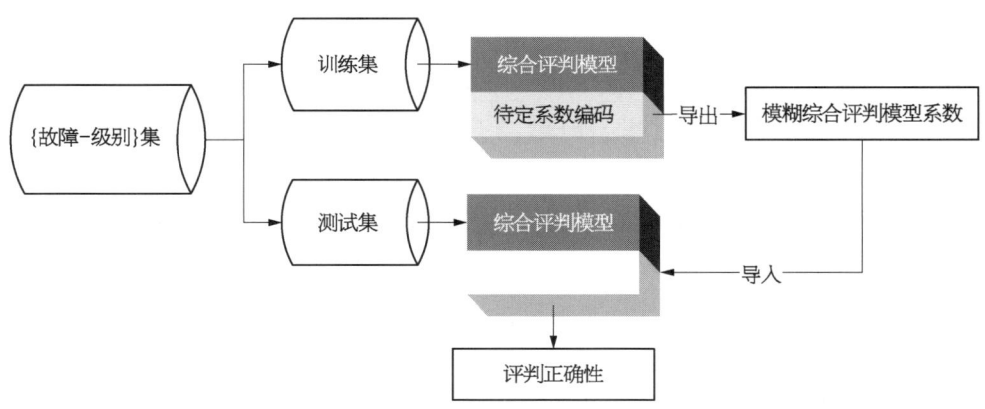

图6-2 基于分布式估计算法的模糊综合评估试验模型

将磁浮列车运行的故障数据搜集整理成{故障-级别}形式构成样本,一部分用于训练,另一部分用于测试。样本待定参数编码后,使用训练集进行训练,训练结束后将优化的参数输入综合评估模型,使用测试集进行测试,以此评估进化方法的效果。此外,虽然

一般进化算法的种群初始化采取随机方式，但对于研究对象，可以加入人为粗略制定的个体，以加速算法的收敛。当出现误判需要对参数进行修正时，可以将之前进化得到的参数个体加入初始种群。

6.4　分布估计算法的性能测试与比较

为了验证 EDA 的有效性，根据第 5 章建立的故障模糊综合评估模型和唐山试验线实际运行情况，进行模型参数优化和比较分析。

首先对磁浮列车在唐山试验线的运行情况进行记录，对各种可能的故障及其对列车运行的影响进行模拟测试试验，搜集整理 600 组样本，其中 400 组用于训练，样本分布如图 6-3 所示；200 组用于测试，样本分布如图 6-4 所示。图中共有 43 个子直方图，分别描述相应的输入或输出属性的样本分布。其中，输入包括：头车 1、2 AD110 V 电源，头车 1、2 DD330 V 电源，头车 1、2 SIV 电源，头车 1、2 悬浮控制器 1，悬浮控制器 2，…，悬浮控制器 10，头车 1、2 牵引单元，头车 1、2 制动单元，头车 1、2 测速系统，头车 1、2 DXM，头车 1、2 RCM，头车 1、2 AXM，空调系统，空压系统，车门系统，轨道系统等 42 种属性；输出为故障评估等级。分布图中以黑色、灰色、浅灰色部分分别代表列车系统 1 级故障、2 级故障和 3 级故障的数量；对于输入属性子图，这 3 种颜色表示输入属性中相应故障级别的数量。

为充分验证本方法的有效性，仿真试验中不仅测试了基于 EDA 的故障综合评估系统参数对评估精度的影响，并且对基于 EDA 与 GA 的参数优化方法以及采用其他机器学习算法获得的评估模型的性能进行了全面对比。

在 EDA 算法的设计中，进行参数影响测试时的编码不考虑变量联系，而与其他方法比较时，使用 UDMAc 概率模型。

6.4.1　分布估计算法的参数影响分析

分布估计算法的参数主要有种群数量、截断概率、最大迭代次数等，其中种群数量和截断概率是 EDA 的关键参数。

1) 种群数量对 EDA 的影响

设置截断概率为 0.2，最大迭代次数为 100。改变初始化种群的数量，得到训练的学习次数-正确率曲线如图 6-5 所示，图中 population 表示种群的数量。

从图 6-5 可以看出，虽然由于初始种群随机选择造成各次训练的初始精度略有不

图 6-3 用于训练样本数据集分布

图 6-4 用于测试样本数据集

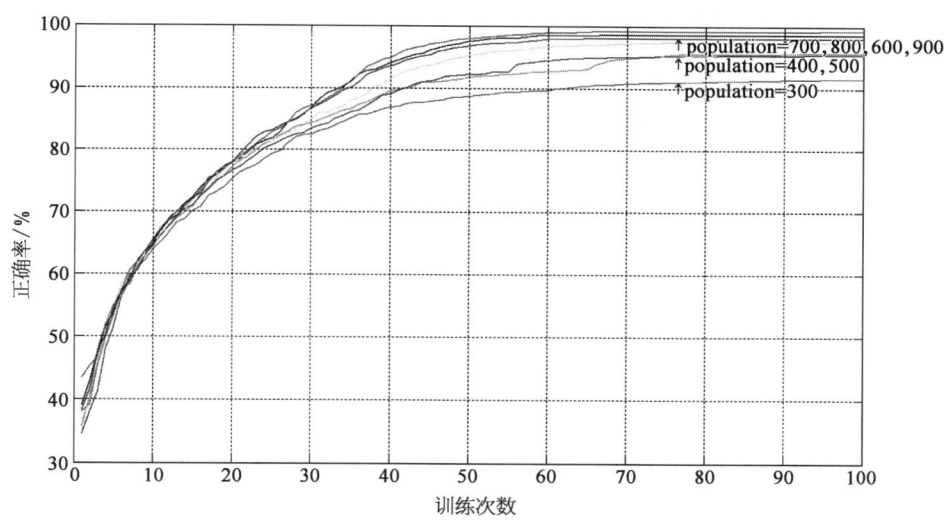

图 6-5 种群数量变化的训练次数-正确率关系曲线

同,但评估精度随训练次数快速递增。当训练次数到达 80 次后,训练结果都稳定在比较高的精度上。训练精度随种群数量递增总体呈上升趋势,种群数量高于一定值(600)时,训练的最终结果受随机因素的影响大大降低,稳定在高精度范围(98%)。

2) 截断概率对 EDA 的影响

设置种群数量为 300,最大迭代次数为 200,改变每次训练的截断概率,得到训练的正确率-学习次数曲线如图 6-6 所示,Trucation 表示截断概率。

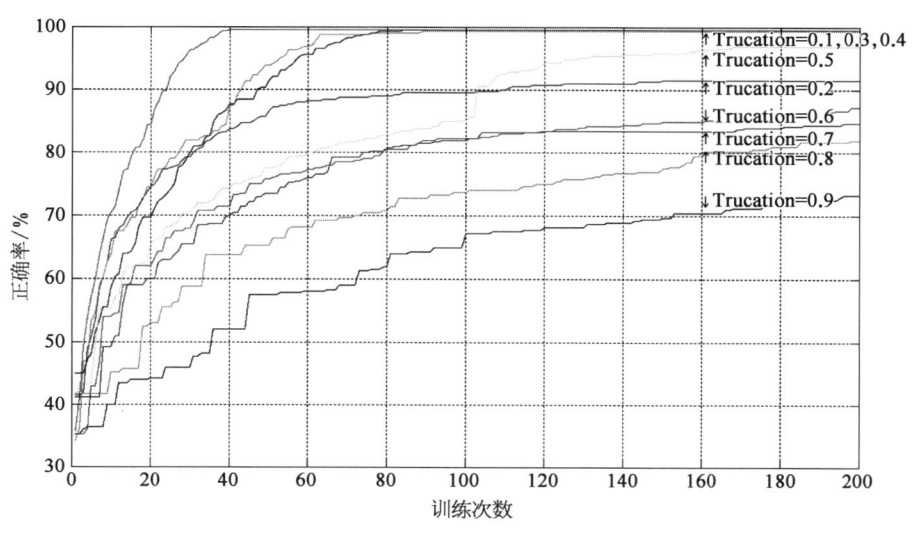

图 6-6 截断概率变化的训练次数-正确率关系曲线

图 6-6 显示了截断概率对评估结果的影响,从截断概率与最终正确率曲线可以看出,Trucation∈[0.3,0.4],精度最高,而偏离此范围越大,精度下降趋势越明显。这种现象从理论角度可以理解为:在 Trucation∈[0.3,0.4]范围,种群中的优势群体最能代表最优个体的趋势,截断概率太小,则随机成分较重;截断概率太大,则难以体现优势群体的概率分布。

试验结果显示,EDA 能够快速收敛到较小的误差范围。随着种群数量的增大,效果趋于稳定的最佳值,从而使基于 EDA 故障综合评估系统能够获得很高的正确率。

6.4.2 分布估计算法与遗传算法的效果比较

分别使用 EDA 和 GA 对模型进行进化计算,比较两种算法在种群大小相同情况下的训练效果。GA 和 EDA 的效果比较见表 6-1,所有结果均为 10 次重复计算的平均。

表 6-1 GA 和 EDA 的效果比较

种群数量	EDA		GA	
	选择概率	(错误率,方差)	选择概率	(错误率,方差)
200	0.1	(0.032 4, 0.051 5)	0.08	(0.121 7, 0.052 9)
	0.2	(0.016 0, 0.030 4)	0.2	(0.072, 0.062)
	0.3	(0.030 5, 0.014 9)	0.3	(0.132 5, 0.066 4)
400	0.1	(0.026 9, 0.069 5)	0.08	(0.098 9, 0.064 9)
	0.2	(0.004 98, 0.009 3)	0.2	(0.066 2, 0.075 4)
	0.3	(0.011 7, 0.011 9)	0.3	(0.116 7, 0.049 6)
1 000	0.1	(0.049 5, 0.070 3)	0.08	(0.112 6, 0.052 4)
	0.2	(0.010 2, 0.011 2)	0.2	(0.109 8, 0.067 1)
	0.3	(0.011 9, 0.008 1)	0.3	(0.116 0, 0.049 8)

由表 6-1 发现,使用遗传算法的错误率始终在 10% 左右,参数的改变并没有使结果得到进一步的改进,此外,通过 GA 进化的模型错误率的方差较大,训练得到的结果不够稳定且总体性能不高。

比较而言,种群数相同时 EDA 训练得到的结果错误率明显更低,算法稳定性也有很大提高,充分体现了 EDA 处理高维进化问题的优越性。试验结果表明,通过合理地设置参数,EDA 能够较好地完成磁浮列车故障综合评估模型参数优化的任务。

6.4.3 分布估计算法与其他机器学习算法的效果比较

机器学习领域,C4.5 决策树(C4.5Tree)算法、朴素贝叶斯算法(Naive Bayes)、支持向量机(SVM)和神经网络算法(neural network)都是应用广泛的学习算法,能够基于训练数据自动建立故障评估模型。为比较不同机器学习算法在磁浮列车故障评估中的模型优化性能,选择 WEKA 软件平台进行学习算法的性能测试,各种算法的参数设置如下:

(1) C4.5 decision tree:confidence Factor = 0.25,minNumObj=1,numFolds=3;

(2) NaiveBayes;

(3) SMO:complexity parameter C=1.0, use RBF = false;

(4) BP neural network,learning Rate=0.2:momentum=0.2,training Time=500,hidden Layers=(attributes + classes)/2;

(5) 基于 EDA 进化的模糊综合评估,种群数为 1 000,截断概率为 0.3。

EDA 与其他机器学习方法的比较见表 6-2。由表 6-2 看出,EDA 的 10 折交叉验证效果并不出众,甚至低于其他机器学习算法,但对测试集进行验证时,其错误率却有效保持在一个很低的范围内,明显优于其他算法。这种结果并不冲突,原因如下:10 折交叉验证的原理却是在训练样本中选取 10% 进行训练,而 90% 用于测试,也就意味着只有 40 组样本用于训练,而本试验中模糊评估模型设定的未知数就达到 124 个,这样训练效果不理想也是可以理解的。而使用测试集验证的方式,训练样本达到 400 组,训练后的评估精度大幅提高,达到了应用可接受标准。特别是 EDA 进化后,评估精度能够随列车运行数据的不断丰富稳中有升,能够胜任保障列车运行安全的任务。

表 6-2　EDA 与其他机器学习方法的比较

分 类 器	测 试 方 式	错 误 率
J48(C4.5Tree)	10 - fold cross	9.8%
	test set	14%
NaiveBayes	10 - fold cross	12%
	test set	17%
SMO(SVM)	10 - fold cross	9%
	test set	11%
Multilayer Perceptron	10 - fold cross	5%
	test set	4.5%
基于 EDA 的模糊综合评估	10 - fold cross	15.3%
	test set	0.95%

同时,通过比较 6.2.1 节与 6.3.2 节、6.3.3 节的 EDA 进化结果可以发现,由于 6.2.1 节编码时不考虑变量联系,而后两节将关联分解,导致相同参数情况下后者效果更优,说明概率模型与研究问题变量关系匹配的重要性。在避免使用复杂概率模型的情况下,使用将变量关系分解的形式编码,得到了很好的效果。

6.5　基于分布估计的模糊综合评估参数优化设计与实现

上节试验性能测试比较分析结果表明,相比遗传算法或其他机器学习算法,基于EDA的磁浮列车故障综合评估模型参数优化方法能够较快地收敛到最优结果,并且有很高的评估精度,与模糊综合评估模型的结合应用取得很好的效果,能够胜任磁浮列车系统故障评估的任务。为此,本节将着手构建基于EDA的故障综合评估模型的实现框架,框架设计示意图如图6-7所示。

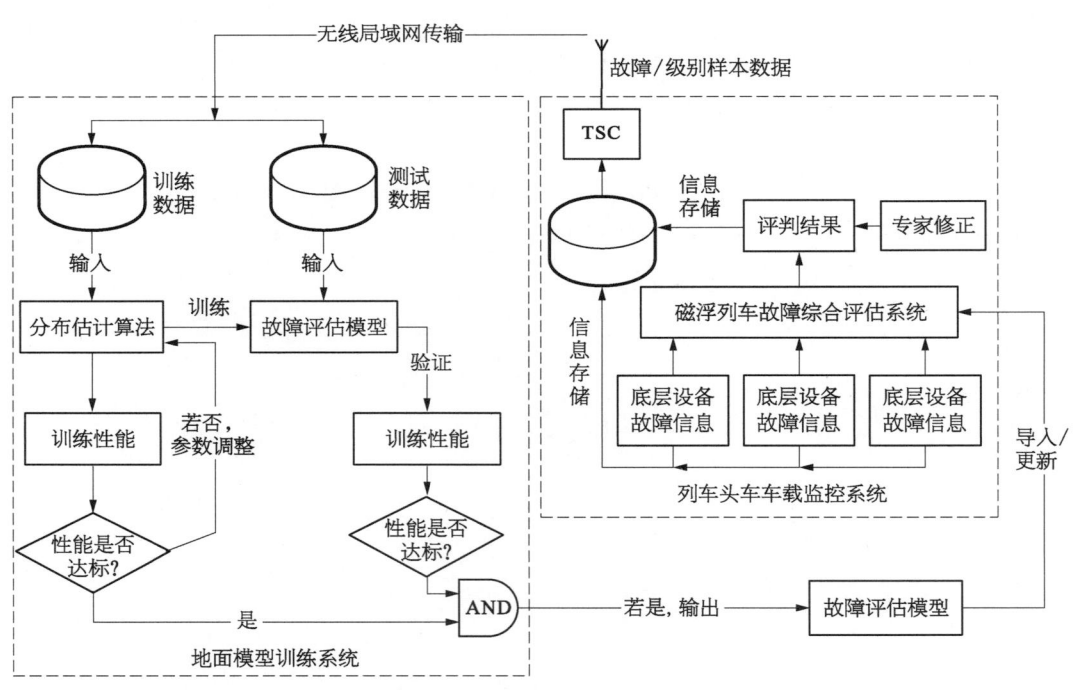

图6-7　基于EDA故障综合评估模型框架设计示意图

如图6-7所示,磁浮列车车载故障综合评估系统通过收集列车实际运行故障信息,评估出列车故障级别,并结合专家分析修正得到故障/级别样本对数据,相应存储后通过车载无线通信装置发送至地面模型训练系统,其中一部分用作训练数据,另一部分作为测试数据。训练数据输入选定的分布估计学习算法,训练出故障综合评估模型。得到的评估模型再使用训练集和测试集进行性能测试,测试结果如果满意则输出最终故障评估模型,否则调整相关训练参数再次进行模型参数训练,直至得到满意结果之后,再将此模型导入/更新至列车车载故障综合评估系统。

基于 EDA 故障综合评估模型系统的设计主要分为三个方面:

(1) 输入输出样本对。将底层设备故障作为系统的输入,底层设备故障通过车载监控系统中故障评估模型评估得到列车故障级别,在经过相关专家的修正调整确认后作为训练评估模型的输出,由此获取故障/级别输入输出样本对,这样评估模型经过 EDA 优化的评估精度就能够随着列车运行数据的不断丰富而得到稳步提高。

(2) 数据传输。磁浮列车故障综合评估模型得到的输入输出样本信息,在列车结束每天运行任务入库后,通过头车中装载的无线通信装置,采用高速无线局域网技术,解决大量非实时信息的传输问题。

(3) 地面训练系统。得到的故障/级别输入输出样本对,一部分作为地面模型训练数据,一部分作为训练所得模型的测试数据,这样经过分布估计算法训练,通过性能测试后,实现故障评估模型参数的优化,最终反馈到车载监控系统。

通过上述三方面长期的参数训练优化—模型循环更新,使得评估精度得到不断的提高,最终能够胜任磁浮列车系统故障评估的任务。性能测试显示,基于 EDA 的故障综合评估方法能够较快收敛到最优结果,并有很高的评估精度,效果明显优于遗传算法和其他机器学习算法,能够胜任磁浮列车系统故障等级评估的任务。

第 7 章

中低速磁浮列车悬浮系统的容错设计

中低速磁浮列车悬浮系统主要由悬浮控制器、悬浮传感器以及悬浮电磁铁组成,其中任意一个部分发生故障都会导致悬浮系统失效。为提高中低速磁浮列车悬浮系统的可靠性,本章从硬件冗余、可靠性设计以及主动容错控制策略三个方面对悬浮传感器故障进行了容错设计;完成了基于双机热备的悬浮控制计算机的冗余设计;设计了基于 SiC MOSFET 模块的悬浮斩波器;最后从系统层面提出基于搭接结构以及端部电磁铁加长的悬浮系统冗余设计方案,以及一种分布式模块的悬浮系统容错控制方案。

7.1 概　　述

容错设计最早诞生于计算机系统,当系统内部某个环节失效,通过容错设计使计算机系统仍能继续正常运行。随着科学技术的发展,容错设计的思想开始进入控制系统,从而大大提高了控制系统的可靠性。目前,容错设计方案主要有硬件冗余设计和解析冗余设计两种实现路径。一般而言,如果控制系统中存在冗余的信息结构或控制通道,并且工程上容易建立起硬件冗余,那么硬件冗余的容错设计方案将具有较强的容错能力,而且不会带来新的问题。解析冗余的容错设计主要通过状态估计算法来实现控制系统的容错,具有性能好、功能强、成本低和易实现等优点,但需要新的理论和方法来设计容错控制系统。当控制系统中的某些部件(如执行器、传感器或控制器等)发生故障而失效,通过容错设计使闭环控制系统仍然能够按照既定的控制目标完成控制任务,在保证系统稳定的基础上维持控制性能指标不变或者可接受。

中低速磁浮列车的悬浮系统采用模块结构,悬浮模块间通过防侧滚梁连接,基本实现了机械解耦,各悬浮模块间互相独立。中低速磁浮列车悬浮系统的总体结构如图 7-1 所示,悬浮模块是刚体结构,安装于悬浮模块内部的两组电磁铁与轨道相互作用构成悬浮系统的两个悬浮端点。悬浮模块在竖直方向上具有升降、俯仰和滚动三个自由度,其中滚动自由度不可控,通过防侧滚梁结构抑制;升降和俯仰自由度则通过悬浮控制系统检测并控制悬浮端点的悬浮间隙进行控制。在悬浮控制系统的控制下,悬浮模块内部两组电磁铁的极面与轨道之间的间隙保持恒定,从而实现悬浮模块的稳定悬浮。然而,对于悬浮控制系统中关键部件悬浮控制器、悬浮传感器以及悬浮电磁铁,其中任意一个发生故障都会导致悬浮系统失效。

为了提高悬浮系统的可靠性,本章针对中低速磁浮列车悬浮系统的控制方案进行了可靠性分析,从硬件冗余、可靠性设计以及主动容错控制策略三个方面对悬浮传感器故障进行了容错设计;搭建了基于 DSP+FPGA 的悬浮控制电路和基于 CPLD 的双机切换电

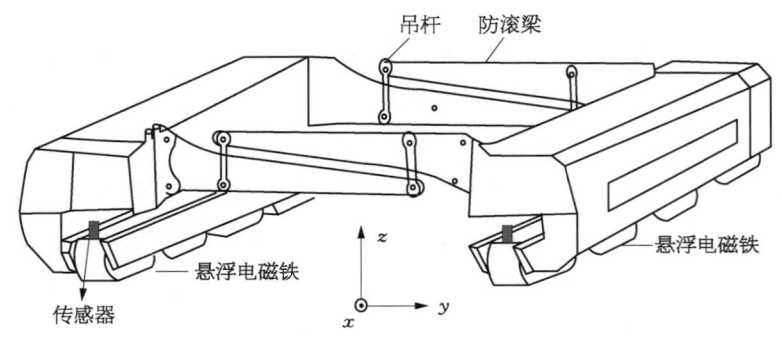

图 7-1 中低速磁浮列车悬浮系统的总体结构

路,完成了基于双机热备的悬浮控制计算机的冗余设计,有效提升悬浮控制计算机的容错能力;为提升中低速磁浮列车悬浮系统功率器件可靠性,设计了基于 SiC MOSFET 模块的悬浮斩波器;最后,从系统层面提出了悬浮控制系统的容错设计方案,设计了基于搭接结构以及端部电磁铁加长的悬浮系统冗余设计方案,设计了一种分布式模块悬浮系统容错控制方案,全面提升了中低速磁浮列车悬浮控制系统的容错能力,从而降低中低速磁浮列车因悬浮系统故障而发生晚点的概率。

7.2 中低速磁浮列车悬浮系统控制架构

目前,国内外已经实现工程应用的中低速磁浮列车悬浮系统控制方案共有三种,在这些方案中,由于电磁铁与功放是串联连接的,电磁铁失效与其对应的功放失效对系统的影响是一样的,均属于执行器故障,因此将其看作一类故障,不再分别讨论。

1) 悬浮系统控制方案 1

如图 7-2 所示,悬浮系统控制方案 1 中的两个控制器通过两个功放控制四个电磁铁,每个控制器控制对应的两个串联连接的电磁铁。控制器 1 只接收左端传感器组的信号;控制器 2 只接收右端传感器组的信号,即将系统分割成左、右两个完全独立的子系统分别进行控制。长沙磁浮快线运营的第一代中低速磁浮列车悬浮系统采用的就是如图 7-2 所示的控制方案。悬浮模块由两个悬浮单点构成,分别由一个控制器通过功放控制两个电磁铁来实现悬浮功能,这也就将一个悬浮模块分成两个相对独立的悬浮点进行控制。这种结构相对简单,成本较低,但是在系统结构上缺乏冗余,任意悬浮控制器、悬浮

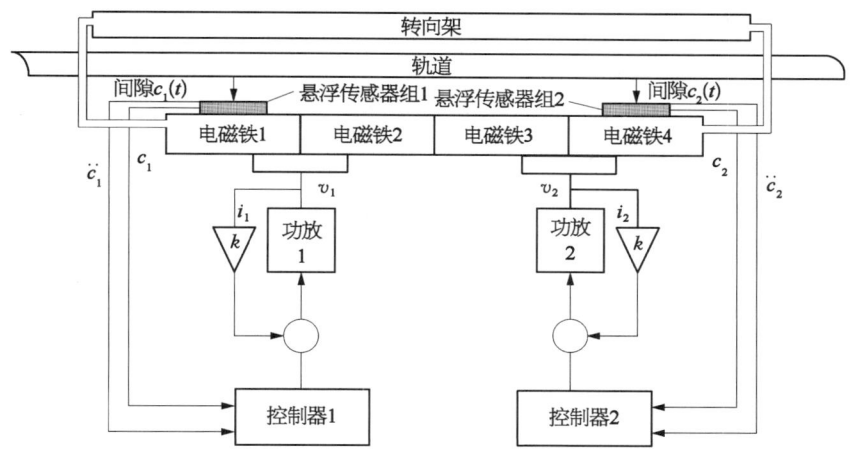

图 7-2 悬浮系统控制方案 1 结构图

电磁铁或悬浮传感器故障都会导致悬浮点的失效,影响列车稳定悬浮。

2) 悬浮系统控制方案 2

如图 7-3 所示,悬浮控制器控制对应的两组并联的悬浮电磁铁和功放。该悬浮系统控制方案比方案 1 增加了两个功放,成本有所增加。该方案将悬浮系统分割成左、右两个完全独立的子系统分别进行控制,忽略了两点之间的耦合。单个悬浮电磁铁或功放故障不会导致该悬浮点失效,增加了悬浮系统的可靠性。但是,任意悬浮控制器或悬浮传感器故障也会导致悬浮点的失效,影响列车稳定悬浮。

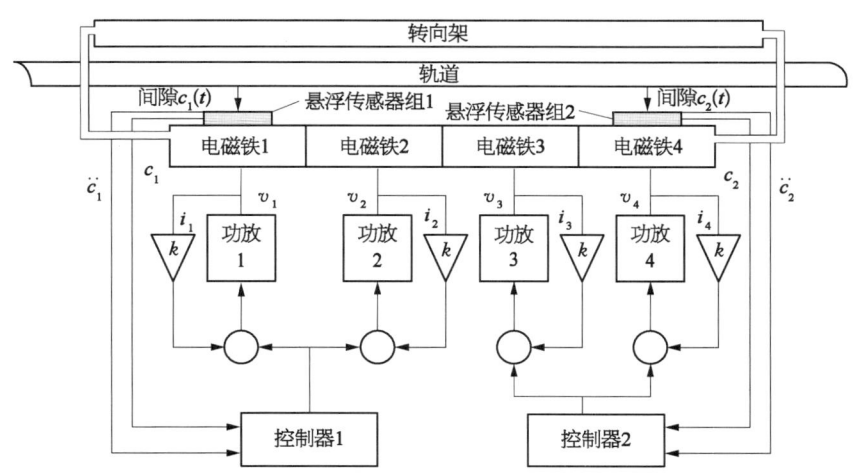

图 7-3 悬浮系统控制方案 2 结构图

3) 悬浮系统控制方案 3

如图 7-4 所示,整个悬浮模块只采用一个悬浮控制器来控制两对悬浮电磁铁。每对悬浮电磁铁对应的两个悬浮电磁铁是串联的，该悬浮系统控制方案所需元部件最少。悬浮控制器可以同时接收悬浮模块两端的传感器信号。该悬浮系统控制方案无须将系统进行分割，而是将整个悬浮模块作为一个完整的系统进行解耦控制。北京 S1 线运营的中低速磁浮列车采用的就是该控制方案。该控制方案综合了两端传感器的信息，能够有效地消除模块两端机械耦合的影响，悬浮控制器采用冗余结构提高了系统可靠性。但是，任何一个悬浮电磁铁、功放故障或者悬浮控制器故障也会导致悬浮失灵。

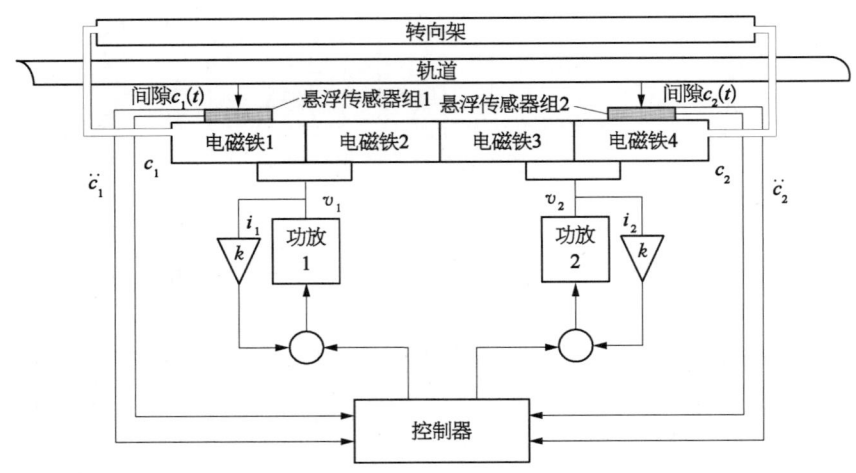

图 7-4 悬浮系统控制方案 3 结构图

由上述分析可知，当前中低速磁浮列车悬浮系统的可靠性还需要进一步提升。有必要对中低速磁浮列车悬浮系统进行容错设计，以保证悬浮系统在故障发生时依然具备容错能力。

7.3 悬浮传感器的容错设计

中低速磁浮列车悬浮系统是高动态、非线性的，需要传感器实时提供可靠信号。但是，由于悬浮传感器工作在高温、强磁场、振动环境下，导致悬浮传感器成为中低速磁浮列车悬浮系统中故障率最高的关键部件。为提高悬浮传感器的可靠性，本节主要从硬件冗余、可靠性设计以及主动容错控制策略三个方面对悬浮传感器故障进行容错设计。

7.3.1 悬浮传感器的冗余设计

为提高中低速磁浮列车悬浮传感器的可靠性,参考现有高速磁浮列车悬浮系统,通过增加悬浮传感器的冗余度可以有效降低传感器故障发生的概率。下面主要介绍基于三探头三线圈和双加速度传感器、基于三探头四线圈和双加速度传感器、基于三探头三线圈和三加速度传感器、基于双探头四线圈和双加速度传感器的悬浮传感器的冗余设计方案。

1) 基于三探头三线圈和双加速度传感器的冗余设计方案

如图7-5所示,悬浮传感器共有3个间隙感应线圈,与壳体封装一体构成传感器探头,壳体内部有2个加速度传感器。悬浮传感器输出3路间隙信号和2路加速度信号;3路间隙感应线圈分别为S1、S2、S3;2个加速度传感器叠在一起,固定在壳体内中心线位置。悬浮传感器有3路间隙和2路加速度测量功能,可以实现悬浮间隙和加速度测量的冗余。传感器的间隙测量范围为0~20 mm,加速度测量范围为±5g。

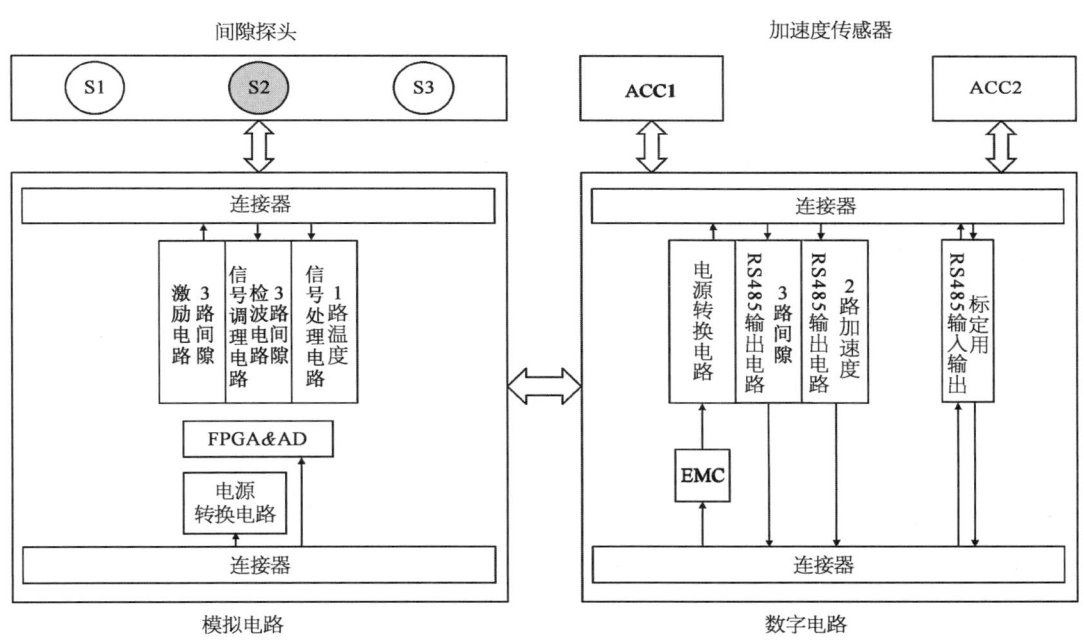

图7-5 基于三探头三线圈和双加速度传感器的悬浮传感器工作原理

2) 基于三探头四线圈和双加速度传感器的冗余设计方案

为了提高列车的安全性,在原有三探头三线圈和双加速度传感器构成的悬浮传感器的基础上,在中间线圈上重叠一个感应线圈,重叠的感应线圈须在高度上一致,并且不能相互影响。由于目前间隙感应线圈采用工程塑料作为骨架,并用漆包线绕制,不仅效率低、分散性误差大,而且不能实现两组线圈在同一感应位置重叠,所以采用较为成熟先进的印刷电路板制造技术,采用多层印刷电路板蚀刻线圈,而且两组线圈采用错层蚀刻叠加。叠加的两个感应线圈工作频率错开10 kHz以上,可以避免2路感应信号相互影响。电路板蚀刻线圈参数及最佳工作频率需要反复试验确定。

如图7-6所示,在基于三探头四线圈和双加速度传感器的冗余设计方案中,悬浮传感器具有4路间隙、2路加速度测量功能,均为数字量输出。其中间隙1、间隙2与加速度1合为一个独立的信号处理回路,间隙3、间隙4与加速度2合为一个独立的信号处理回路,任何一个回路故障不会影响其他回路正常工作,保证了在传感器各种自然故障情况下,都能输出正常的2路间隙和1路加速度信号,确保正常悬浮控制。悬浮传感器由控制器提供的2路独立的DC24 V电源供电。传感器的间隙测量范围为0~20 mm,加速度测量范围为±5g。

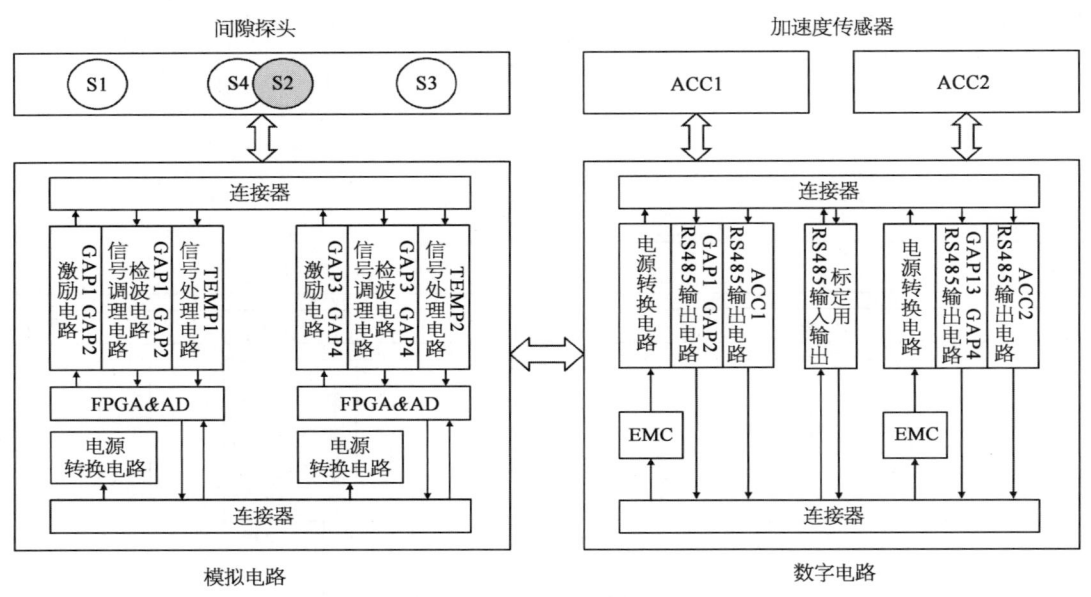

图7-6 基于三探头四线圈和双加速度传感器的悬浮传感器工作原理

悬浮传感器分A、B两种型号,A、B两种型号传感器工作频率不同,列车相邻悬浮点位要安装A、B不同型号的传感器。悬浮传感器由壳体、间隙感应线圈、模拟信号处理电路板(简称"模拟板")、数字信号处理电路板(简称"数字板")、加速度传感器、航空插座、盖板、盖板螺钉、密封圈等部件组成。数字信号处理电路部分只能通过两路独立的处理电路来实现冗余,这就需要将间隙感应线圈及模拟电路转换后的4路模拟信号,都分成2路分别进入2路独立的数字处理电路,通过软件修正处理,实现4路间隙信号的一致性。悬浮传感器工作电源需要2路电源同时供电,实现电源冗余,各部分电路电源通过热备份分配。

3) 基于三探头三线圈和三加速度传感器的冗余设计方案

如图7-7所示,在基于三探头三线圈和三加速度传感器的冗余设计方案中,悬浮传感器具有 3 路间隙、3 路加速度测量功能，间隙 1 与加速度 1、间隙 2 与加速度 2、间隙 3 与加速度 3 处理功能分别由独立的信号处理回路完成，任何一个回路故障不会影响其他回路正常工作。悬浮传感器由控制器提供的 2 路独立的 DC24 V 电源供电，2 路电源在传感器内部相互热备份冗余。

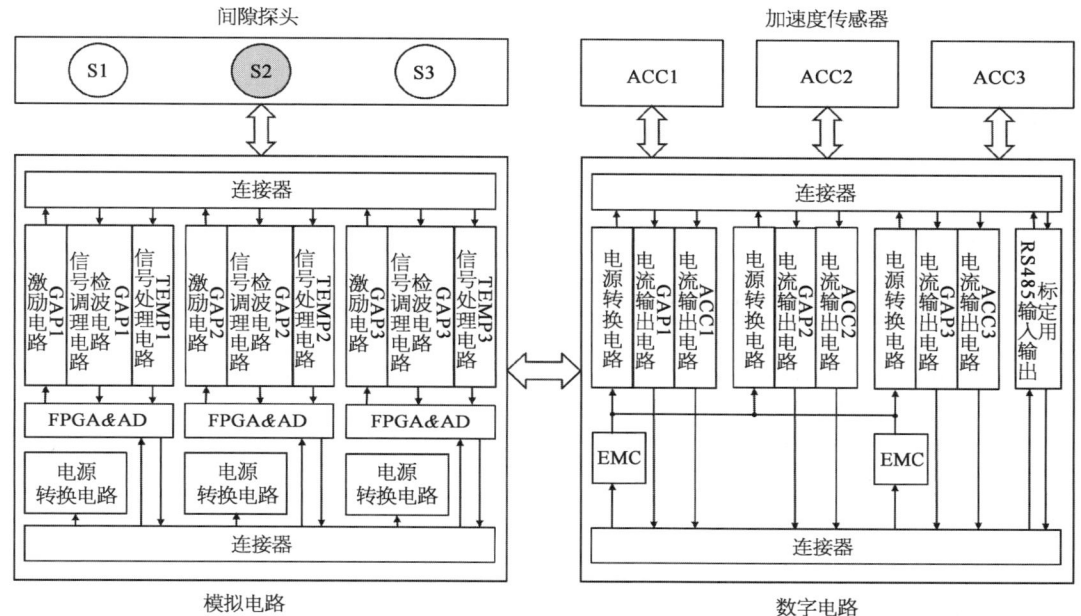

图 7-7　基于三探头三线圈和三加速度传感器的悬浮传感器工作原理

悬浮传感器壳体上部固定了 3 个间隙感应线圈，内部固定有 3 个加速度传感器，3 个加速度传感器叠在一起，固定在铭牌下方的壳体内中心线位置。悬浮传感器的间隙测量范围为 0~20 mm，加速度测量范围为 ±5g。

4) 基于双探头四线圈和双加速度传感器的冗余设计方案

如图 7-8 所示，在基于双探头四线圈和双加速度传感器的冗余设计方案中，悬浮传感器具有 4 路间隙、2 路加速度测量功能，均为数字量输出。其中间隙 1、间隙 2 与加速度 1 合为一个独立的信号处理回路，间隙 3、间隙 4 与加速度 2 合为一个独立的信号处理回路，任何一个回路故障不会影响其他回路正常工作，保证了在传感器各种自然故障情况下，都能输出正常的 2 路间隙和 1 路加速度信号，确保正常悬浮控制。传感器由控制器提供的 2 路独立的 DC24 V 电源供电。悬浮传感器的间隙测量范围为 0~20 mm，加速度测量范围为 ±5g。

悬浮传感器壳体上部固定了 4 个间隙感应线圈，内部固定有 2 个加速度传感器。传感器输出 4 路间隙信号和 2 路加速度信号，4 路间隙测量间隙感应线圈分别为 S1、S2、S3、

S4;其中,S1 与 S4 基本重叠,S2 与 S3 基本重叠。2 个加速度传感器叠在一起,固定在铭牌下方的壳体内中心线位置。

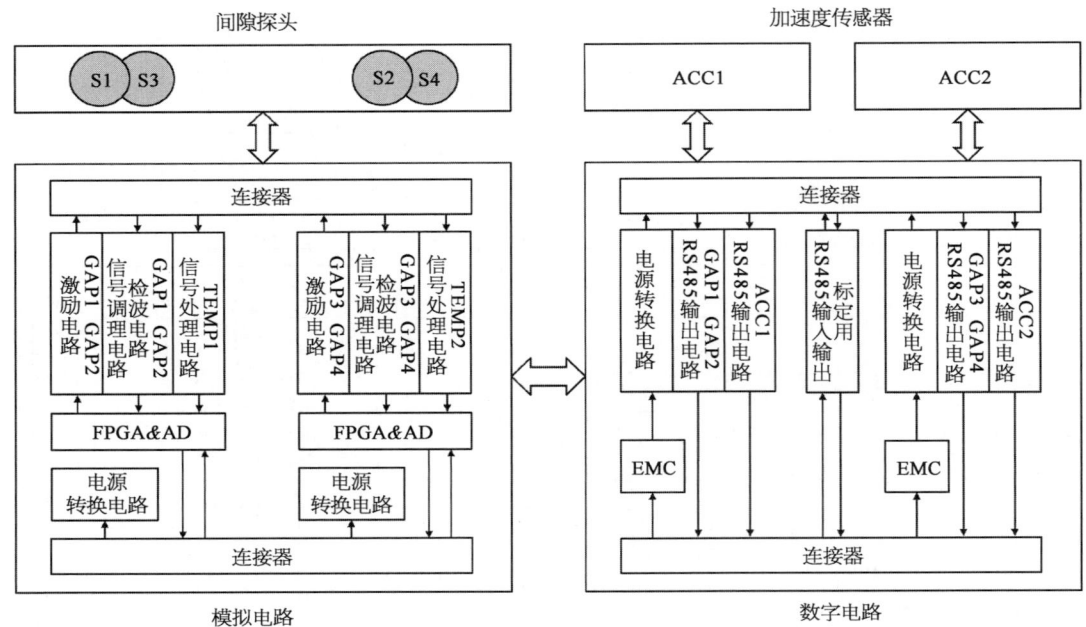

图 7-8　基于双探头四线圈和双加速度传感器的悬浮传感器工作原理

7.3.2　悬浮传感器的可靠性设计

为了进一步提高中低速磁浮列车悬浮传感器的可靠性,减小故障发生的概率,可以通过传感器壳体和线缆屏蔽设计、电源干扰抑制、信号通道抗干扰设计、地线设计等手段,进一步减少中低速磁浮列车悬浮系统的偶发传感器信号故障。

1) 屏蔽设计

屏蔽是对两个空间区域之间进行金属隔离,是切断辐射骚扰耦合途径的主要措施。按作用可将其分为磁场屏蔽、电场屏蔽和电磁场屏蔽三种。

磁场屏蔽的原理是用铁磁性材料包裹敏感器件,利用其高磁导率和低磁阻特性,将磁力线集中在屏蔽材料中,从而使屏蔽体内的磁场大大减弱。电场屏蔽是通过在电场源与敏感器件之间插入接地良好的屏蔽体,减小敏感器件上的感应电势。电磁场屏蔽的原理是将敏感设备用屏蔽体包围起来,通过介质交接面的阻抗不连续形成反射衰减,通过吸收衰减将电磁能转化为热能,达到屏蔽效果。

(1) 悬浮传感器壳体屏蔽。对于磁场屏蔽,由于在车辆悬浮状态下,悬浮磁场主要集中在电磁铁与 F 轨之间构成的闭合回路中,逸散出的磁场强度很小。因此,悬浮传感器在磁场屏蔽方面未做特殊处理。然而在永磁电磁混合悬浮系统中应用时,永磁体的磁场曾使悬浮传感器内部 DC-DC 电源模块中的电感元件出现饱和,导致悬浮传感器电源无法正常启动。因此,悬浮传感器在特殊磁场条件下的磁屏蔽仍然值得考虑,可以通过将悬浮传感器壳体改为高磁导率的铁磁材料来解决此类问题。

电场屏蔽和电磁场屏蔽主要针对悬浮传感器外部的静电场、高频电磁场而设计,主要应考虑的设计要素包括屏蔽体的材料、屏蔽体的连续性和良好的接地。悬浮传感器的壳体采用铝材料,本身具有良好的导电性,对电磁波有很好的反射和吸收效果。但在装配过程中,悬浮传感器的盖板与壳体之间的缝隙造成导电的不连续性,切断了屏蔽体表面感应电流的连续性,在缝隙处形成天线造成电磁泄漏,干扰壳体内部元件。解决的方案是对悬浮传感器盖板与壳体之间的缝隙采用导电衬垫填充,构成连续的屏蔽体,这样既满足了电磁密封性,同时也满足了环境密封性。

(2)悬浮传感器线缆屏蔽。屏蔽需要通过接地才能发挥作用。悬浮传感器壳体及控制机箱分别与转向架和车体连接,再连接至大地。悬浮传感器线缆的屏蔽层则通过航空插头及尾部附件,与悬浮传感器的壳体、控制机箱的壳体连接,构成"哑铃"状屏蔽。

2)电源干扰抑制

悬浮传感器电源线的长度使其足以构成射频信号的有效被动天线,此外悬浮斩波器等造成的骚扰也会耦合至电源线上。因此,滤波主要针对电源线上的传导骚扰进行。电源线滤波器实现的是一种频率选择,以较小的衰减将直流、交流等电源功率传输到设备上,却大大衰减经电源传入和由设备产生的 EMI 信号,设计时主要关心截止频率、插入损耗、频率特性和阻抗特性等。对于悬浮传感器电源线上干扰的抑制所采取的主要措施如下:

(1)在悬浮传感器内 PCB 电源的入口处,在两线之间并上小电容,针对高频差模的干扰,可以通过提供低阻抗通路使电源线上的干扰回流。

(2)在电源线上串联 BLM41PG102SN1 型铁氧体磁珠,该型铁氧体磁珠的直流电阻很小,因此对 24 V 的直流供电几乎没有影响。针对交流供电,低频段主要通过磁珠的感抗将干扰反射,而高频段达到几十至上百兆赫兹时,磁珠的电阻分量将对高频干扰起到吸收作用。

(3)采用浪涌冲击抑制,主要是采用瞬变干扰吸收器件,对超过预定电压的情况进行钳位吸收,通过使浪涌能量回流或泄放至大地,将线路上的浪涌电压钳位在规定值,保护后续器件不受冲击。

3)信号通道的抗干扰设计

为了提高信号的抗干扰能力,所有信号采用数字传输方式,通过各自的一个串行通信接口传送给悬浮控制器。

4)地线设计

为了使各部分电路稳定可靠地工作、最大程度地抑制潜在的骚扰,悬浮传感器采用了混合接地方式。

7.3.3 考虑悬浮传感器故障的主动容错控制

针对悬浮传感器进行冗余设计和可靠性设计,可以增加悬浮传感器的冗余度,大大提高中低速磁浮列车悬浮传感器的可靠性,进而有效降低中低速磁浮列车悬浮传感器故障发生的概率。但是,悬浮传感器冗余度设计得再高,也有发生故障的概率。因此,为悬浮传感器设计有效的主动容错策略就显得尤为重要。

本节首先基于状态观测器设计了考虑悬浮传感器故障的主动容错控制方案,当某个悬浮传感器失效时,采用状态观测器重构出失效悬浮传感器的信息,进行最优控制;其次,针对加速度传感器故障的特殊性,通过跟踪微分器对间隙信号微分得到的速度信号,来代替由加速度传感器信号积分得到的速度信号,进行反馈来实现主动容错;最后,针对悬浮系统进行状态反馈增益重构设计,重新设计故障时的状态反馈系数。仿真结果表明,上述针对悬浮传感器故障的主动容错策略,当悬浮传感器故障发生后能够基本维持悬浮系统所具有的静态和动态性能,从而提高了悬浮系统的安全性和可靠性。

1) 基于状态观测器的主动容错控制

悬浮系统的加速度传感器和间隙传感器分别发生失效故障时,悬浮系统都是能观的。因此,在悬浮系统发生单个传感器失效的情况下,可以考虑基于状态观测器的主动容错控制方案,该方案如图 7-9 所示。

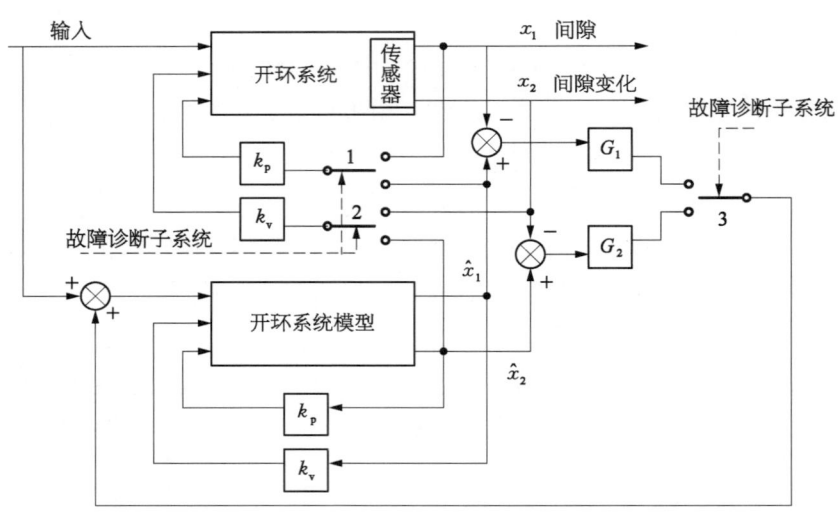

图 7-9 基于状态观测器的主动容错控制方案

k_p、k_v 为最优控制器的状态反馈系数。当悬浮系统正常工作时,切换开关 1、2 均向上闭合,悬浮系统的反馈信息由悬浮传感器提供。此时切换开关 3 可以连接 G_1 或 G_2 中的任意一端。当有悬浮传感器因故障导致失效发生时,切换开关 1、2 均向下闭合,利用状态观测器的观测值作为反馈信息。如果加速度传感器失效,切换开关 3 向上闭合,采用间隙传感器输出作为状态观测器的校正信息;如果间隙传感器失效,切换开关 3 则向下闭合,采用加速度积分得到的速度信号作为校正信息。三个切换开关均由故障诊断子系统根据当前的悬浮系统模态进行切换。

在加速度传感器失效情况下,采用状态观测器的观测值作为反馈信息的悬浮系统的阶跃响应,与正常悬浮系统的阶跃响应如图 7-10 所示。

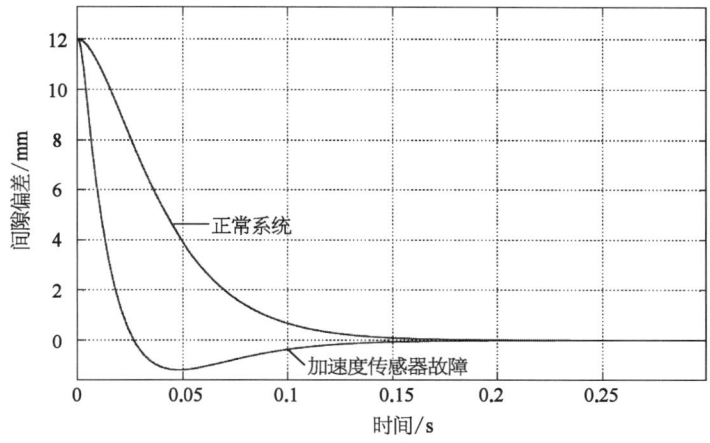

图 7-10 加速度传感器故障前后悬浮系统的阶跃响应

采用状态观测器的观测值作为反馈信息的悬浮系统,其阶跃响应稳态误差为零,动态性能良好。为有效检验悬浮系统正常运行时加速度传感器突然失效情况下切换控制的效果,利用 MATLAB 进行仿真验证。悬浮系统达到稳态后,加速度传感器突然完全失效,故障诊断子系统迅速诊断出故障,将反馈输入切换至状态观测器的输出。加速度传感器故障前后悬浮系统的间隙偏差如图 7-11 所示。

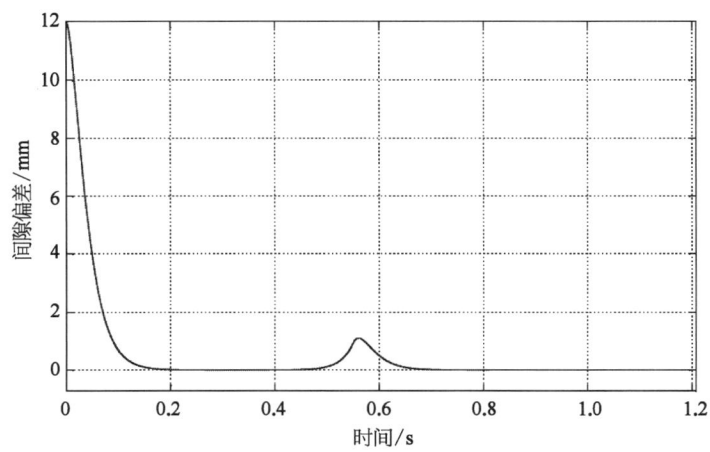

图 7-11 加速度传感器故障前后悬浮系统的间隙偏差

加速度传感器故障发生后悬浮间隙开始增大,若不进行主动容错控制,悬浮间隙将呈指数增大,悬浮系统将崩溃失稳。采用状态观测器的观测值作为反馈信息后,新的控制律迅速驱动悬浮系统状态重新稳定,稳态误差为 0。

间隙传感器失效情况下,采用状态观测器的观测值作为反馈信息的悬浮系统的阶跃响应,与正常悬浮系统的阶跃响应如图 7-12 所示。

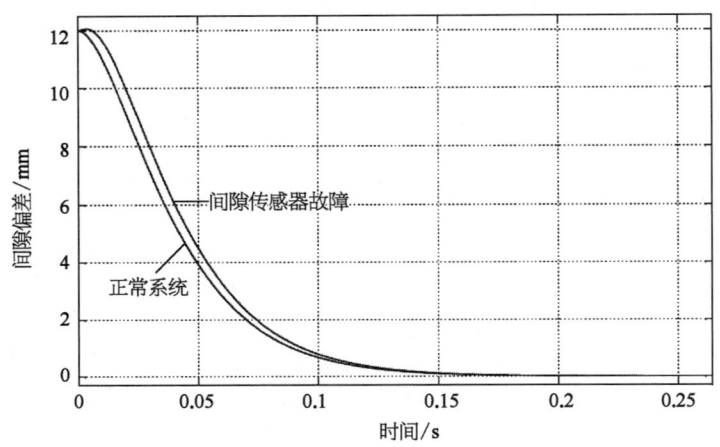

图 7-12　间隙传感器故障前后悬浮系统的阶跃响应

为有效检验悬浮系统正常运行时间隙传感器突然失效情况下切换控制的效果,利用 MATLAB 进行仿真验证。悬浮系统达到稳态后,间隙传感器突然完全失效,故障诊断子系统迅速诊断出故障,将反馈输入切换至状态观测器的估计输出。间隙传感器故障前后悬浮系统的间隙偏差如图 7-13 所示。

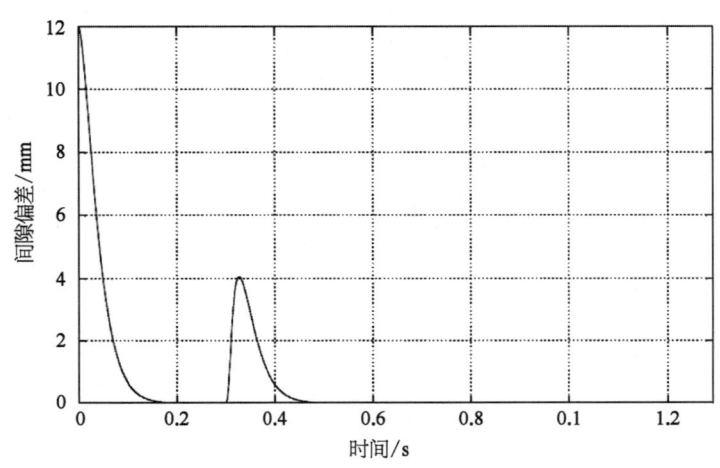

图 7-13　间隙传感器故障前后悬浮系统的间隙偏差

间隙传感器故障发生后,悬浮间隙开始增大,若不进行主动容错控制,悬浮间隙将呈指数增大,悬浮系统将崩溃失稳。采用状态观测器的观测值作为反馈信息后,新的控制律迅速驱动悬浮系统状态重新稳定,稳态误差为0。

2) 基于跟踪微分器的主动容错控制

针对加速度传感器故障的特殊性,还可以通过跟踪微分器对间隙信号微分得到速度信号,将其代替由加速度传感器信号积分得到的速度信号,进行反馈来实现主动容错。由于经典微分环节存在噪声放大效应,在工程上不适用,现在跟踪微分器在提取信号的微分信号的同时,具备了较强的抗噪声能力,这就为上述容错控制方案提供了有效的途径。

基于跟踪微分器的主动容错控制方案如图7-14所示。间隙反馈信息始终采用传感器的测量值,间隙变化反馈信息的选取,由故障诊断子系统根据诊断结果,通过切换开关来控制。悬浮系统正常时开关向上闭合,采用加速度传感器测量值的积分信号作为反馈信息;故障时向下闭合,采用间隙的微分信号作为反馈信息。

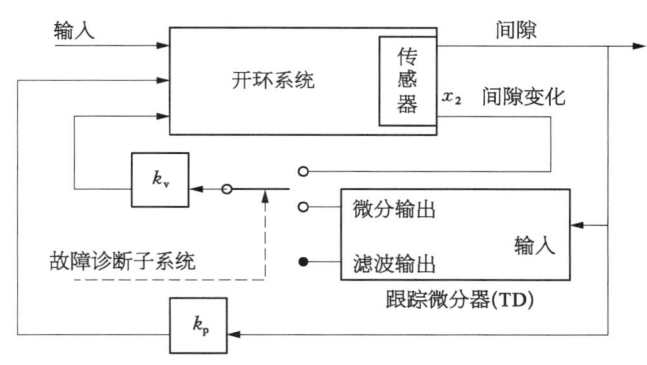

图 7-14 基于跟踪微分器的主动容错控制方案

(1) 不考虑噪声的情况。如果不考虑噪声,悬浮系统正常起浮时的间隙偏差与采用基于跟踪微分器的主动容错控制方案时的间隙偏差如图 7-15 所示。由于没有考虑噪声,跟踪微分器的滤波因子取值越小,跟踪效果越好,两曲线几乎完全重合。

悬浮系统正常起浮时的间隙变化与采用基于跟踪微分器的主动容错控制方案时的间隙变化如图 7-16 所示。跟踪微分器微分得到的速度信号对加速度积分信号能够很好地逼近。

为有效检验悬浮系统正常运行时,加速度传感器突然失效情况下切换控制的效果,利用 MATLAB 进行仿真验证。悬浮系统达到稳态后,加速度传感器突然完全失效,故障诊断子系统迅速诊断出故障,通过跟踪微分器对间隙信号微分得到的速度信号,来代替由加速度传感器信号积分得到的速度信号,进行反馈来实现主动容错。加速度传感器故障前后悬浮系统的间隙偏差如图 7-17 所示。

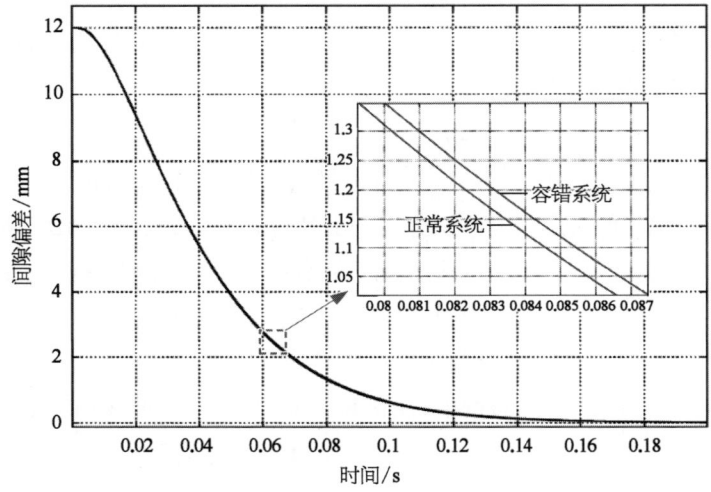

图 7-15　正常系统与容错系统的间隙偏差

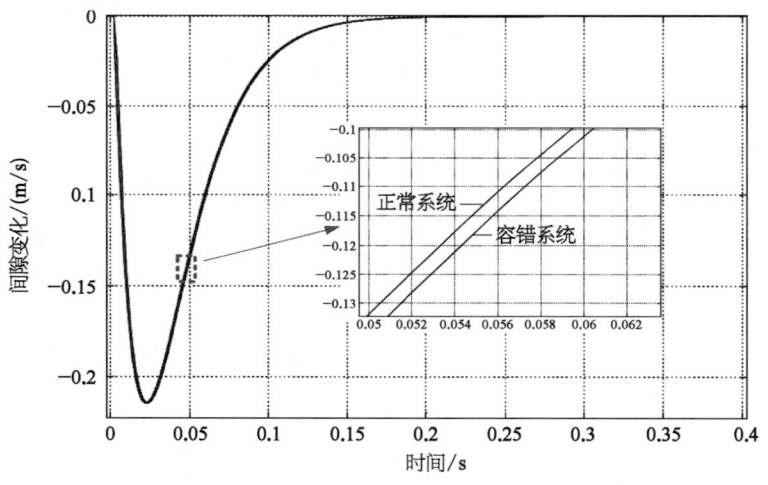

图 7-16　正常系统与容错系统的间隙变化

加速度传感器故障发生后悬浮间隙开始增大,若不进行主动容错控制,悬浮间隙将呈指数增大,悬浮系统将崩溃失稳。通过跟踪微分器对间隙信号微分得到的速度信号,来代替由加速度传感器信号积分得到的速度信号,进行反馈来实现主动容错控制,新的控制律迅速驱动悬浮系统状态重新稳定,稳态误差为 0。

（2）考虑噪声的情况。在间隙传感器输出信号中叠加均值为 0、幅值为 0.5 mm 的白噪声。鉴于中低速磁浮列车正常悬浮时的稳态间隙只有 8 mm,该噪声已经代表了比较恶劣的情况。在加速度传感器失效情况下,采用基于跟踪微分器的主动容错控制方案的阶跃响应与正常悬浮系统的阶跃响应如图 7-18 所示。

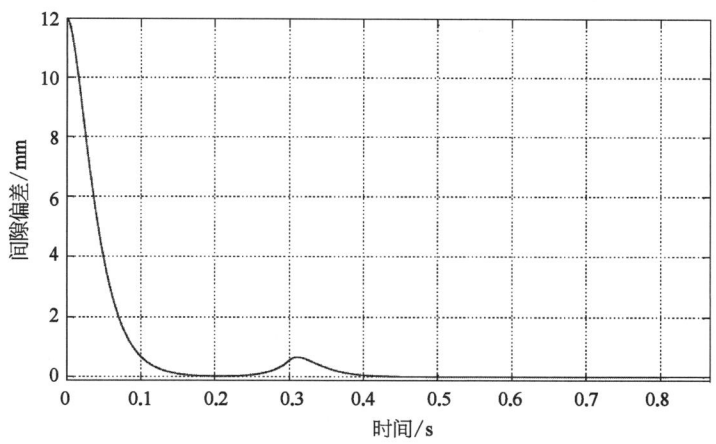

图 7-17　加速度传感器故障前后悬浮系统的间隙偏差

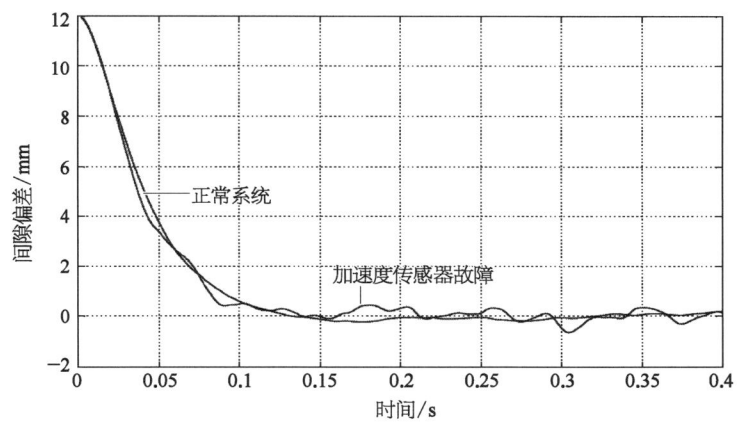

图 7-18　加速度传感器故障前后悬浮系统的阶跃响应

采用基于跟踪微分器的主动容错控制方案的悬浮系统的阶跃响应稳态误差接近零，但悬浮间隙存在缓和的抖动。为有效检验悬浮系统正常运行时加速度传感器突然失效情况下切换控制的效果，利用 MATLAB 进行仿真验证。悬浮系统达到稳态后，加速度传感器突然完全失效，故障诊断子系统迅速诊断出故障，通过跟踪微分器对间隙信号微分得到的速度信号，来代替由加速度传感器信号积分得到的速度信号，进行反馈来实现主动容错。加速度传感器故障前后悬浮系统的间隙偏差如图 7-19 所示。

加速度传感器故障发生后悬浮间隙开始增大，若不进行主动容错控制，悬浮间隙将呈指数增大，悬浮系统将崩溃失稳。通过跟踪微分器对间隙信号微分得到的速度信号，来代替由加速度传感器信号积分得到的速度信号，进行反馈来实现主动容错。虽然悬浮间隙存在抖动，但仍然能稳定悬浮，不致发生落车等严重事故。

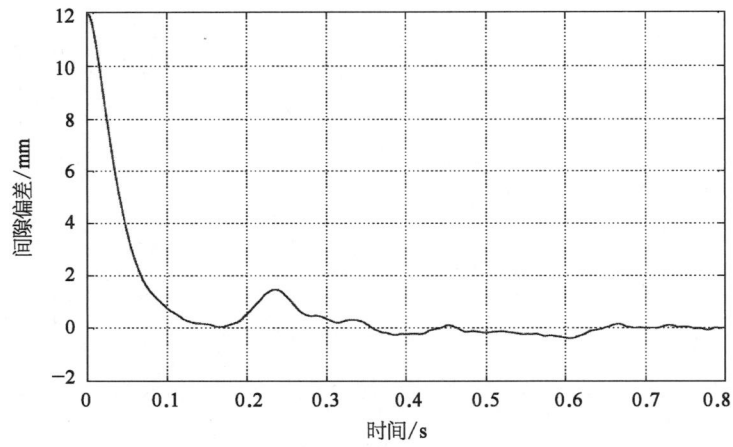

图 7-19　加速度传感器故障前后悬浮系统的间隙偏差

7.4　悬浮控制计算机的冗余设计

悬浮控制器是悬浮系统中的核心器件，主要由箱体、电源模块、控制计算机、充放电模块、斩波器模块及电抗器等部分组成。悬浮控制计算机是悬浮控制器的核心模块，其实现功能主要包括以下方面：

1）悬浮传感器信号解析

悬浮控制计算机将悬浮控制器接收的两个悬浮传感器的信号（每个悬浮传感器信号包括 4 路间隙信号和 2 路加速度信号）进行解析。

2）悬浮传感器供电

控制模块分别为每个悬浮传感器提供两路 DC24 V 工作电源。

3）位置编码解析

控制模块能够解析输入的位置编码信息（三位二进制列车编码和五位二进制地址编码），识别悬浮控制器的位置。

4）硬线命令解析

控制模块能够解析硬线输入信号（DC110 V 电平信号），识别悬浮指令、降落指令及紧急制动状态。

5）悬浮状态输出

控制模块通过 IO 控制输出本点悬浮状态（起浮/降落状态）。

6) CAN 通信

控制模块具备 CAN 总线进行通信,上传诊断信息至磁浮列车控制与诊断系统。

7) 以太网通信

控制模块具备以太网通信接口。以太网接口作为专用调试接口,可实现悬浮控制器调试功能、数据下载功能及悬浮控制器软件在线升级功能。

8) 主接触器、辅助接触器控制

控制模块控制主接触器和辅助接触器,完成支撑电容的预充电功能。

9) 驱动输出

控制模块能够利用硬线命令信号、悬浮传感器信号、悬浮控制算法,输出驱动信号至斩波器模块。

10) 自检

控制模块具备自检功能。

11) 故障诊断及处理

故障诊断内容包括主接触器故障诊断、辅接触器故障诊断、斩波器故障诊断、核心控制板故障诊断等;故障应代码化,故障代码中应包括悬浮控制器故障信息。

故障等级分为 1 级、2 级和 3 级:1 级表示出现严重故障,悬浮控制器进入闭锁状态,强电部分关闭;悬浮控制器重新上电或者悬浮控制器复位可以解除闭锁状态。2 级表示出现一般故障,会限制悬浮控制器的部分功能;当约束条件满足后自行解除。3 级表示出现轻微故障,对悬浮控制器功能没有影响,仅发出警告信号,悬浮控制器正常工作。

12) 安全保护

悬浮控制器能够根据故障等级及时采取相应处理措施,保证系统安全。

(1) 悬浮控制器安全侧要求:悬浮控制器因故障不能正常工作时,应切断主电回路,关闭主接触器和辅助接触器,功率驱动单元处于复位状态,确保悬浮控制器输出无电流。

(2) 悬浮控制器应具备主回路输入过压、主回路输入欠压、悬浮控制器输出过流、悬浮控制器过温、悬浮控制器输出短路保护功能,同时悬浮控制器根据实际状态信息切断输出或发出警告信息。

(3) 主回路输入过压保护:主回路电源电压>DC390 V,悬浮控制器处于保护状态,主接触器和辅助接触器断开,切断输出。

(4) 主回路输入欠压保护:主回路电源电压<DC220 V,悬浮控制器处于保护状态,主接触器和辅助接触器断开,切断输出。

(5) 悬浮控制器输出过流保护:输出平均电流>120 A 超过 5 s,输出平均电流>60 A 超过 30 s,悬浮控制器处于保护状态,主接触器和辅助接触器断开,切断输出。

(6) 悬浮控制器过温保护:温度>65℃,悬浮控制器发出过温警告信息;温度>85℃,悬浮控制器处于保护状态,主接触器和辅助接触器断开,切断输出。

(7) 悬浮控制器输出短路保护:输出短路时,悬浮控制器处于保护状态,主接触器和辅助接触器断开,切断输出;悬浮控制器具备电源反接保护功能。

13) 数据存储

控制模块能够将工作状态信息数据存储在 ROM 中,数据存储方式和采样周期(1～100 ms)可通过上位机进行设置,数据存储时长不小于 2 天。数据存储方式分为实时存储和不存储。存储数据信息包括悬浮控制器当前起浮降落指令、悬浮控制器状态信息、悬浮传感器信息、电压值、电流值、温度值等。数据存储区分为正常记录区和故障记录区。正常记录区实时记录悬浮控制器各种工作状态信息,一旦系统发生故障或产生紧急制动,正常记录区内靠近故障点前后各 1 min 数据将复制到故障记录区。

14) 在线升级软件

控制模块具备在线升级软件功能。软件升级时,能够通过以太网通信接口,在线升级软件。

7.4.1 控制计算机的冗余设计方法

基于硬件冗余的相关理论,控制计算机常见的冗余设计方法主要有双机热备、二乘"二取二"以及三取二,其可靠性和适应性根据不同的系统需求而不同。

1) 双机热备方案

双机热备是一种基于动态硬件冗余的方法,在系统结构中,采用主从模块共同工作的形式,两个模块都获得系统的输入,同时进行工作,互不影响。每个模块都具有自诊断和故障检测的能力。正常工况下,主模块提供系统输出,从模块作为备机,正常工作但不提供输出;主模块检测到异常,从模块正常时,系统将切换为从模块输出状态,继续正常工作,并隔离故障主模块,降级为单主机工作状态,当从模块同时故障时,系统将失效宕机;从模块先检测到故障时,系统先屏蔽从机功能,由主模块持续工作,并降级为单主机工作状态,当主模块发生故障时,系统将失效宕机。双机热备的工作原理如图 7-20 所示。

图 7-20 双机热备的工作原理

2) 二乘"二取二"方案

二乘"二取二"同样基于动态硬件冗余的方法,是在双机热备的基础上采取了比较冗余的方法进行设计。如图 7-21 所示,"二乘"是指系统在结构上由完全相同两系构成,接收一样的输入信号和命令,执行一样的指令,构成主、备结构,由切换开关决定输出。"二取二"是指每系内部都含有两个相同的核心处理机模块,两者执行相同的任务,通过比较器比较功能,输出一致时设定为该系输出;两者输出不一致时,认为系统故障,向上位机发出故障报警,并停止输出。

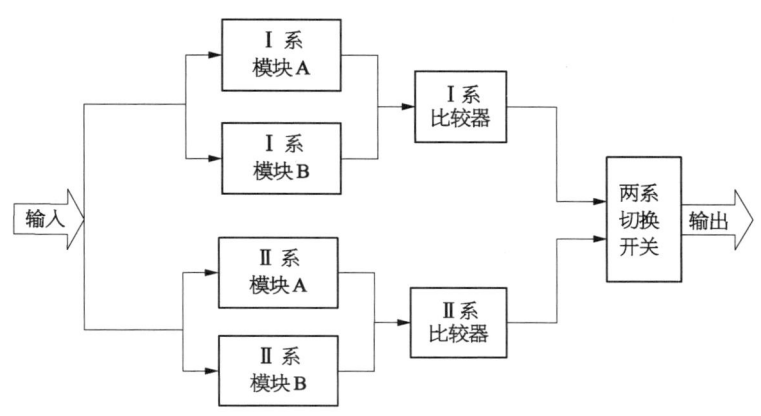

图 7‐21　二乘"二取二"的工作原理

3) 三取二方案

三取二又称三模冗余,是静态硬件冗余思想中的典型设计方法。系统中含有三个主机模块,同时接收输入信号并进行处理,三个模块的输出同时接到系统的表决器模块,表决器根据大多数输出决定系统的输出。该模型能够容忍一个主机异常,由其余正常主机保证系统的工作;但是当两个以上模块故障时,系统的输出将会受到故障模块影响,导致输出错误结果或者系统故障。三取二的工作原理如图 7‐22 所示。

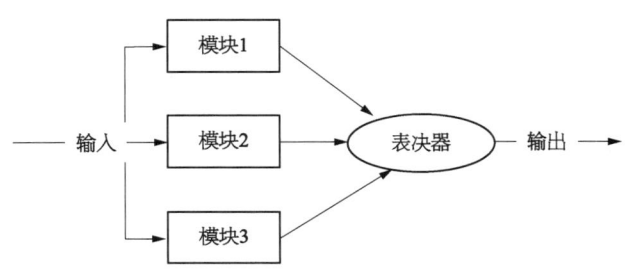

图 7‐22　三取二的工作原理

通过对上述常见冗余设计方法的比较和分析可知,二乘"二取二"方案的可靠性将随着时间推移降到最低。由于引进了双机比较的机制,只要出现一个以上处理机故障时,比较模块则默认该系故障,从而封锁该系输出。因此,比较机制在提升系统安全性的条件下,牺牲了系统可靠性。

因此，针对当前中低速磁浮列车悬浮系统的控制方案，从实际情况出发，采用双机热备或者三取二的冗余设计方案，均可显著提升悬浮控制计算机的可靠性。但是，考虑到目前已经工程应用的悬浮控制器的整体架构以及空间安装位置，如果采用三取二的冗余设计方案，将显著增加研制成本，增大悬浮控制器的体积，不满足悬浮控制器小型化、轻型化的设计要求。双机热备冗余设计方案作为实际工业现场应用最为广泛的方法，往往是上述方案中对系统框架改变最小，实现难度最低，研制成本最低，但效果最为显著的一种。因此，长沙磁浮快线2.0版中低速磁浮列车悬浮控制计算机就是采用的双机热备冗余设计方案，其极大地降低了悬浮控制计算机的故障率，有力提升了悬浮控制计算机的可靠性。

7.4.2 基于双机热备的悬浮控制计算机的冗余设计

悬浮控制计算机作为悬浮控制器的核心，通过采用双机热备的冗余设计思想，完成对悬浮控制计算机的双机热备冗余设计，可以有效提升中低速磁浮列车悬浮控制器的可靠性。本节将主要介绍基于双机热备悬浮控制计算机的组成和工作机制、基于DSP+FPGA的悬浮控制计算机的硬件电路设计以及基于CPLD的双机切换电路设计，从而实现基于双机热备的悬浮控制计算机的冗余设计。

基于双机热备的悬浮控制计算机组成框图如图7-23所示，其主要由悬浮控制板LC1、悬浮控制板LC2以及底板构成，其中，悬浮控制板LC1和悬浮控制板LC2作为双机热备设计，在硬件上完全对称。两块控制板通过连接端子固定在底板上，悬浮控制板上所有信号均通过底板转接，底板与外界信息交换通过DB1和DB2两个接口。

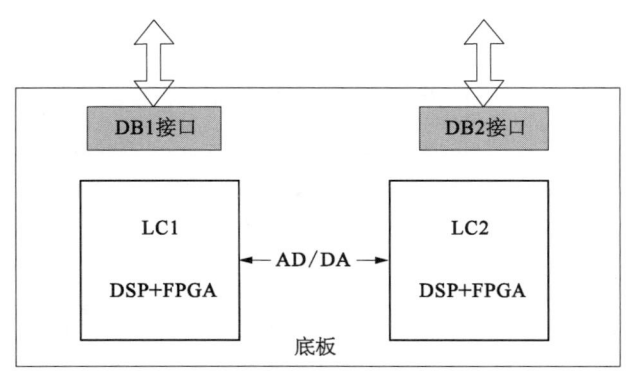

图7-23 基于双机热备的悬浮控制计算机组成框图

悬浮控制计算机中的悬浮控制板LC1和悬浮控制板LC2采用主从模块共同工作的形式，两块悬浮控制板都获得系统的输入，同时进行工作，互不影响，每块悬浮控制板都具有自诊断和故障检测的能力，并由底板上CPLD作为仲裁机构。

正常工况下，主悬浮控制板 LC1 提供系统输出，从悬浮控制板 LC2 作为备机，正常工作但不提供输出；主悬浮控制板 LC1 检测到异常，从悬浮控制板 LC2 正常时，系统将切换为从悬浮控制板 LC2 提供输出，继续正常工作，并隔离故障主悬浮控制板 LC1，降级为单主机工作状态，当从悬浮控制板 LC2 同时故障时，系统将失效宕机；从悬浮控制板 LC2 先检测到故障时，系统先屏蔽从机功能，由主悬浮控制板 LC1 持续工作，并降级为单主机工作状态，当主悬浮控制板 LC1 发生故障时，系统将失效宕机。

悬浮控制计算机工作原理如图 7-24 所示。悬浮控制板 LC1 和悬浮控制板 LC2 具有采集并处理悬浮系统各类信息（包括主回路电压电流、间隙、加速度和 IGBT 温度等）、控制相关器件（包括风扇和继电器等）、存储信息、人机交互等功能。悬浮控制板 LC1 和悬浮控制板 LC2 通过处理采集到的悬浮间隙信号、加速度信号，以及电流传感器输入的电流信号，并经过前级电路处理，将上述信号转换为系统控制所需的数字量；使用悬浮控制算法进行运算获得控制量，通过隔离驱动电路处理后，向悬浮斩波器输出控制信号；通过斩波电路配合，调节悬浮电磁铁线圈的电流，从而形成闭环控制系统，进而达到控制悬浮力的目的；除此之外，悬浮控制板还对悬浮控制器自身进行状态监测，悬浮控制器根据监测信息获知当前状态，做出相应的控制或保护措施。

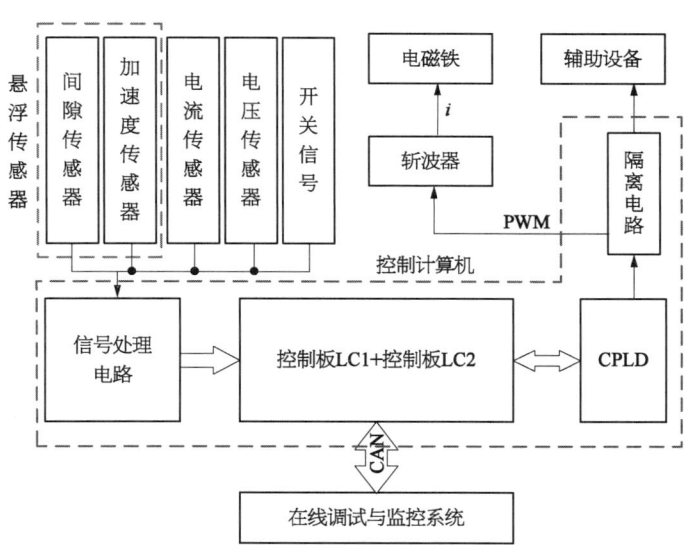

图 7-24　悬浮控制计算机工作原理示意图

悬浮控制计算机中底板主要包括 CPLD 电路、信号处理电路和隔离电路，负责处理外部输入控制系统的信号隔离和调理，除此之外，需要对悬浮控制板 LC1 和悬浮控制板 LC2 发出的信号进行隔离并对输出进行仲裁。

悬浮控制板硬件电路如图 7-25 所示。悬浮控制板采用 DSP+FPGA 双处理器的架构，DSP 作为主控芯片负责数字信号的处理、运行控制算法产生驱动信号等，FPGA 负责处理传感器数据解析、ADC 等外设驱动以及大量的开关信号处理。悬浮控制板 LC1 和悬浮控制板 LC2 完全对称，硬件电路完全相同。其中，FPGA 完成驱动外部 ADC 和 DAC 芯片模数转换、对悬浮传感器输入数据进行解析和系统输入输出开关量处理，通过 EMIF 总线将采集数据、悬浮传感器数据和其他必要信息传递给 DSP，以便 DSP 处理和判断。DSP 完成对 FPGA 数据的读写，通过 EMIF 总线将命令和状态传给 FPGA，实现交互。ADC 和信号调理电路实现模拟数据调理和采集功能，包括对 2 路电磁铁电流、主回路接触器前后端 2 路电压这 4 路模拟量信号的处理；开关量信号输入采集系统后，经过信号输入电路的隔离、滤波、放大及调理后送入 FPGA 芯片引脚，FPGA 采集这些信号后输入到数据处理系统进行后续处理，其中开关量输入包括起浮控制信号、非常制动控制信号、风机反馈信号、主回路继电器反馈信号、KT65℃ 和 KT85℃；开关量信号输出电路负责开关信号的处理，输出信号包括悬浮反馈信号、风机电源开关信号和主回路继电器开关信号；DAC 输出模拟信号用于测试和模拟传感器信号或其他用途。

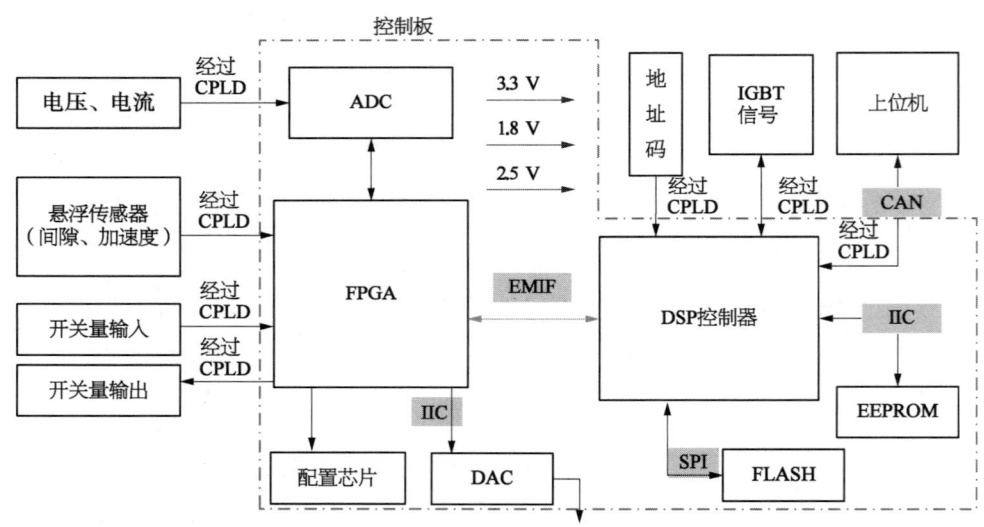

图 7-25 悬浮控制板硬件电路示意图

底板以 CPLD 为核心，其硬件电路如图 7-26 所示，负责处理外部输入控制系统的信号隔离和调理，除此之外，需要对悬浮控制板 LC1 和悬浮控制板 LC2 发出的信号进行隔离，并根据容错控制方法对输出进行仲裁。

提速后的长沙磁浮快线 2.0 版中低速磁浮列车中的悬浮控制计算机，采用了双机热备冗余设计方案，搭建了基于 DSP+FPGA 的悬浮控制电路和基于 CPLD 的双机切换电路，有效提升了悬浮控制计算机的可靠性，并且长时间的运营数据证明了方案的可行性。

为了进一步提升悬浮控制计算机的可靠性，新一代的悬浮控制计算机采用异构双机热备冗余设计方案，主悬浮控制板采用已验证的 DSP+FPGA 架构，从悬浮控制板采用

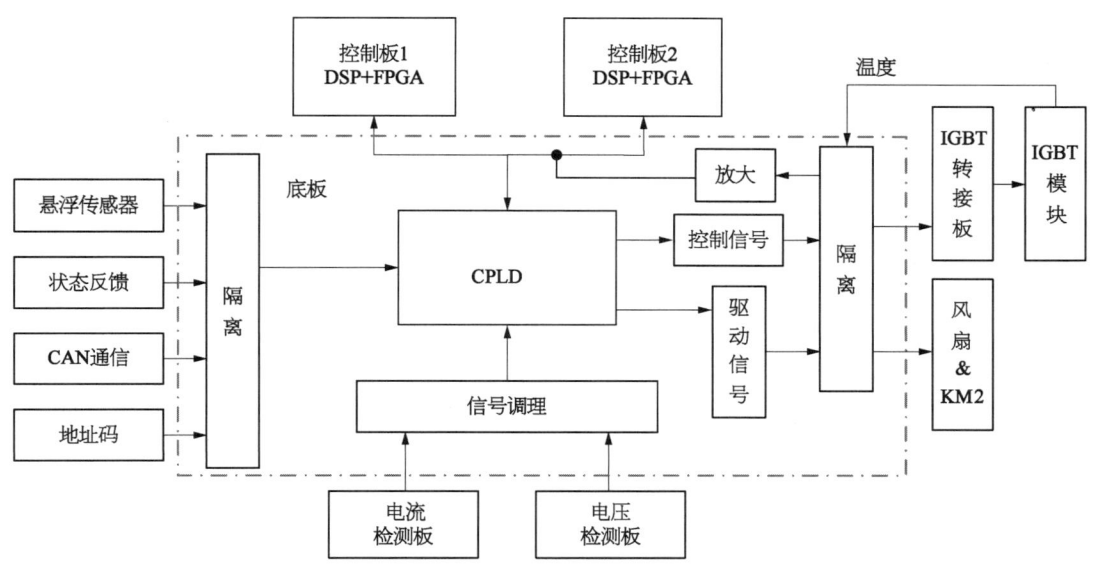

图 7-26　底板硬件电路示意图

SOC 架构,从而避免共性设计缺陷造成的冗余功能失效。

SOC 采用 Altera Cyclone V SX 系列芯片,该芯片集成了双核 ARM Cortex-A9 处理器(简称"HPS",hardware processor system)和 FPGA,且两者在一定程度上是独立的,其中 HPS 部分不仅集成了双核的 Cortex-A9 处理器,还集成了如 MMU、DDR3 控制器、NAND FLASH 控制器等高性能外设。HPS 采用 3 种形式的 AXI 总线与 FPGA 进行数据通信,分为用于 FPGA 主动向 HPS 发起高效数据传输操作的 F2H_AXI_Slave 总线、用于 HPS 主动向 FPGA 发起高效数据传输操作的 H2F_AXI_Master 总线,以及用于 HPS 主动向 FPGA 发起一些控制或小容量数据传输操作的 H2F_LW_AXI_Master 总线。

SOC 包含了 SOC_FPGA 和双核 SOC_ARM:SOC_FPGA 主要实现数据采集、数据存储、故障诊断及处理、逻辑输出控制等功能;SOC_ARM1 主要完成诊断网通信、以太网通信、485 通信、数据存储等功能;SOC_ARM2 主要实现悬浮控制算法处理、调试网通信等功能。

SOC_FPGA 读取外部输入的 IO 状态、AD 采集数据,通过 AXI 总线发送给 SOC_ARM;同时 SOC_FPGA 根据来自外部 IO 命令和并行总线的数据命令进行逻辑运算,通过 IO 控制悬浮控制器内部电气元件;再者,SOC_FPGA 能够根据故障状态输出故障保护。SOC_ARM 通过 AXI 总线获取 FPGA 数据信息,完成数据存储,同时根据通信协议通过诊断 CAN 网、调试 CAN 网和以太网发送到外部监控设备。基于 SOC 架构的悬浮控制计算机架构如图 7-27 所示。

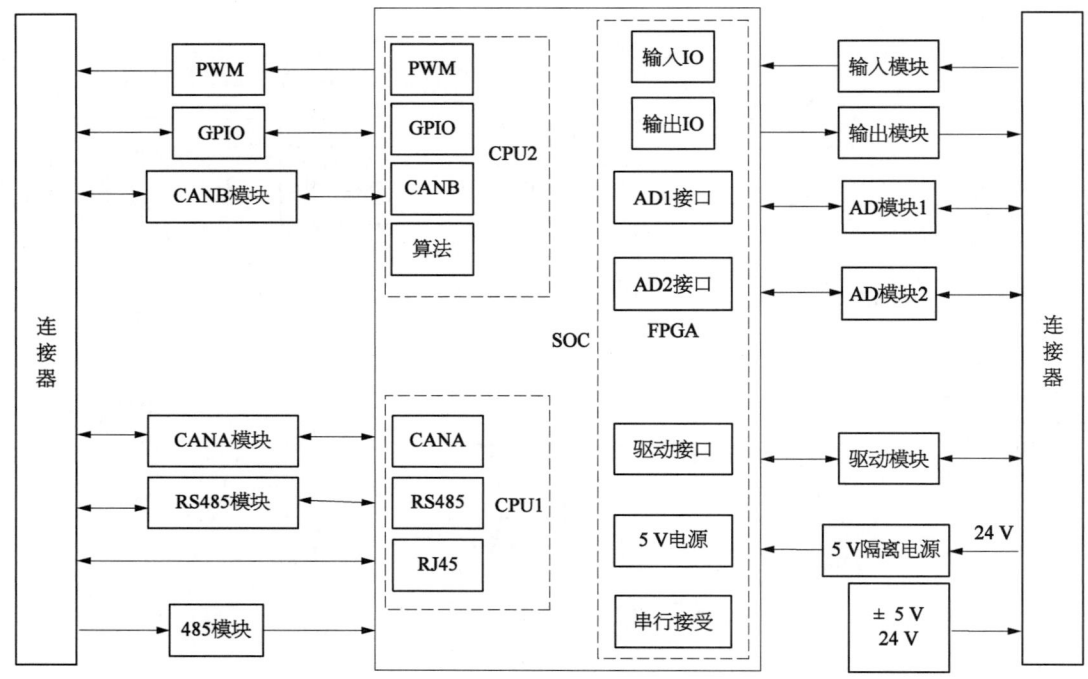

图 7-27 基于 SOC 架构的悬浮控制计算机架构

7.5 悬浮斩波器的可靠性设计

通过对已经实现工程应用的中低速磁浮列车悬浮系统控制方案的可靠性分析，发现悬浮单元一旦因执行器故障或者功率器件故障而失效，列车所需向上的支撑力将完全丧失，该悬浮单元只能降落在轨道上方拖行。因此，为了提高悬浮系统的可靠性，减少开关损耗，减低热量产生，主要针对悬浮系统的功率器件进行可靠性设计。下面通过对基于 IGBT 模块的悬浮斩波器的分析，通过对比 IGBT 模块与 SiC MOSFET 模块的损耗，根据悬浮斩波器的应用条件设计了基于 SiC MOSFET 模块的悬浮斩波器。

7.5.1 基于 IGBT 模块的悬浮斩波器分析

长沙磁浮快线运行的中低速磁浮列车悬浮系统功率器件采用的是型号为

FF300R12KT3 的 IGBT 模块,其电压电流能力为 1 200 V/300 A。随机截取长沙磁浮快线悬浮斩波器某一天的悬浮电流波形,如图 7‑28 所示。悬浮电流大部分在 20～40 A 之间波动,但是中低速磁浮列车启动时,悬浮电流会有 100 A 左右的超调,同时长沙磁浮快线悬浮控制箱的内部杂散电感较大,在外部冲击下悬浮电流最大的时候同样也能够达到 100 A。

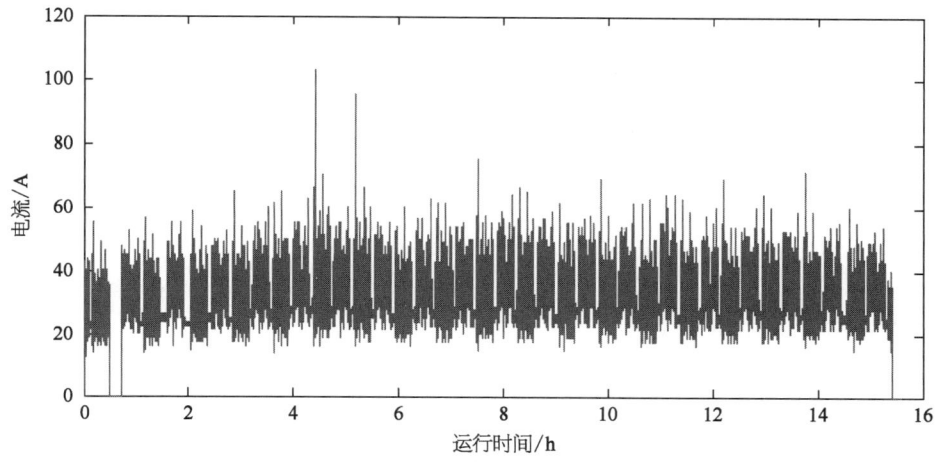

图 7‑28　长沙磁浮快线一台悬浮斩波器实测全天悬浮电流

悬浮斩波器设计选型时,以冗余的方式来确保 IGBT 模块工作在安全工作区,是一种简便有效的工程方法。同时,考虑了较大裕量的情况下,IGBT 的寿命也会更长。使用这种方法可以降低模块内部芯片的热应力,以改善 IGBT 模块的寿命。而德国、日本和韩国的磁悬浮列车同样采用了这种方法。

随着 SiC MOSFET 的发展,人们发现 SiC MOSFET 在开关频率、开关损耗和耐高温应用等方面均优于 Si 材料的 IGBT 模块。SiC MOSFET 模块明显优于 IGBT,在较大电流和温度范围内 SiC MOSFET 模块的开关损耗仅为 IGBT 模块损耗的 10% 左右;在导通损耗方面,SiC MOSFET 模块在较低的电流范围内有较小的导通损耗。

长沙磁浮快线的中低速磁浮列车每节车厢由 20 个控制箱提供悬浮力。悬浮控制箱的实物如图 7‑29 所示,重量约为 34 kg。

悬浮斩波器是长沙磁浮快线悬浮控制箱中体积和重量最大的部件,其包括两个 IGBT 模块、吸收电容、驱动板、直流母线电容、散热器和风扇。散热器和直流母线电容占据了悬浮斩波器的大部分体积。而悬浮斩波器大约占整个悬浮控制箱重量的 1/4,体积约占 1/7。所以悬浮斩波器的体积、重量都有很大的减小空间。悬浮斩波器是悬浮控制箱的核心部件,因此对斩波器进行优化设计具有重要意义。

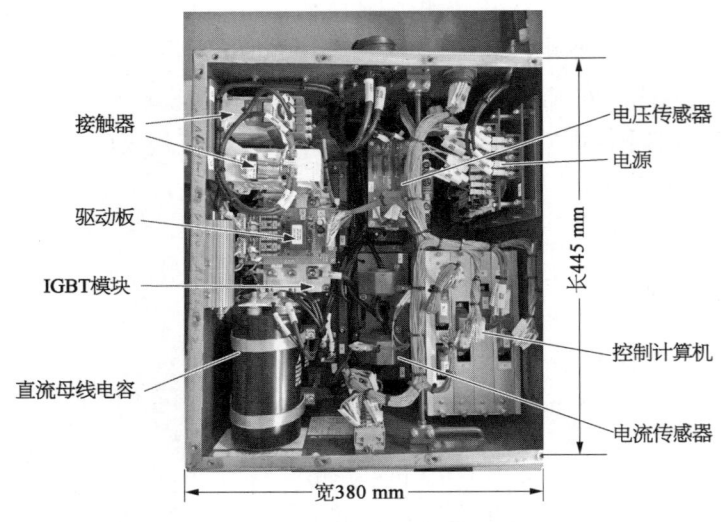

图 7-29 悬浮控制箱

7.5.2 基于 SiC MOSFET 模块的悬浮斩波器优化设计

基于 SiC MOSFET 模块的悬浮斩波器系统组成如图 7-30 所示。

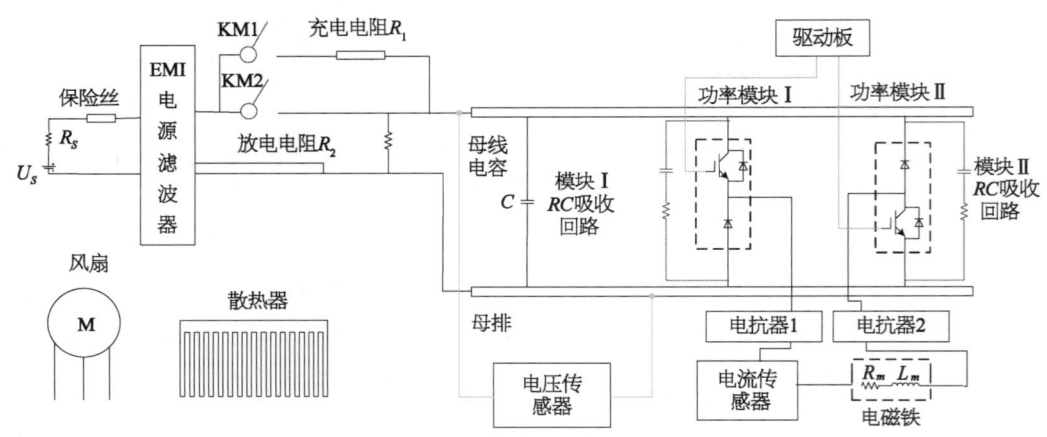

图 7-30 基于 SiC MOSFET 模块的悬浮斩波器系统组成

与基于 IGBT 模块设计的悬浮斩波器不同之处在于,其将功率模块替换成了 SiC MOSFET 模块。功率器件的驱动是控制电路与功率电路之间的连接点,通常要求驱动具有使功率器件快速开关、降低开关损耗的能力,同时还要避免由于电压电流的快速变化导致的开关振荡,还要具有短路和欠压保护的功能。本书所涉及 SiC 模块使用的是 Cree 公司的型号为 CGD15HB62P1 的一款双路门极驱动。图 7-31 为其原理图。该驱动具有短路保护和欠压保护功能,能同时为两个 SiC MOSFET 提供驱动信号。该驱动板能够直接利用其接口安装在模块上,最大限度地减少驱动部分的杂散电感。

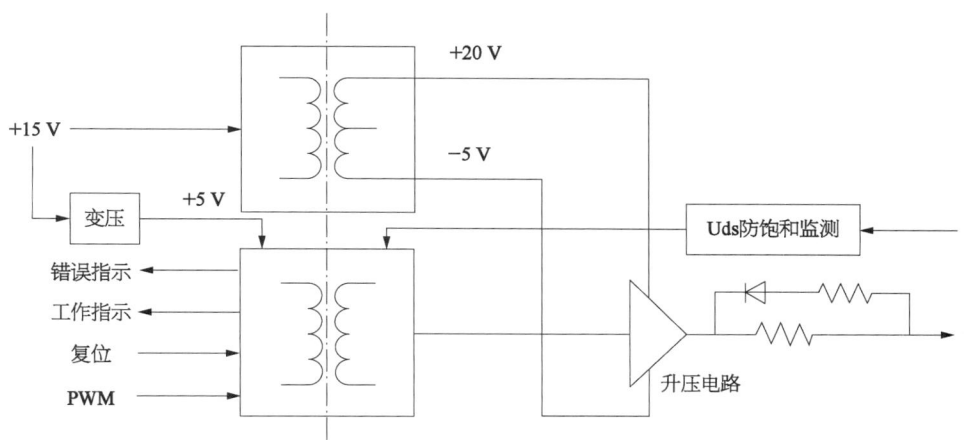

图 7-31　SiC MOSFET 驱动 CGD15HB62P1 电路原理图

为了减小悬浮斩波器的体积、重量,对长沙磁浮快线悬浮斩波器的散热器进行热仿真。仿真结果如图 7-32 所示。在正常工作条件下,悬浮电流为 35 A 左右,在最恶劣的环境温度、50℃的条件下,IGBT 模块的结温设计温度最高为 80℃。如果风扇损坏,结温会上升到 121℃。如果采用 SiC MOSFET 模块,总的功耗将会降低,使用 ICEPEAK 热仿真软件模拟当散热器体积减小后 SiC MOSFET 芯片的结温,如图 7-33 所示。在 SiC MOSFET 模块中,三个芯片并联以承担负载电流,而在 IGBT 模块中只有两个芯片并联。仍采用 35 A 作为平均工作电流,在结温为 80℃的条件下,散热器重量减少为原来的 21%,体积减小为原来的 15%,而在没有风扇的条件下 SiC MOSFET 芯片的结温是

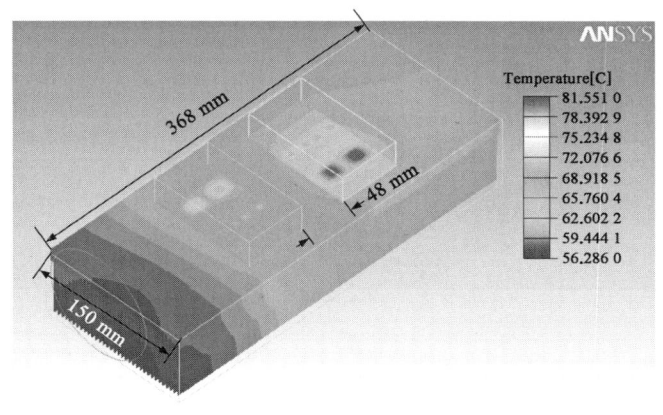

(a) 有风扇、环境温度50℃

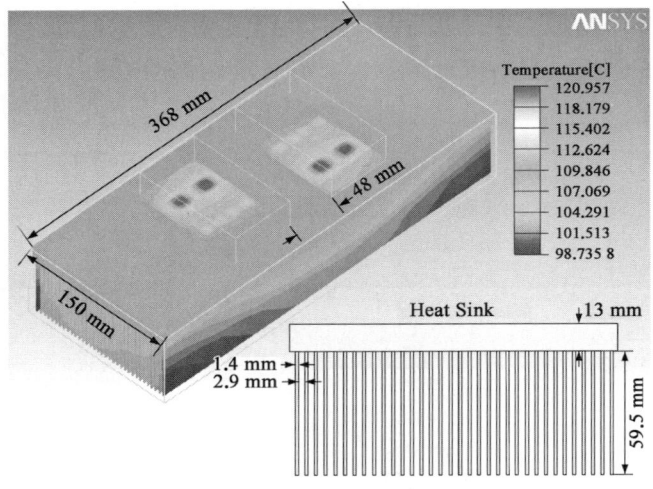

(b) 无风扇、环境温度50℃

图 7‑32　IGBT 悬浮斩波器 ANSYS 仿真

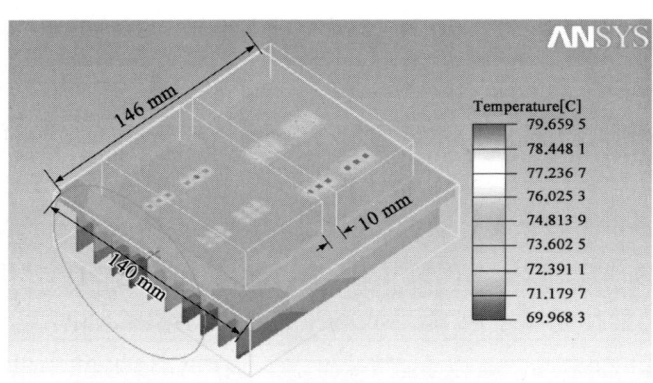

(a) 有风扇、环境温度50℃

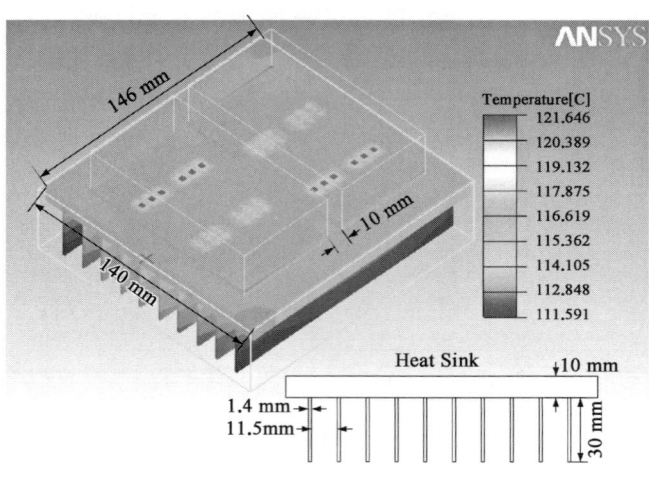

(b) 无风扇、环境温度50℃

图 7‑33　SiC MOSFET 悬浮斩波器 ANSYS 仿真

120℃。这样的结温设计方案在 IGBT 模块的应用中已经证明是非常可靠的。而如果不将散热器的体积、重量减少到仿真中的数值,那么 SiC MOSFET 芯片的结温将会大大降低,减小芯片结温的波动能够大大减小芯片老化失效的速度。

7.6 悬浮控制系统的容错方案设计

通过对已经实现工程应用的中低速磁浮列车悬浮系统控制方案的可靠性分析发现,悬浮单元一旦因执行器故障或者其他故障而失效,列车所需向上的支撑力将完全丧失,该悬浮单元只能降落在轨道上方拖行。因此,为了提高悬浮系统的可靠性,本节从系统层面提出了悬浮控制系统的容错设计方案,设计了基于搭接结构以及端部电磁铁加长的悬浮系统冗余设计方案;设计了一种分布式模块悬浮系统容错控制方案,从而全面提升中低速磁浮列车悬浮控制系统的容错能力。

7.6.1 基于搭接结构的悬浮系统冗余设计

针对中低速磁浮列车采用的悬浮模块结构,日本最早提出一种搭接结构来实现相邻悬浮单元的容错。搭接结构安装在相邻悬浮架悬浮单元之间,一旦其中一侧悬浮单元发生故障,通过搭接结构,在另一侧悬浮单元的支撑下,故障悬浮单元仍然能悬浮于轨道上方而不降落。同时,该结构能够保证悬浮架单元正常行驶时横向、纵向运动的位移解耦,从而不影响列车在轨道线路上的安全运行。该搭接结构的安装位置如图 7-34 所示。

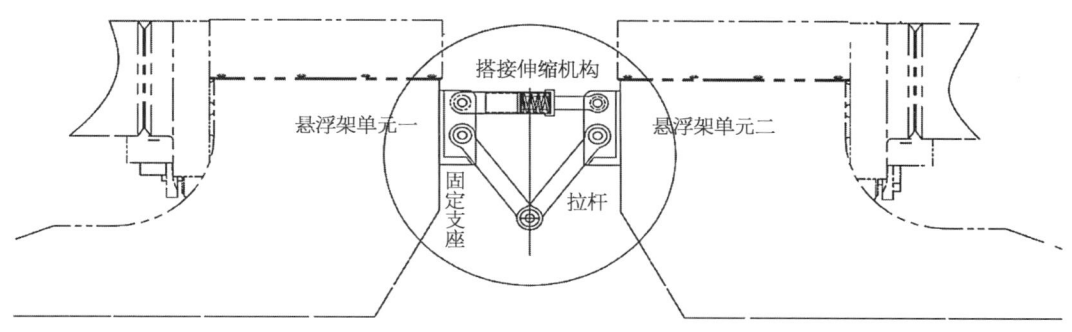

图 7-34 搭接结构安装位置示意图

中低速磁浮列车悬浮系统正常工作时,固定支座与搭接伸缩机构以及拉杆之间通过关节轴承连接,因此,能够保证两个悬浮单元在横向和纵向都具有足够的自由度。当一侧悬浮单元失效时，由于悬浮单元端面上的两固定支座上端通过搭接伸缩机构连接，因而限制了该失效悬浮单元的横向位移；同时，固定支座下端与拉杆中间通过关节轴承连接，两个拉杆的公共端通过销轴相互连接，形成的"V"形结构限制了该失效悬浮单元的垂向位移。

在列车中部转向架间引入"V"形搭接后，从硬件上提升了悬浮系统的可靠性和冗余度。但是当某悬浮单元发生故障、悬浮能力消失时，搭接结构的冗余功能将主要由相邻搭接悬浮单元的承载能力决定。

通过控制故障点对应的空气弹簧放气，将该悬浮点故障前的载荷转移到全车的正常悬浮点，以减轻对该点和相邻转向架悬浮点的压力；与此同时，搭接结构将托起故障点，同一搭接结构下正常悬浮电磁铁的线圈电流加大，产生更大的悬浮力来维持搭接结构整体在平衡点保持稳定悬浮。基于搭接结构的悬浮系统控制架构如图7-35所示。

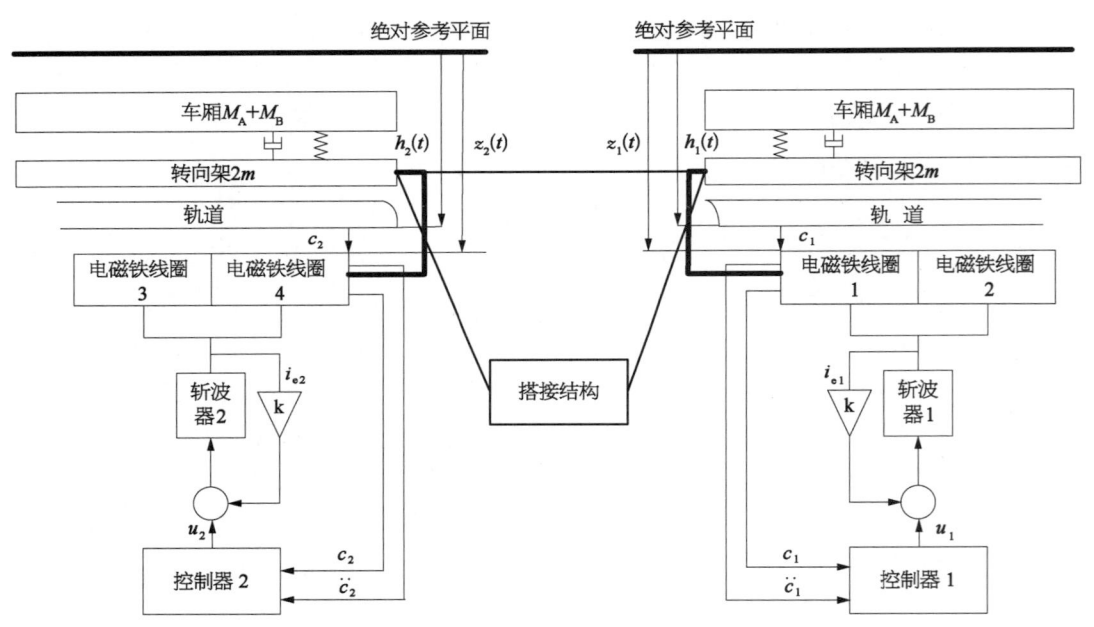

图7-35 出现故障后搭接结构支撑状态示意图

正是由于这样的特性，可以通过控制空气弹簧配合搭接结构工作，实现对故障后的列车负载进行再分配，以减轻对搭接悬浮电磁铁的负担。当确定悬浮单元故障时，调节空气弹簧，将故障点对应的空气弹簧进行放气处理，同时调整剩余空气弹簧气压使列车的重心保持一个稳定状态，不随故障的发生而有较大的偏移和变化。此时故障点的载荷不再全部落在搭接电磁铁上，通过二次悬浮系统均分到了全车剩余19个正常悬浮点，此时可以将对其余正常悬浮单点的影响降到最小，对悬浮系统的影响也最小。

当某悬浮单元发生故障、悬浮能力减弱或消失时，搭接结构的冗余功能将主要由搭接结构相邻的悬浮电磁铁的承载能力决定。因此,需要对悬浮电磁铁的承载能力进行分析。

悬浮电磁铁在实际工作中受边缘效应和漏磁场影响,实际工况相对复杂,同时导轨和铁芯都存在饱和的问题,因此,基于有限元法对悬浮电磁铁进行数值仿真计算,能够更好地分析悬浮电磁铁的承载能力。为进一步了解和掌握悬浮电磁铁模块的磁场分布和受力情况,利用有限元分析法对悬浮电磁铁的电磁场进行数值仿真分析。通过 Maxwell 软件建立起与实际系统比例相同的三维有限元模型,参照长沙磁浮快线悬浮电磁铁以及 F 型导轨的结构、尺寸以及参数,对悬浮电磁铁模块的磁场分布进行数值分析。其中,F 型导轨、悬浮电磁铁内部铁芯以及外围极板的材料均为 Q235B,三维模型如图 7-36 所示。

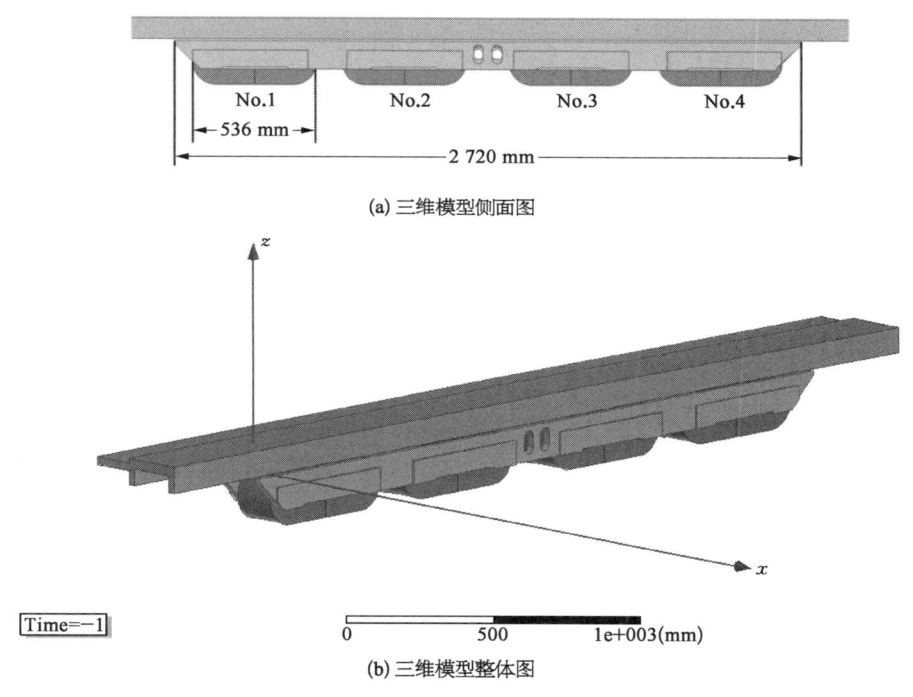

图 7-36 悬浮电磁铁与 F 型导轨的三维模型

为了对悬浮电磁铁模块进行数值分析,首先围绕建立好的悬浮电磁铁与 F 型导轨的三维模型选择求解场、定义边界并建立运动区域。其次在三维仿真中对建立好的模型添加激励、划分网格,并设置其运动模式、方向、距离和速度,其三维模型的网格划分如图7-37 所示。

在 Ansoft Maxwell 模型中,通过给定不同激励源即恒定的电流激励,可以对不同工况下的电磁铁磁场和受力情况进行计算,可以进一步分析得到悬浮单元在各种情况下提供的悬浮支撑的最大能力。悬浮电磁铁三维磁感应强度分布如图 7-38 所示。

图 7‑37　三维模型的网格划分

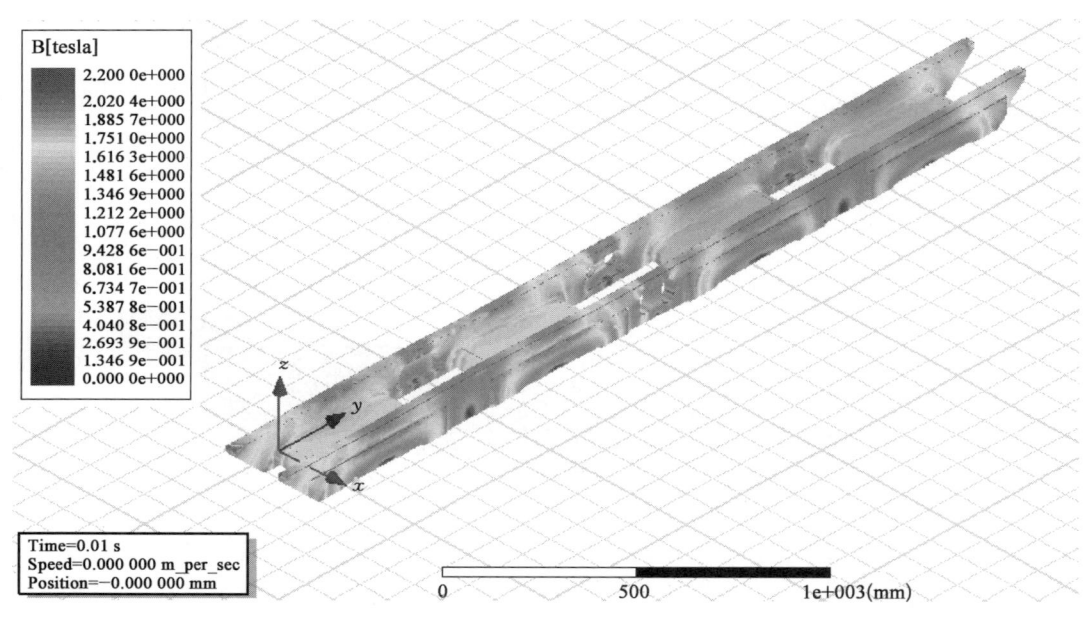

图 7‑38　悬浮电磁铁三维磁感应强度分布

7.6.2　基于端部电磁铁加长的悬浮系统冗余设计

基于搭接结构的悬浮电磁铁冗余结构通过相邻悬浮单元的互相支撑,可以很好地解决列车中部悬浮单元的失效问题。面对端部悬浮单元的失效问题,还需要采取其他容错方法。针对端部悬浮单元的特殊性,下面提出一种冗余的悬浮电磁铁结构,并设计了新的模块控制器结构,以提升端部悬浮单元的可靠性。

为提升端部悬浮模块的冗余度和可靠性,在保持其他电磁铁组尺寸与规格不变基础上将悬浮模块的长度扩展 0.5 倍,以便在靠近列车端部一侧引入一组冗余电磁铁,并增加一套控制器和传感器设备,将该模块改造设计成由三组悬浮单元组成的冗余结构,形成新型悬浮模块结构,如图7-39所示。三组悬浮单元共同承担端部悬浮模块所需的悬浮力,可以将端部悬浮模块等效为两个悬浮点,其中悬浮单元1、2共同负责给靠近列车端部悬浮点A提供悬浮力,形成冗余电磁铁组合。

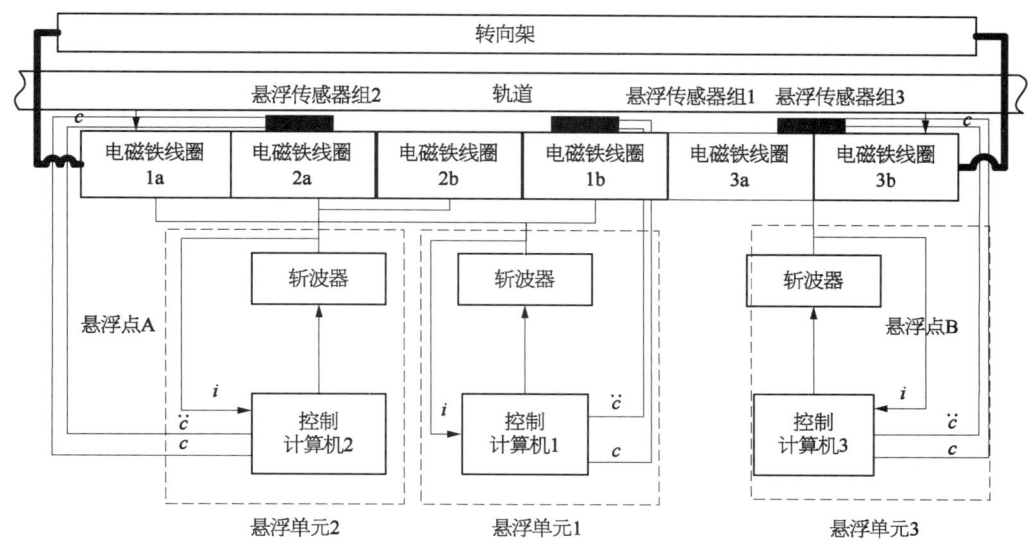

图7-39 端部悬浮模块结构

当列车稳定运行时,悬浮系统工作正常。此时悬浮单元1、2所产生的电磁力可保持靠近列车端部悬浮点的稳定悬浮,悬浮单元3所产生的电磁力保证模块另一侧悬浮点的稳定悬浮;悬浮单元3工作异常时,相邻悬浮模块通过搭接结构给故障点提供悬浮支撑,故障模块另一侧悬浮单元1、2继续正常工作,保证模块不致落轨;当悬浮单元1发生故障时,悬浮单元2实现冗余功能,控制器2通过功放加大控制电流,给该悬浮点提供更大的电磁力保证正常悬浮,另一侧继续由悬浮单元3提供悬浮力保证悬浮点的正常工作;当悬浮单元2发生故障时,同理,由悬浮点1实现冗余功能。这样的悬浮模块结构配合7.6.1节提出的搭接结构工作,可以给端部悬浮单元提供故障后的支撑,从而提升了整个悬浮系统的可靠性。

当端部某悬浮单元发生故障、悬浮能力减弱或消失时,基于端部电磁铁加长的悬浮系统冗余功能也将主要由悬浮电磁铁的承载能力决定。因此,需要对端部悬浮电磁铁的承载能力进行分析。

通过Maxwell软件建立起与实际系统比例相同的三维有限元模型,其中,F型导轨、端部悬浮电磁铁内部铁芯以及外围极板的材料均为Q235B,三维模型如图7-40所示。

为了对端部悬浮电磁铁模块进行数值分析,首先围绕建立好的端部悬浮电磁铁与F型导轨的三维模型,选择求解场、定义边界并建立运动区域。其次在三维仿真中对建立好

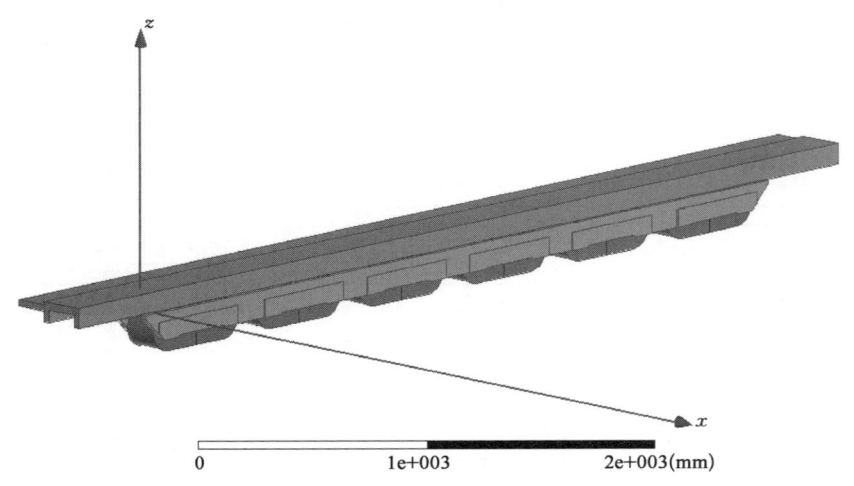

图 7-40 悬浮电磁铁与 F 型导轨的三维模型

的模型添加激励、划分网格,并设置其运动模式、方向、距离和速度。通过给定不同激励源即恒定的电流激励,可以对不同工况下的端部悬浮电磁铁磁场和受力情况进行计算,进一步分析得到端部悬浮单元在各种情况下提供的悬浮支撑的最大能力。端部悬浮电磁铁三维磁感应强度分布如图 7-41 所示。

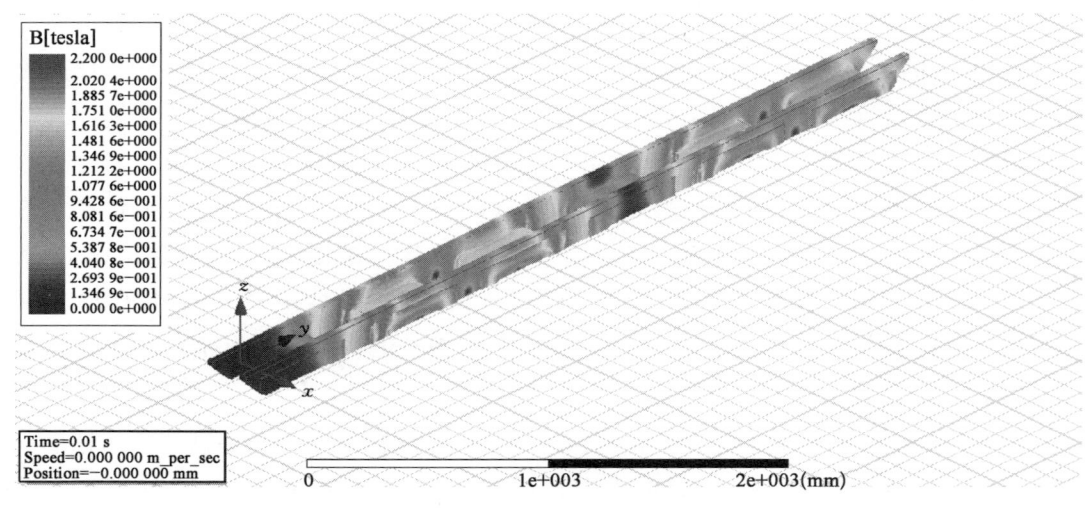

图 7-41 端部悬浮电磁铁三维磁感应强度分布

7.6.3 一种分布式悬浮系统容错控制方案

随着电力电子技术的发展,悬浮控制器逐步实现小型化和轻量化,可实现悬浮控制器、悬浮传感器以及悬浮电磁铁一体化设计。基于此设计思想，本节在分析既有模块悬浮结构的基础上，提出了磁浮列车单模块悬浮系统的一种新结构，该结构无须对现有中低速磁浮车辆和转向架的机械结构进行大的改动，只需调整电磁铁尺寸和数量，增加控制器个数，可实现类似高速磁浮列车的冗余，即任何一个悬浮部件故障不会影响车辆或对应模块的悬浮。新结构采用四个控制器控制八个电磁铁的方案，并将传感器信息引入冗余通信网络，使得各控制器都能获得更完整的系统状态信息。然后采用最优控制的方法为每个故障模型设计了最优控制器以备故障时切换。仿真结果表明，对具有新结构的单模块悬浮系统进行主动容错控制，比对传统结构的单模块悬浮系统进行主动容错控制，具有更好的容错效果。本节目前只是提出一种设计方案，进一步实现还有许多工程问题需要解决，具体内容如下。

首先介绍不改变电磁铁结构布局的分布式控制方案。如图 7-42 所示，该方案中每个电磁铁对应一个斩波器，分别由一个控制器控制，增加了系统的冗余度。任何一个控制通道失效，都可以通过其他控制器重新调整控制参数进行补偿。若有两控制通道同时发生故障，只要发生故障的控制器通道不在同一边，这种结构也可以对该故障情况进行容错。

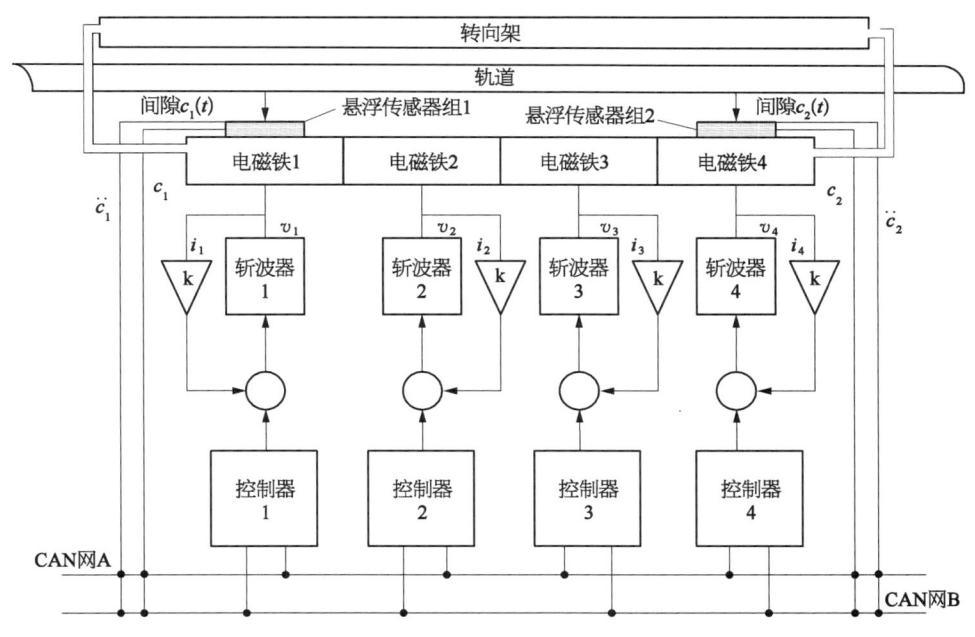

图 7-42 四套悬浮控制器的模块悬浮系统方案

该方案的成本较图 7-2 所示的控制方案 1 有所增加，但是考虑到系统可靠性的提高，这是可以接受的。另外，该结构采用了高速网络来传送传感器信息。每个控制器都可以从网络得到模块两端传感器的信息，实时地将模块两端的相互影响纳入控制算法中，使得先前忽略的耦合信息成为系统内部可测的状态量,从而消除耦合的影响。

系统稳定悬浮时,两端的悬浮力作用点分别在1、2电磁铁和3、4电磁铁之间。实际实现中,电磁铁2或3通道故障时,系统可以实现稳定悬浮,但是如果电磁铁1或4通道故障,故障端的悬浮力作用点内移,试验证明剩余电磁铁无法提供足够的悬浮力。

为解决上述矛盾,提出了八电磁铁+四套控制器的悬浮控制方案,如图7-43所示。其中电磁铁1和4串联,受控制器1和斩波器1控制;电磁铁2和3串联,受控制器2和斩波器2控制;电磁铁5和8串联,受控制器4和斩波器4控制;电磁铁6和7串联,受控制器3和斩波器3控制。按照此结构配置悬浮控制系统后,任意一个通道故障,不影响两端悬浮力作用点的变化,更有利于进行控制器设计。相比图7-42的方案,八电磁铁+四套控制器的悬浮控制方案有了如下变化:

(1) 左右两端的传感器分别位于电磁铁2、3和电磁铁6、7的中轴线上。八个电磁铁分布均匀且对称,相邻电磁铁中心的间隔距离记为$l_e/2$,整个系统的质心位于电磁铁4和电磁铁5的中轴线上。

(2) 将控制器1、2、3、4各自对应的两个电磁铁产生的电磁力分别等效为4个集中力F_1、F_2、F_3和F_4。其中F_1和F_2的作用点在电磁铁2、3的中轴线上,F_3和F_4的作用点在电磁铁6、7的中轴线上。在俯仰角很小的情况下,采用上述假设计算电磁力和电磁力矩是合理的。

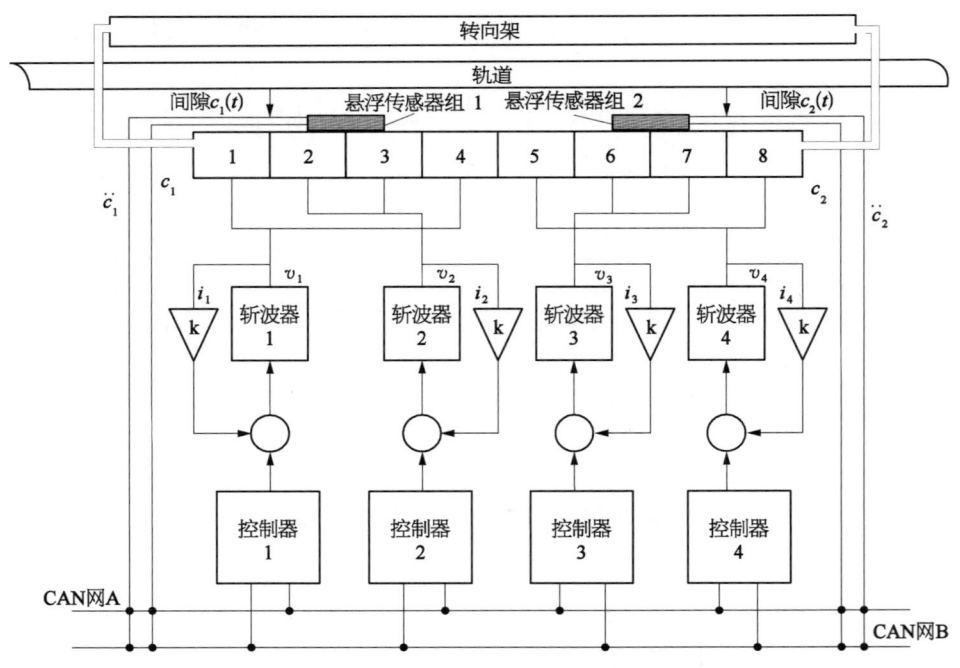

图7-43 八电磁铁+四套控制器的悬浮控制方案

第 8 章

高速磁浮列车悬浮系统容错控制

本章分析了高速磁浮列车悬浮系统基本结构,给出了高速磁浮列车搭接结构悬浮系统的分级容错控制方案。针对微小故障,给出了基于梯度下降法的参数在线更新策略;针对传感器故障,提出了基于信号重构的容错控制方法;针对单悬浮点故障,提出了基于控制律切换的主动容错控制策略。

8.1　概　　述

一节高速磁浮列车安装有 32 套悬浮控制器、64 套间隙和加速度一体化传感器,以及 64 套电流互感器。面对如此庞大和复杂的磁浮列车悬浮控制系统,提高其安全性、可靠性和有效性就成为一个关键的技术要求。磁浮列车在高速运行中,一旦悬浮系统的某个控制器、传感器或电磁铁(执行器)发生故障,对应的悬浮点将会失稳或失效,此时造成的损失将是难以估量的。为了增强磁浮列车悬浮系统的故障容错能力,必须在控制器设计初期就将系统可能发生的故障考虑在内,使得一旦发生严重失效等故障时,整个控制系统仍然能够适应当前恶劣的环境,暂时或继续维持系统稳定运行的能力,避免突然落车等严重事故的发生。

与中低速磁浮列车相比,高速磁浮列车悬浮系统采用搭接结构为基本悬浮单元,系统更为复杂,搭接结构内部 2 个悬浮点之间的耦合关系强,控制复杂。为提升高速磁浮列车悬浮系统的可靠性,本章以基于搭接结构的悬浮控制系统为研究对象,对搭接结构悬浮系统的容错控制问题展开研究。

考虑到实际系统的复杂性,对磁浮列车悬浮系统进行容错控制的难点在于:系统动态响应快,需要容错控制算法在短时间内做出反应;系统模型复杂,且随着列车运行,系统模型不断发生微小变化;干扰因素多,如牵引电机法向力干扰、机械结构力干扰、轨道不平顺干扰等。在现有研究成果基础上,从深入研究悬浮系统特性、结合系统动态机理模型与输入输出数据、充分利用搭接结构内部关联关系、考虑实际系统复杂性、强化悬浮系统的在线调节能力这几个角度入手,对高速磁浮列车悬浮系统容错控制问题做进一步研究。

8.2 高速磁浮列车悬浮系统容错控制方案

8.2.1 高速磁浮列车悬浮系统基本结构

高速磁浮列车采用多编组,图 8-1 给出了位于端部的一节车的结构示意图。按照功能可将单节磁浮列车分为上、下两部分:上半部分为车体;下半部分为列车走行机构,包括悬浮、导向、涡流制动系统等功能单元。为了便于观察悬浮电磁铁,图 8-1 中只示意画出了一侧的导向电磁铁及涡流制动电磁铁。

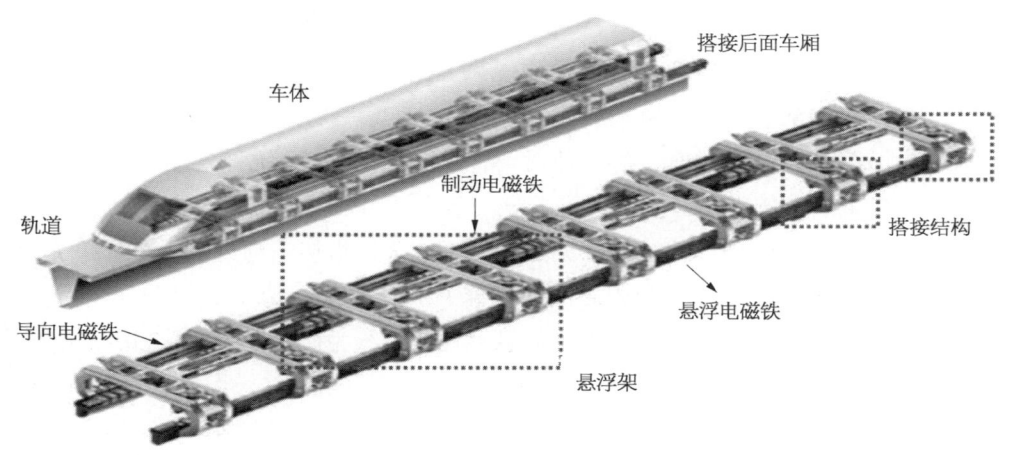

图 8-1 高速磁浮列车结构示意图

在高速磁浮列车中,悬浮电磁铁之间通过悬浮框首尾相连,构成柔性悬浮结构。这种相邻电磁铁通过悬浮框共同起支撑作用的结构通常被称为搭接结构。每节高速磁浮列车由 4 个悬浮架支撑,每个悬浮架包含 4 个悬浮框即 4 个搭接结构,每个悬浮框通过一个空气弹簧提供一个支撑点。这样整个车厢由 16 个悬浮框支撑起来。16 个悬浮框之间通过机械结构物理解耦,以其中的一个悬浮框作为研究对象来研究磁浮列车的悬浮控制问题是合理的。在下面的叙述中,以搭接结构悬浮系统来代指由一个悬浮框及相应的控制器、传感器、电磁铁与轨道构成的悬浮系统。

图 8-2 中上半部分为单节高速磁浮列车的侧视结构示意图。把由一个悬浮控制器

机箱、两套悬浮传感器及相应电磁铁与轨道构成的悬浮系统称为单点悬浮系统。位于车身端部的电磁铁模块对应 3 个悬浮点，其余电磁铁模块对应两个悬浮点，整节车单侧共 16 个悬浮点。车厢尾部的电磁铁模块用于连接另一节车厢。图 8-2 中下半部分为搭接结构的局部放大示意图。电磁铁通过叠片弹簧连接悬浮框中托臂的底部，这与低速磁浮列车中电磁铁与托臂直接固连是不同的。从该示意图中可以看出，端部电磁铁模块对应的两个搭接结构是不同的。其中，左侧搭接结构内部两个电磁铁之间由于叠片弹簧的作用存在着一定限度的自由度，右侧搭接结构中两个悬浮点对应的电磁铁固连在一个电磁铁模块上，当忽略电磁铁模块的俯仰运动与侧滚运动时，可以认为端部搭接结构中两个悬浮点的垂向运动是一致的。

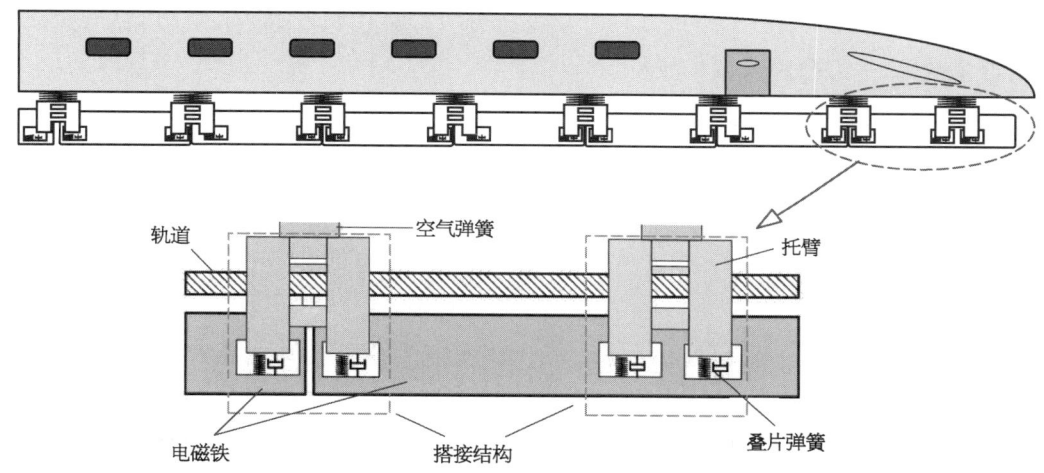

图 8-2　高速磁浮列车悬浮搭接结构示意图

8.2.2　高速磁浮列车悬浮系统分级容错控制结构

对高速磁浮列车悬浮系统进行故障诊断与容错控制，需要结合悬浮系统的具体情况进行分析。在之前的研究中，故障诊断与容错控制大多是独立的，对系统进行容错控制较少考虑按照故障特性进行分级。本节基于 Youla 参数化原理，提出针对搭接结构悬浮系统的故障诊断与分级容错控制集成方案。首先给出控制器 Youla 参数化原理及其不同实现形式，然后分析 Youla 参数化的不同实现形式在悬浮系统中的适应性，最后根据故障对系统的影响程度对故障进行分级，根据故障级别分层次设计对应的容错控制算法，最终提出针对整个搭接结构悬浮系统的故障诊断与分级容错控制方案。

基于 LQR 方法设计的标称控制器能够保证悬浮系统在理想情况下针对线性二次型性能指标具有最优的性能，其前提是被控对象模型不发生变化，悬浮系统的工作环境不发生变化，无外界扰动且系统无故障。然而在实际系统中，影响悬浮系统性能的因素有很多,如悬浮系统工作点、工作环境发生变化,系统中的电子元器件在运营过程中老化乃至出现故障、机械结构磨损变形以及在列车悬浮系统维修过程中发生部件更换等。这些因素可能产生的影响就是最初设计的控制器不能够保证悬浮系统始终保持二次型性能指标意义下的最优控制效果。因此,有必要设计一种能够在线更新控制器参数乃至控制器结构的容错控制方法,使得系统在存在故障的情况下依然保持最优的控制效果。这里所提到的故障是广义的故障,即不仅包含系统中元部件的完全失效,也包含完全失效前期系统中元部件的微小故障。微小故障的特征在于故障幅值小,可能是间歇、时变的。考虑到微小故障通常具有时变且不确定的特点,对微小故障进行故障诊断更加困难,对其进行容错控制时采用无需故障诊断单元的结构更加合适。

综合考虑各控制方案的优缺点及适用范围,并结合不同故障对于悬浮系统性能的影响程度,建立如图 8-3 所示搭接结构悬浮系统分级容错控制方案。在该方案中,将故障分为严重故障、一般故障及微小故障。

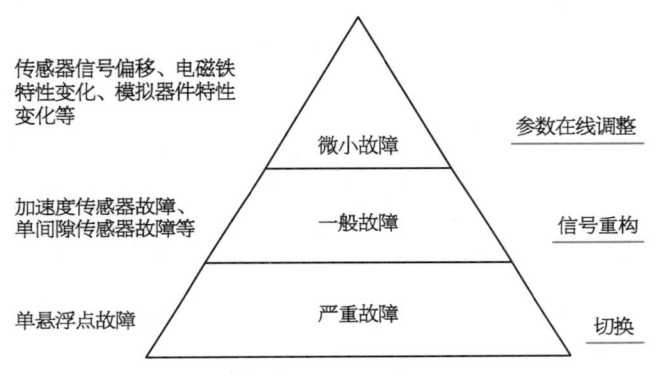

图 8-3　搭接结构悬浮系统分级容错控制方案

（1）严重故障。指单悬浮点完全故障,即搭接结构中的一个悬浮点无法输出控制电压,致使该悬浮点完全不可控,可能引起该类故障的原因包括驱动电路故障、电源故障、IGBT 故障等,此时只能通过调整搭接结构中正常工作悬浮点的工作状态来提升整个搭接结构悬浮系统的性能。此外在某些未知故障发生的情况下,为了避免系统遭到进一步的损害,控制器会主动采取保护措施,关闭该单悬浮点控制电压的输出。该种情形也被归入单点完全故障中,可采用同样的容错控制策略进行处理。

（2）一般故障。主要是指单悬浮单元内部与计算控制量相关的传感器发生故障,包括间隙传感器故障、加速度传感器故障、电流传感器故障等,也称为可控的单点部分故障。一部分传感器故障可采用信号重构的方法,利用系统内部变量之间的解析冗余关系搭建观测器或者直接利用传感器信号之间的冗余关系对故障信号进行重构,从而在不改变控制器结构的前提下完成容错目的。在悬浮系统中,电流传感器难以利用简单的传感器信号进行重构,可以重新设计控制器;单间隙信号故障、加速度传感器信号故障可采用信号重构的方法。

(3) 微小故障。主要是指系统部件在完全失效之前出现的性能衰退,如传感器信号偏移、电磁铁特性变化、模拟器件特性变化等,主要由悬浮系统长时间运营积累的机械摩擦、材料变形、器件老化等因素造成。微小故障具有故障幅值小、故障趋势不确定、时变等特征,不会影响系统稳定性,但是会对系统性能造成影响。理想情况下,标称控制器能使悬浮系统在二次型性能指标意义下达到最优性能,而微小故障使得悬浮系统偏离最优性能,因此需要调整控制器参数。同时由于该类型故障常处于时变不确定状态,最理想的解决方案是通过参数在线调整策略使悬浮系统重新保持二次型性能指标意义下的最优性能。

8.3 基于 Youla 参数化的容错控制方法分析

8.3.1 控制器 Youla 参数化分析

控制器 Youla 参数化原理的基本思想是将所有能使闭环系统稳定的控制器表示成与参数矩阵 Q 有关的形式。本节主要介绍 Youla 参数化的具体表达形式以及进行控制器参数化所需的预备知识。

考虑如图 8-4 所示标准反馈控制系统结构,以该结构为切入点给出系统传递函数的互质因式分解与控制器参数化表达式。在图 8-4 中,$K(z)$ 为线性时不变的控制器传递函数,$G(z)$ 为线性时不变的被控对象传递函数,ω 为参考输入(在悬浮系统中,参考输入一般代指目标悬浮间隙),e 为跟踪误差,u 为系统输入(在悬浮系统中,指施加在电磁铁线圈绕组两端的电压),

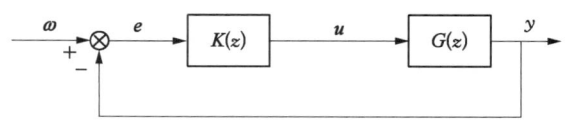

图 8-4 标准反馈控制系统结构

y 为系统输出(在悬浮系统中代指传感器可以获得的信号,如悬浮间隙)。不失一般性,假定该反馈控制系统是适定的,即 $\det(I-G(\infty)K(\infty))\neq 0$,控制器和被控对象均以离散形式表达。

对于图 8-4 中给定的离散线性时不变被控系统 $G(z)$,设系统的离散状态空间实现形式为

$$\left.\begin{array}{l}\boldsymbol{x}(k+1)=\boldsymbol{A}\boldsymbol{x}(k)+\boldsymbol{B}\boldsymbol{u}(k)\\ \boldsymbol{y}(k)=\boldsymbol{C}\boldsymbol{x}(k)+\boldsymbol{D}\boldsymbol{u}(k)\end{array}\right\} \quad (8-1)$$

式中,系统输入 $\boldsymbol{u}(k) \in \boldsymbol{R}^l$;系统输出 $\boldsymbol{y}(k) \in \boldsymbol{R}^m$;状态变量 $\boldsymbol{x}(k) \in \boldsymbol{R}^n$;$\boldsymbol{A}$、$\boldsymbol{B}$、$\boldsymbol{C}$、$\boldsymbol{D}$ 为适当维数的系统矩阵。对式(8-1)做 z 变换,可以得到从系统输入 $u(z)$ 到系统输出 $y(z)$ 的传递函数:

$$\boldsymbol{G}(z)=\frac{y(z)}{u(z)}=\boldsymbol{C}(z\boldsymbol{I}-\boldsymbol{A})^{-1}\boldsymbol{B}+\boldsymbol{D} \quad (8-2)$$

为表达方便,定义以下式来表达传递函数:

$$\boldsymbol{G}(z)=\left[\begin{array}{c|c}\boldsymbol{A} & \boldsymbol{B}\\ \hline \boldsymbol{C} & \boldsymbol{D}\end{array}\right]=[\boldsymbol{A}\quad \boldsymbol{B}\quad \boldsymbol{C}\quad \boldsymbol{D}] \quad (8-3)$$

假设 $\boldsymbol{G}(z)$ 是一个适定的实有理传递函数矩阵,系统可控、可观测,且具有最小状态空间实现 $[\boldsymbol{A}\quad \boldsymbol{B}\quad \boldsymbol{C}\quad \boldsymbol{D}]$,则在 RH_∞ 域内存在 $\boldsymbol{G}(z)$ 的左互质因式分解(left coprime factorization,LCF)及左互质的传递函数矩阵对 $(\hat{\boldsymbol{M}}(z)\quad \hat{\boldsymbol{N}}(z))$ 与右互质因式分解(right coprime factorization,RCF)及右互质的传递函数矩阵对 $(\boldsymbol{M}(z)\quad \boldsymbol{N}(z))$,满足

$$\boldsymbol{G}(z)=\hat{\boldsymbol{M}}^{-1}(z)\hat{\boldsymbol{N}}(z)=\boldsymbol{N}(z)\boldsymbol{M}^{-1}(z) \quad (8-4)$$

假定 $\boldsymbol{K}_0(z)$ 是能够使得闭环系统稳定的标称控制器,$\boldsymbol{G}(z)$ 可按照式(8-4)进行分解,且标称控制器 $\boldsymbol{K}_0(z)$ 具有如下形式的互质因式分解:

$$\boldsymbol{K}_0(z)=\boldsymbol{X}(z)\boldsymbol{Y}^{-1}(z)=\hat{\boldsymbol{Y}}^{-1}(z)\hat{\boldsymbol{X}}(z) \quad (8-5)$$

则根据控制器的 Youla 参数化定理,所有适定的使得系统稳定的控制器都可以参数化为

$$\boldsymbol{K}(z)=(\hat{\boldsymbol{X}}(z)-\boldsymbol{Q}(z)\hat{\boldsymbol{N}}(z))^{-1}(\hat{\boldsymbol{Y}}(z)-\boldsymbol{Q}(z)\hat{\boldsymbol{M}}(z)) \quad (8-6)$$

其中,$\boldsymbol{Q}(z) \in RH_\infty$,满足 $\det(\hat{\boldsymbol{X}}(\infty)-\boldsymbol{Q}(\infty)\hat{\boldsymbol{N}}(\infty)) \neq 0$。经过 Youla 参数化后的控制器 $\boldsymbol{K}(z)$ 可表示成图 8-5 所示结构。

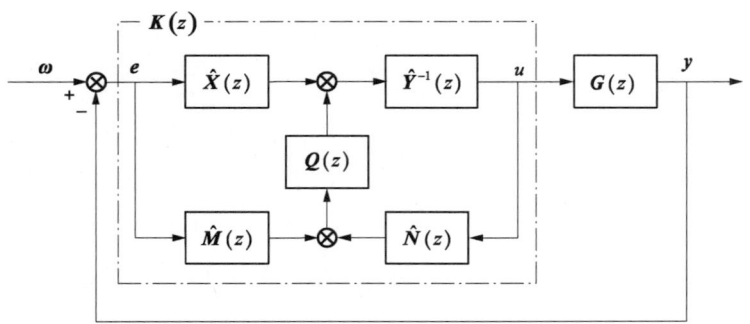

图 8-5 控制器的 Youla 参数化结构

8.3.2 控制器 Youla 参数化的两种实现形式

控制器的参数化具有不同的实现形式,通过改变控制器参数化的实现形式可以优化控制器设计过程。

1) 基于观测器-反馈控制器的 Youla 参数化实现形式

除图 8-5 所示结构外,控制器的 Youla 参数化还可以采用更加容易理解的基于观测器与反馈控制器的实现形式:

$$u(z) = F\hat{x}(z) - Qr(z) \quad (8-7)$$

任意满足使系统稳定的线性时不变控制器都可以参数化为基于观测器的反馈控制部分 $F\hat{x}(z)$ 与残差驱动的参数化补偿部分 $-Qr(z)$ 之和。根据式(8-7),基于观测器-反馈控制器的 Youla 参数化实现形式,得到的参数化的控制器结构如图 8-6 所示。最终得到的控制器 $u(z)$ 主要包括两部分,一部分是 $F\hat{x}(z)$ 能够保证系统稳定,另一部分是 $Qr(z)$ 用于提高系统鲁棒性。当 $Q(z)=0$ 时,式(8-7)等同于基于观测器的反馈控制器。

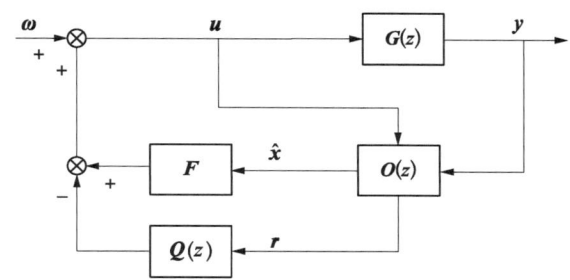

图 8-6 基于观测器-反馈控制器的 Youla 参数化实现形式

2) 基于系统原有控制器的 Youla 参数化实现形式

给定能够使得反馈控制系统稳定的控制器 $u_n(z)$,则任意可使系统稳定的控制器都可以表示成式(8-8)所示形式,其中 $Q(z) \in RH_\infty$ 为参数化矩阵,$r(z)$ 为残差:

$$u(z) = u_n(z) + Q(z)r(z) \quad (8-8)$$

该实现形式的特点在于保持了系统原有控制器 $K_n(z)$ 结构不变,与式(8-7)相比不必重新设计反馈控制系数 F;新增基于残差的部分 $Q(z)r(z)$,可根据实际需求灵活配置参数矩阵 $Q(z)$ 的数值。式(8-8)所示的 Youla 参数化控制器实现形式可以表示为图 8-7 所示结构。在该结构中,最终生成的控制量 u 是由现有控制器 $K_n(z)$ 得到的控制量 u_n 与由残差产生器 $O(z)$ 和参数化矩阵 $Q(z)$ 得到的补偿控制量 u_q 的和。

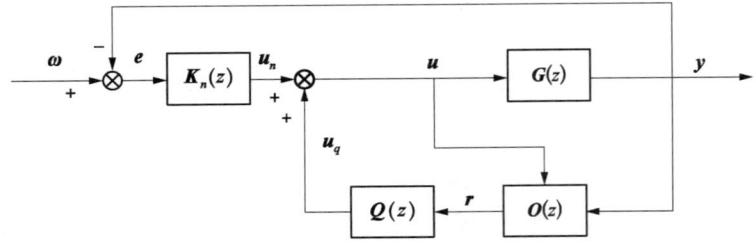

图 8-7 保存系统原有控制器的 Youla 参数化控制器实现形式

8.3.3 基于 Youla 参数化的悬浮系统分级容错控制结构

1) 基于 Youla 参数化的容错控制方法在悬浮系统中的适用性分析

基于控制器 Youla 参数化原理的容错控制思路是：首先将所有镇定控制器表示成只与参数矩阵 $Q(z)$ 相关的形式，然后通过调整 $Q(z)$ 的数值来改变控制器输出，从而实现容错控制的目的。在完成控制器参数化后，下一步的任务是根据故障情况调整参数矩阵 $Q(z)$ 的值，从而达到容错控制的目的。Youla 参数化的实现形式对于参数调整的难度是有影响的，本节的任务在于结合悬浮系统实际情况来选择参数化控制器的具体实现形式。下面根据参数化控制器不同实现形式的优缺点，来分析相应容错控制结构在高速磁浮列车悬浮系统中的适用性。

(1) 基于观测器-反馈控制器形式的容错控制方法适用性分析。该方法是在观测器-反馈控制器形式的 Youla 参数化控制器基础上完成容错控制器设计。由于残差产生器 $O(z)$ 生成残差信号 r，可通过接入后置滤波器 $R(z)$ 的方式完成故障诊断任务。在故障发生后，一方面可以直接利用残差信号 r 与参数矩阵 $Q(z)$ 完成对微小故障的直接容错；另一方面也可以根据故障诊断结果调整反馈控制系数 F、残差产生器 $O(z)$ 及参数化补偿控制器 $Q(z)$。根据该思路形成的容错控制结构如图 8-8 所示。对于该结构容错控制

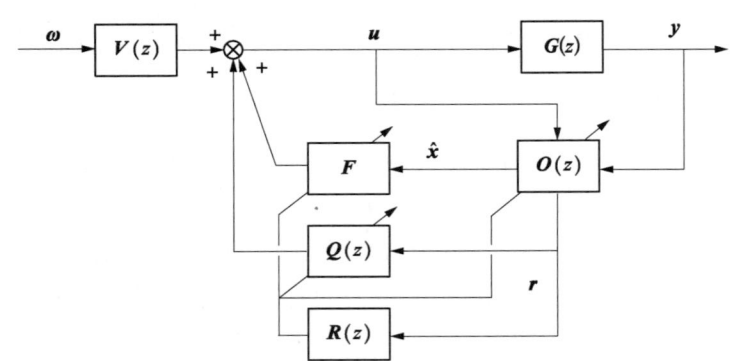

图 8-8 基于观测器-反馈控制器形式的容错控制结构

器,可首先通过调节反馈控制器参数 F 与残差产生器参数 H 来保证系统稳定性,然后通过调节 Youla 参数化中 $Q(z)$ 的值来增强系统的鲁棒性,从而达到提高系统容错控制性能的目的。

根据反馈控制系数 F、观测器系数 H、前置滤波器 $V(z)$ 及后置滤波器 $R(z)$ 对系统的影响及作用,可按照如下顺序对其参数进行设定与调整:

① 设定观测器参数 H 的值,用于生成残差及状态监测;

② 设定反馈系数 F 的值,用于保证系统稳定;

③ 设定前置滤波器 $V(z)$ 的值,用于提高系统的跟踪性能;

④ 对于给定的 F 及 H,设定参数化传递函数矩阵 $Q(z)$ 的值,用于提高系统对于扰动和故障的鲁棒性能;

⑤ 有故障诊断需求的时候,对于给定 H 设定后置滤波器 $R(z)$ 的值,用于提高故障诊断效果。

基于观测器-反馈控制器的 Youla 参数化控制器形式更加便于实现,且物理意义明确,能够实现控制器的结构化。发展较成熟的线性二次型高斯(linear quadratic Gauss,LQG)控制器以及 H_2 最优控制器,均可以表示为基于观测器-反馈控制器的 Youla 参数化控制器形式。其中,对于 LQG 控制器,参数矩阵 $Q(z)=0$,观测器为 Kalman 观测器;对于 H_2 最优控制器,观测器为 H_2 最优观测器,参数矩阵 $Q(z)$ 的取值依赖于求解黎卡提方程。

(2) 基于系统原有控制器形式的容错控制方法适用性分析。考虑到前置滤波器 $V(z)$ 及后置滤波器 $R(z)$ 对于提高系统跟踪性能和故障诊断效果的作用,可以将图 8-7 所示的控制器结构完善为图 8-9 所示的形式。由于该结构保持系统原有标称控制器 $K_n(z)$ 不变,且在保持系统稳定性不变的前提下可以在控制结构中增加新的模块,因此也被称为即插即用式控制器结构。由于利用后置滤波器 $R(z)$ 对残差信号进行处理,相当于对所有线性时不变滤波器的参数化,对于用于诊断目的的信号 $r_f(z)$ 来讲,改变 $R(z)$ 等效于改变观测器参数 H。由于改变观测器参数 H 会影响到补偿控制器输出 $u_q(z)$ 的值,因此通常情况下通过调节后置滤波器 $R(z)$ 来提高诊断结果的质量。因此,在图 8-9 中没有把 $R(z)$ 放在 $Q(z)$ 前面,而是单独引出信号 r_f 用于诊断目的。

同样地,该控制结构下对系统进行容错控制的思路是通过调节 Youla 参数化控制器中 $Q(z)$ 的值来改善系统故障下的响应。在微小故障下,可以直接微调 $Q(z)$ 的数值来改善故障后系统响应。在故障严重情况下需要重新设计主控制器 $K_n(z)$、残差产生器 $O(z)$ 与补偿控制器 $Q(z)$。此外,通过后置滤波器 $R(z)$ 处理残差信号 r 进行故障诊断,能够为各功能单元($K_n(z)$、$O(z)$、$Q(z)$)的调整提供依据。

综合以上分析,系统的容错控制结构可以用图 8-10 所示框架来表示。考虑到悬浮控制方面已经积累了一些经验,存在使系统在理想情况下稳定悬浮且具有理想悬浮效果的控制器可供借鉴。采用基于即插即用结构的容错控制策略,能够最大限度地继承现有

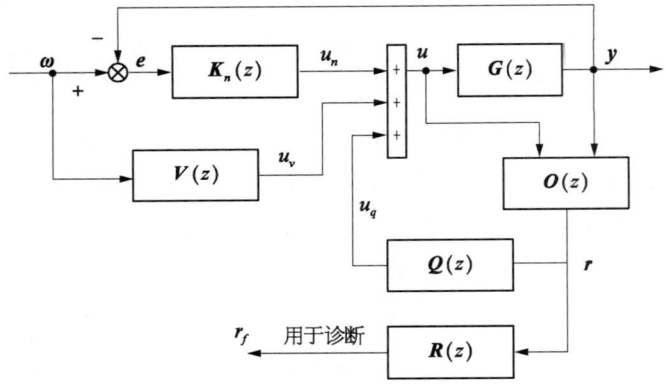

图 8-9　即插即用结构的 Youla 参数化实现形式

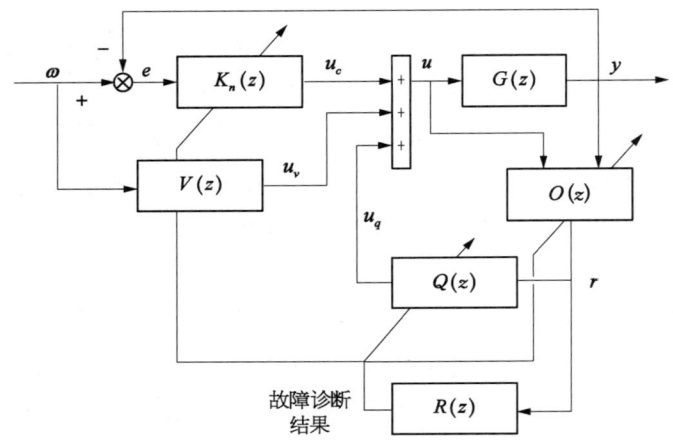

图 8-10　基于即插即用形式参数化控制器的容错控制结构

成果且存在改善系统抗扰动性能与容错性能的空间,另一方面悬浮系统中配置的传感器可以提供系统状态信息,相比观测器-反馈控制器形式容错控制结构实时性更高,因此选择此类容错控制结构作为搭接结构悬浮系统的基本控制结构。

2) 搭接结构悬浮系统容错控制方案

在分析各容错控制结构的优缺点与特性基础上,下面结合高速磁浮列车悬浮系统特点与故障特性,选择适合搭接结构悬浮系统的故障诊断与容错控制方案。

经过以上分析,得到图 8-11 所示搭接结构悬浮系统容错控制结构。在该容错控制结构中,除了包含一般控制系统涵盖的主控制器及被控对象,还新增了三部分备用单元,分别用于应对系统可能出现的三种不同类型的故障。

在图 8-11 中,主控制器上方是信号重构单元,用于应对悬浮系统中的传感器信号故障。信号重构单元的作用是在不改变控制器主体结构的前提下提供备用信号,该备用信

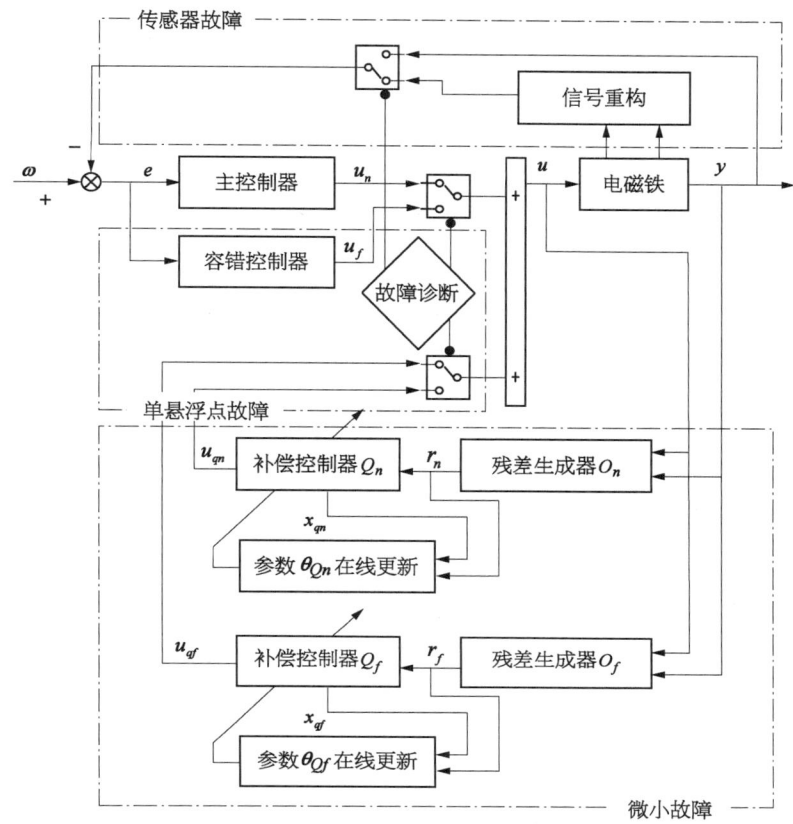

图 8-11　搭接结构悬浮系统容错控制结构

号效果略差,但仍能反映系统变量的信息。在主控制器下方是备用容错控制器,用于应对搭接结构悬浮系统中的单悬浮点故障。当未发生单悬浮点故障时,采用主控制器;当发生单悬浮点故障时,控制输出切换到备用容错控制器。

在图 8-11 中,最下方的是在线迭代更新的补偿控制器,用于应对系统中出现的微小故障。该模块包括基于观测器的残差产生器、补偿控制器以及补偿控制器参数在线更新策略。由于残差产生器与补偿控制器参数更新策略都是和悬浮系统模型直接相关的,而单点故障会改变搭接结构悬浮系统模型,因此需要在针对标称系统设计残差产生器与补偿控制器参数更新策略之外,重新针对单悬浮点故障后系统设计残差产生器与补偿控制器参数更新策略。设主控制器输出为 u_n,备用容错控制器输出为 u_f,相应的两套补偿控制器输出分别为 u_{qn} 与 u_{qf},则最终的控制输出依据故障诊断单元的判断结果在 u_n+u_{qn} 与 u_f+u_{qf} 之间做出选择。在图 8-11 所示控制结构的中间是故障诊断单元。故障诊断单元是图中所有切换机构动作的决定者,在该容错控制结构中发挥着至关重要的作用。在故障诊断方面,针对加速度传感器故障,可采用基于信号的方法对加速度传感器进行故障诊断;对于其他执行器、传感器,可在前面介绍内容基础上,利用对残差处理来实现。因此,图 8 - 11 所示容错控制结构也是一种故障诊断与容错控制的集成结构。

8.4 考虑微小故障的单悬浮系统容错控制

对微小故障进行容错控制是分级容错控制的第一级。针对微小故障进行容错控制的关键在于如何设计参数化控制器的在线更新策略,使得参数化控制器能在保持稳定的前提下提高系统容错性能。本节围绕参数在线更新中的细节展开研究,分析在参数更新方法作用下悬浮系统对微小故障情况的容错控制能力。首先分析基于梯度下降法求得参数更新规律的优缺点,然后通过仿真分析给出悬浮系统在传感器、执行器微小故障情况下的容错控制效果。

8.4.1 基于梯度下降法的 Youla 参数在线更新

基于梯度下降法的性能优化步骤是,首先求取性能指标对于参数的梯度,然后使参数按照性能指标对参数梯度下降的方向进行迭代更新。

设定二次型性能指标:

$$J(i) = \sum_{k=k_0+N(i-1)+1}^{k_0+Ni} [\boldsymbol{e}(k)^{\mathrm{T}} \boldsymbol{W}_e(k) \boldsymbol{e}(k) + \boldsymbol{u}(k)^{\mathrm{T}} \boldsymbol{W}_u(k) \boldsymbol{u}(k)] \quad (8-9)$$

式中,i 为迭代次数;k_0 为窗口初始值;N 为窗口宽度;$\boldsymbol{W}_e(k)$ 为与参数 θ 无关的关于误差 $\boldsymbol{e}(k)$ 的权重值;$\boldsymbol{W}_u(k)$ 为与参数 θ 无关的关于控制量 $\boldsymbol{u}(k)$ 的权重值。性能指标 J 的值与补偿控制器 $\boldsymbol{Q}(z)$ 有着密切的关系,控制的目标是通过在线调节补偿控制器来使得二次型性能指标下降。由于参数 θ 与补偿控制器 $\boldsymbol{Q}(z)$ 的一一对应关系,该控制目标等价于调节 θ 来使得 J 快速减小。一种理想的策略就是使 θ 沿着 J 对 θ 的负梯度方向改变:

$$\theta(i+1) = \theta(i) - \lambda \nabla J(i) \quad (8-10)$$

式中,λ 为参数更新步长;$\nabla J(i)$ 表示指标 $J(i)$ 的梯度:

$$\nabla J(i) = 2 \sum_{k=k_0+N(i-1)}^{k_0+Ni} \left[\boldsymbol{e}(k)^{\mathrm{T}} \boldsymbol{W}_e(k) \frac{\partial \boldsymbol{e}(k)}{\partial \theta} + \boldsymbol{u}(k)^{\mathrm{T}} \boldsymbol{W}_u(k) \frac{\partial \boldsymbol{u}(k)}{\partial \theta} \right] \quad (8-11)$$

由式(8-11)可知,在计算梯度向量 $\nabla J(i)$ 时需要求取跟踪误差 $\boldsymbol{e}(k)$ 和控制量 $\boldsymbol{u}(k)$ 相对于参数 θ 的偏微分。

本节以提高微小故障下系统容错控制性能为目的对参数进行在线更新,不考虑利用前置滤波器 $V(z)$ 来提升系统对于参考输入的跟踪能力(即 $V(z)=0$),且系统无严重故障发生,此时基于 Youla 参数化的容错控制系统结构如图 8-12 所示。主控制器 $K(z)$ 可采用常规 LQR 方法进行设计,利用参考输入 ω 与系统输出 y 的差值 e 作为控制器的输入,得到控制器输出 u_c。残差产生器的输入为控制量 u 与系统输出 y,输出为残差 r。补偿控制器根据残差 r 生成补偿控制量 u_q。最终作用在系统上的控制量将不再是传统控制方法下的 u_c,而是 u_c 与 u_q 之和。

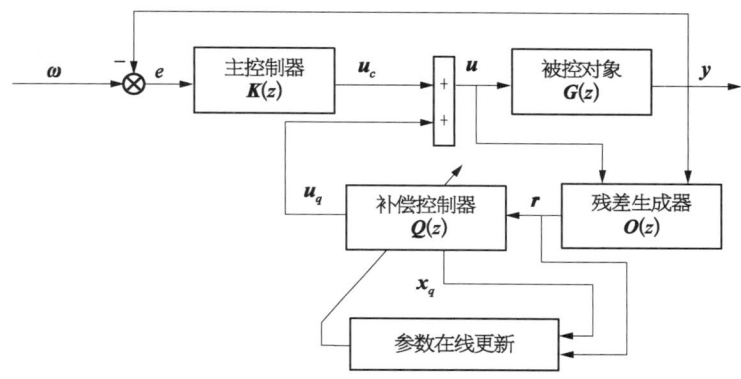

图 8-12 针对微小故障的容错控制系统结构图

设图 8-12 中被控对象的状态空间表达形式为

$$G: \begin{cases} \boldsymbol{x}(k+1) = \boldsymbol{A}\boldsymbol{x}(k) + \boldsymbol{B}\boldsymbol{u}(k) \\ \boldsymbol{y}(k) = \boldsymbol{C}\boldsymbol{x}(k) + \boldsymbol{D}\boldsymbol{u}(k) \end{cases} \quad (8-12)$$

式中,$\boldsymbol{u}(k) \in \boldsymbol{R}^l$ 为系统输入;$\boldsymbol{y}(k) \in \boldsymbol{R}^m$ 为系统输出;$\boldsymbol{x}(k) \in \boldsymbol{R}^n$ 为系统状态。

设控制器 $K(z)$ 的状态空间实现形式为

$$C: \begin{cases} \boldsymbol{x}_c(k+1) = \boldsymbol{A}_c\boldsymbol{x}_c(k) + \boldsymbol{B}_c\boldsymbol{e}(k) \\ \boldsymbol{u}_c(k) = \boldsymbol{C}_c\boldsymbol{x}_c(k) + \boldsymbol{D}_c\boldsymbol{e}(k) \end{cases} \quad (8-13)$$

式中,$\boldsymbol{x}_c \in \boldsymbol{R}^{n_c}$;$n_c$ 为控制器阶数;$\boldsymbol{A}_c \in \boldsymbol{R}^{n_c \times n_c}$,$\boldsymbol{B}_c \in \boldsymbol{R}^{n_c \times m}$,$\boldsymbol{C}_c \in \boldsymbol{R}^{l \times n_c}$,$\boldsymbol{D}_c \in \boldsymbol{R}^{l \times m}$。线性反馈控制器如 PID 及状态反馈等,均可以写成式(8-13)所示形式。

设残差产生器 $Q(z)$ 的离散状态空间实现形式为

$$O: \begin{cases} \boldsymbol{x}_o(k+1) = \boldsymbol{A}_o\boldsymbol{x}_o(k) + \boldsymbol{B}_o\boldsymbol{u}(k) + \boldsymbol{L}_o\boldsymbol{r}(k) \\ \boldsymbol{y}_o(k) = \boldsymbol{C}_o\boldsymbol{x}_o(k) + \boldsymbol{D}_o\boldsymbol{u}(k) \\ \boldsymbol{r}(k) = \boldsymbol{y}(k) - \boldsymbol{y}_o(k) \end{cases} \quad (8-14)$$

式中,$\boldsymbol{x}_o \in \boldsymbol{R}^{n_o}$;$n_o$ 为残差产生器阶数;$\boldsymbol{A}_o \in \boldsymbol{R}^{n_o \times n_o}$,$\boldsymbol{B}_o \in \boldsymbol{R}^{n_o \times l}$,$\boldsymbol{C}_o \in \boldsymbol{R}^{m \times n_o}$,$\boldsymbol{D}_o \in$

$\mathbf{R}^{m\times l}$,$\mathbf{L}_o \in \mathbf{R}^{n_o \times m}$。

设 Youla 参数化补偿矩阵 $\mathbf{Q}(z)$ 的离散状态空间实现形式为

$$Q: \begin{cases} \mathbf{x}_q(k+1) = \mathbf{A}_q \mathbf{x}_q(k) + \mathbf{B}_q \mathbf{r}(k) \\ \mathbf{u}_q(k) = \mathbf{C}_q \mathbf{x}_q(k) + \mathbf{D}_q \mathbf{r}(k) \end{cases} \tag{8-15}$$

式中 $\mathbf{x}_q \in \mathbf{R}^{n_q}$,$n_q$ 为控制器阶数;$\mathbf{A}_q \in \mathbf{R}^{n_q \times n_q}$,$\mathbf{B}_q \in \mathbf{R}^{n_q \times m}$,$\mathbf{C}_q \in \mathbf{R}^{l \times n_q}$ $\mathbf{C}_q \in \mathbf{R}^{l \times n_q}$,$\mathbf{D}_q \in \mathbf{R}^{l \times m}$。

此时可得到作用在被控对象上控制量的表达式为

$$\begin{aligned}
\mathbf{u}(k) &= \mathbf{u}_c(k) + \mathbf{u}_q(k) = \mathbf{C}_c \mathbf{x}_c(k) + \mathbf{D}_c \mathbf{e}(k) + \mathbf{C}_q \mathbf{x}_q(k) + \mathbf{D}_q \mathbf{r}(k) \\
&= \mathbf{C}_c \mathbf{x}_c(k) + \mathbf{D}_c(\boldsymbol{\omega}(k) - \mathbf{y}(k)) + \mathbf{C}_q \mathbf{x}_q(k) + \mathbf{D}_q \mathbf{r}(k) \\
&= \mathbf{C}_c \mathbf{x}_c(k) + \mathbf{D}_c(\boldsymbol{\omega}(k) - \mathbf{r}(k) - \mathbf{y}_o(k)) + \mathbf{C}_q \mathbf{x}_q(k) + \mathbf{D}_q \mathbf{r}(k) \\
&= \mathbf{C}_c \mathbf{x}_c(k) + \mathbf{D}_c(\boldsymbol{\omega}(k) - \mathbf{r}(k) - \mathbf{C}_o \mathbf{x}_o(k) - \mathbf{D}_o \mathbf{u}(k)) + \mathbf{C}_q \mathbf{x}_q(k) + \mathbf{D}_q \mathbf{r}(k)
\end{aligned} \tag{8-16}$$

由上式整理得到

$$(\mathbf{I} + \mathbf{D}_c \mathbf{D}_o)\mathbf{u}(k) = \mathbf{C}_c \mathbf{x}_c(k) - \mathbf{D}_c \mathbf{C}_o \mathbf{x}_o(k) + \mathbf{C}_q \mathbf{x}_q(k) + \mathbf{D}_c \boldsymbol{\omega}(k) + (\mathbf{D}_q - \mathbf{D}_c)\mathbf{r}(k) \tag{8-17}$$

定义 $(\mathbf{I} + \mathbf{D}_c \mathbf{D}_o)^{-1} = \mathbf{D}_{co}^*$,则

$$\mathbf{u}(k) = \mathbf{D}_{co}^* \mathbf{C}_c \mathbf{x}_c(k) - \mathbf{D}_{co}^* \mathbf{D}_c \mathbf{C}_o \mathbf{x}_o(k) + \mathbf{D}_{co}^* \mathbf{C}_q \mathbf{x}_q(k) + \mathbf{D}_{co}^* \mathbf{D}_c \boldsymbol{\omega}(k) + \mathbf{D}_{co}^* (\mathbf{D}_q - \mathbf{D}_c)\mathbf{r}(k) \tag{8-18}$$

进而求得 $\mathbf{x}_c$ 和 $\mathbf{x}_o$ 与参考输入 $\boldsymbol{\omega}(k)$ 和残差 $\mathbf{r}(k)$ 的关系分别为

$$\begin{aligned}
\mathbf{x}_c(k+1) &= (\mathbf{A}_c - \mathbf{B}_c \mathbf{D}_o \mathbf{D}_{co}^* \mathbf{C}_c)\mathbf{x}_c(k) + \mathbf{B}_c(\mathbf{D}_o \mathbf{D}_{co}^* \mathbf{D}_c - \mathbf{I})\mathbf{C}_o \mathbf{x}_o(k) - \mathbf{B}_c \mathbf{D}_o \mathbf{D}_{co}^* \mathbf{C}_q \mathbf{x}_q(k) + \\
&\quad \mathbf{B}_c(\mathbf{I} - \mathbf{D}_o \mathbf{D}_{co}^* \mathbf{D}_c)\boldsymbol{\omega}(k) - \mathbf{B}_c(\mathbf{D}_o \mathbf{D}_{co}^* (\mathbf{D}_q - \mathbf{D}_o) + \mathbf{I})\mathbf{r}(k)
\end{aligned} \tag{8-19}$$

$$\begin{aligned}
\mathbf{x}_o(k+1) &= \mathbf{B}_o \mathbf{D}_{co}^* \mathbf{C}_c \mathbf{x}_c(k) + (\mathbf{A}_o - \mathbf{B}_o \mathbf{D}_{co}^* \mathbf{D}_c \mathbf{C}_o)\mathbf{x}_o(k) + \mathbf{B}_o \mathbf{D}_{co}^* \mathbf{C}_q \mathbf{x}_q(k) + \\
&\quad \mathbf{B}_o \mathbf{D}_{co}^* \mathbf{D}_c \boldsymbol{\omega}(k) + (\mathbf{B}_o \mathbf{D}_{co}^* (\mathbf{D}_q - \mathbf{D}_c) + \mathbf{L}_o)\mathbf{r}(k)
\end{aligned} \tag{8-20}$$

跟踪误差 $\mathbf{e}(k)$ 与 $\boldsymbol{\omega}(k)$ 和 $\mathbf{r}(k)$ 的关系为

$$\begin{aligned}
\mathbf{e}(k) &= -\mathbf{D}_o \mathbf{D}_{co}^* \mathbf{C}_c \mathbf{x}_c(k) + (\mathbf{D}_o \mathbf{D}_{co}^* \mathbf{D}_c - \mathbf{I})\mathbf{C}_o \mathbf{x}_o(k) - \mathbf{D}_o \mathbf{D}_{co}^* \mathbf{C}_q \mathbf{x}_q(k) + \\
&\quad (\mathbf{I} - \mathbf{D}_o \mathbf{D}_{co}^* \mathbf{D}_c)\boldsymbol{\omega}(k) - (\mathbf{D}_o \mathbf{D}_{co}^* (\mathbf{D}_q - \mathbf{D}_c) + \mathbf{I})\mathbf{r}(k)
\end{aligned} \tag{8-21}$$

式(8-15)、式(8-18)~式(8-21)定义了完整的 θ 与 $\mathbf{e}(k)$、$\mathbf{u}(k)$ 之间的关系,以上公式的左右两侧分别求取对参数 θ 的微分即可求得跟踪误差 $\mathbf{e}(k)$ 和控制量 $\mathbf{u}(k)$ 相对于参数 θ 的偏微分。参数 θ 的在线迭代优化可以分步骤进行,即可以独立地对其分量

$\theta_{AB,q}$、$\theta_{C,q}$、$\theta_{D,q}$ 进行更新。

参数分量在线迭代更新规律如下：

1) 参数分量 $\theta_{AB,q}$ 的迭代更新

首先对参数分量 $\theta_{AB,q}$ 求取微分：

$$\frac{\partial \boldsymbol{x}_c(k+1)}{\partial \theta_{AB,q}(i)} = (\boldsymbol{A}_c - \boldsymbol{B}_c \boldsymbol{D}_o \boldsymbol{D}_{co}^* \boldsymbol{C}_c) \frac{\partial \boldsymbol{x}_c(k)}{\partial \theta_{AB,q}(i)} + \boldsymbol{B}_c (\boldsymbol{D}_o \boldsymbol{D}_{co}^* \boldsymbol{D}_c - \boldsymbol{I}) \boldsymbol{C}_o \frac{\partial \boldsymbol{x}_o(k)}{\partial \theta_{AB,q}(i)} -$$
$$\boldsymbol{B}_c \boldsymbol{D}_o \boldsymbol{D}_{co}^* \boldsymbol{C}_q \frac{\partial \boldsymbol{x}_q(k)}{\partial \theta_{AB,q}(i)} \tag{8-22}$$

$$\frac{\partial \boldsymbol{x}_o(k+1)}{\partial \theta_{AB,q}(i)} = \boldsymbol{B}_o \boldsymbol{D}_{co}^* \boldsymbol{C}_c \frac{\partial \boldsymbol{x}_c(k)}{\partial \theta_{AB,q}(i)} + (\boldsymbol{A}_o - \boldsymbol{B}_o \boldsymbol{D}_{co}^* \boldsymbol{D}_c \boldsymbol{C}_o) \frac{\partial \boldsymbol{x}_o(k)}{\partial \theta_{AB,q}(i)} + \boldsymbol{B}_o \boldsymbol{D}_{co}^* \boldsymbol{C}_q \frac{\partial \boldsymbol{x}_q(k)}{\partial \theta_{AB,q}(i)} \tag{8-23}$$

$$\frac{\partial \boldsymbol{x}_q(k+1)}{\partial \theta_{AB,q}(i)} = \boldsymbol{A}_q \frac{\partial \boldsymbol{x}_q(k)}{\partial \theta_{AB,q}(i)} + \frac{\partial \boldsymbol{A}_q}{\partial \theta_{AB,q}(i)} \boldsymbol{x}_q(k) + \frac{\partial \boldsymbol{B}_q}{\partial \theta_{AB,q}(i)} \boldsymbol{r}(k) \tag{8-24}$$

$$\frac{\partial \boldsymbol{u}(k)}{\partial \theta_{AB,q}(i)} = \boldsymbol{D}_{co}^* \boldsymbol{C}_c \frac{\partial \boldsymbol{x}_c(k)}{\partial \theta_{AB,q}(i)} - \boldsymbol{D}_{co}^* \boldsymbol{D}_c \boldsymbol{C}_o \frac{\partial \boldsymbol{x}_o(k)}{\partial \theta_{AB,q}(i)} + \boldsymbol{D}_{co}^* \boldsymbol{C}_q \frac{\partial \boldsymbol{x}_q(k)}{\partial \theta_{AB,q}(i)} \tag{8-25}$$

$$\frac{\partial \boldsymbol{e}(k)}{\partial \theta_{AB,q}(i)} = -\boldsymbol{D}_o \boldsymbol{D}_{co}^* \boldsymbol{C}_c \frac{\partial \boldsymbol{x}_c(k)}{\partial \theta_{AB,q}(i)} + (\boldsymbol{D}_o \boldsymbol{D}_{co}^* \boldsymbol{D}_c - \boldsymbol{I}) \boldsymbol{C}_o \frac{\partial \boldsymbol{x}_o(k)}{\partial \theta_{AB,q}(i)} - \boldsymbol{D}_o \boldsymbol{D}_{co}^* \boldsymbol{C}_q \frac{\partial \boldsymbol{x}_q(k)}{\partial \theta_{AB,q}(i)} \tag{8-26}$$

利用式(8-22)～式(8-26)，可以求得 $\dfrac{\partial \boldsymbol{u}(k)}{\partial \theta_{AB,q}}$ 与 $\dfrac{\partial \boldsymbol{e}(k)}{\partial \theta_{AB,q}}$，进而根据式(8-27)在线迭代更新参数 $\theta_{AB,q}(i)$：

$$\theta_{AB,q}(i+1) = \theta_{AB,q}(i) - \lambda \frac{\partial J(i)}{\theta_{AB,q}(i)}$$
$$= \theta_{AB,q}(i) - 2\lambda \sum_{k=k_0+N(i-1)+1}^{k_0+Ni} \left[\boldsymbol{e}(k)^{\mathrm{T}} \boldsymbol{W}_e(k) \frac{\partial \boldsymbol{e}(k)}{\partial \theta_{AB,q}(i)} + \boldsymbol{u}(k)^{\mathrm{T}} \boldsymbol{W}_u(k) \frac{\partial \boldsymbol{u}(k)}{\partial \theta_{AB,q}(i)} \right] \tag{8-27}$$

2) 参数分量 $\theta_{C,q}$ 的迭代更新

首先对参数分量 $\theta_{C,q}$ 求取微分：

$$\frac{\partial \boldsymbol{x}_c(k+1)}{\partial \theta_{C,q}(i)} = (\boldsymbol{A}_c - \boldsymbol{B}_c \boldsymbol{D}_o \boldsymbol{D}_{co}^* \boldsymbol{C}_c) \frac{\partial \boldsymbol{x}_c(k)}{\partial \theta_{C,q}(i)} + \boldsymbol{B}_c (\boldsymbol{D}_o \boldsymbol{D}_{co}^* \boldsymbol{D}_c - \boldsymbol{I}) \boldsymbol{C}_o \frac{\partial \boldsymbol{x}_o(k)}{\partial \theta_{C,q}(i)} -$$
$$\boldsymbol{B}_c \boldsymbol{D}_o \boldsymbol{D}_{co}^* \boldsymbol{C}_q \frac{\partial \boldsymbol{x}_q(k)}{\partial \theta_{C,q}(i)} - \boldsymbol{B}_c \boldsymbol{D}_o \boldsymbol{D}_{co}^* \frac{\partial \boldsymbol{C}_q}{\partial \theta_{C,q}(i)} \boldsymbol{x}_q(k) \tag{8-28}$$

$$\frac{\partial \boldsymbol{x}_o(k+1)}{\partial \theta_{C,q}(i)} = \boldsymbol{B}_o \boldsymbol{D}_{co}^* \boldsymbol{C}_c \frac{\partial \boldsymbol{x}_c(k)}{\partial \theta_{C,q}(i)} + (\boldsymbol{A}_o - \boldsymbol{B}_o \boldsymbol{D}_{co}^* \boldsymbol{D}_c \boldsymbol{C}_o) \frac{\partial \boldsymbol{x}_o(k)}{\partial \theta_{C,q}(i)} +$$

$$\boldsymbol{B}_o \boldsymbol{D}_{co}^* \boldsymbol{C}_q \frac{\partial \boldsymbol{x}_q(k)}{\partial \theta_{C,q}(i)} + \boldsymbol{B}_o \boldsymbol{D}_{co}^* \frac{\partial \boldsymbol{C}_q}{\partial \theta_{C,q}(i)} \boldsymbol{x}_q(k) \quad (8-29)$$

$$\frac{\partial \boldsymbol{x}_q(k+1)}{\partial \theta_{C,q}(i)} = \boldsymbol{A}_q \frac{\partial \boldsymbol{x}_q(k)}{\partial \theta_{C,q}(i)} \quad (8-30)$$

$$\frac{\partial \boldsymbol{u}(k)}{\partial \theta_{C,q}(i)} = \boldsymbol{D}_{co}^* \boldsymbol{C}_c \frac{\partial \boldsymbol{x}_c(k)}{\partial \theta_{C,q}(i)} - \boldsymbol{D}_{co}^* \boldsymbol{D}_c \boldsymbol{C}_o \frac{\partial \boldsymbol{x}_o(k)}{\partial \theta_{C,q}(i)} +$$

$$\boldsymbol{D}_{co}^* \boldsymbol{C}_q \frac{\partial \boldsymbol{x}_q(k)}{\partial \theta_{C,q}(i)} + \boldsymbol{D}_{co}^* \frac{\partial \boldsymbol{C}_q}{\partial \theta_{C,q}(i)} \boldsymbol{x}_q(k) \quad (8-31)$$

$$\frac{\partial \boldsymbol{e}(k)}{\partial \theta_{C,q}(i)} = -\boldsymbol{D}_o \boldsymbol{D}_{co}^* \boldsymbol{C}_c \frac{\partial \boldsymbol{x}_c(k)}{\partial \theta_{C,q}(i)} + (\boldsymbol{D}_o \boldsymbol{D}_{co}^* \boldsymbol{D}_c - \boldsymbol{I}) \boldsymbol{C}_o \frac{\partial \boldsymbol{x}_o(k)}{\partial \theta_{C,q}(i)} -$$

$$\boldsymbol{D}_o \boldsymbol{D}_{co}^* \boldsymbol{C}_q \frac{\partial \boldsymbol{x}_q(k)}{\partial \theta_{C,q}(i)} - \boldsymbol{D}_o \boldsymbol{D}_{co}^* \frac{\partial \boldsymbol{C}_q}{\partial \theta_{C,q}(i)} \boldsymbol{x}_q(k) \quad (8-32)$$

利用式(8-28)～式(8-32)，可以求得 $\dfrac{\partial \boldsymbol{u}(k)}{\partial \theta_{C,q}}$ 与 $\dfrac{\partial \boldsymbol{e}(k)}{\partial \theta_{C,q}}$，进而根据式(8-33)在线迭代更新参数 $\theta_{C,q}(i)$：

$$\theta_{C,q}(i+1) = \theta_{C,q}(i) - \lambda \frac{\partial J(i)}{\theta_{C,q}(i)}$$

$$= \theta_{C,q}(i) - 2\lambda \sum_{k=k_0+N(i-1)+1}^{k_0+Ni} \left[\boldsymbol{e}(k)^{\mathrm{T}} \boldsymbol{W}_e(k) \frac{\partial \boldsymbol{e}(k)}{\partial \theta_{C,q}(i)} + \boldsymbol{u}(k)^{\mathrm{T}} \boldsymbol{W}_u(k) \frac{\partial \boldsymbol{u}(k)}{\partial \theta_{C,q}(i)} \right]$$

$$(8-33)$$

3) 参数分量 $\theta_{D,q}$ 的迭代更新

首先对参数分量 $\theta_{D,q}$ 求取微分：

$$\frac{\partial \boldsymbol{x}_c(k+1)}{\partial \theta_{D,q}(i)} = (\boldsymbol{A}_c - \boldsymbol{B}_c \boldsymbol{D}_o \boldsymbol{D}_{co}^* \boldsymbol{C}_c) \frac{\partial \boldsymbol{x}_c(k)}{\partial \theta_{D,q}(i)} + \boldsymbol{B}_c (\boldsymbol{D}_o \boldsymbol{D}_{co}^* \boldsymbol{D}_c - \boldsymbol{I}) \boldsymbol{C}_o \frac{\partial \boldsymbol{x}_o(k)}{\partial \theta_{D,q}(i)} -$$

$$\boldsymbol{B}_c \boldsymbol{D}_o \boldsymbol{D}_{co}^* \boldsymbol{C}_q \frac{\partial \boldsymbol{x}_q(k)}{\partial \theta_{D,q}(i)} - \boldsymbol{B}_c \boldsymbol{D}_o \boldsymbol{D}_{co}^* \frac{\partial \boldsymbol{D}_q}{\partial \theta_{D,q}(i)} \boldsymbol{r}(k) \quad (8-34)$$

$$\frac{\partial \boldsymbol{x}_o(k+1)}{\partial \theta_{D,q}(i)} = \boldsymbol{B}_o \boldsymbol{D}_{co}^* \boldsymbol{C}_c \frac{\partial \boldsymbol{x}_c(k)}{\partial \theta_{D,q}(i)} + (\boldsymbol{A}_o - \boldsymbol{B}_o \boldsymbol{D}_{co}^* \boldsymbol{D}_c \boldsymbol{C}_o) \frac{\partial \boldsymbol{x}_o(k)}{\partial \theta_{D,q}(i)} +$$

$$\boldsymbol{B}_o \boldsymbol{D}_{co}^* \boldsymbol{C}_q \frac{\partial \boldsymbol{x}_q(k)}{\partial \theta_{D,q}(i)} + \boldsymbol{B}_o \boldsymbol{D}_{co}^* \frac{\partial \boldsymbol{D}_q}{\partial \theta_{D,q}(i)} \boldsymbol{r}(k) \quad (8-35)$$

$$\frac{\partial \boldsymbol{x}_q(k+1)}{\partial \theta_{D,q}(i)} = \boldsymbol{A}_q \frac{\partial \boldsymbol{x}_q(k)}{\partial \theta_{D,q}(i)} \quad (8-36)$$

$$\frac{\partial \boldsymbol{u}(k)}{\partial \theta_{D,q}(i)} = \boldsymbol{D}_{co}^* \boldsymbol{C}_c \frac{\partial \boldsymbol{x}_c(k)}{\partial \theta_{D,q}(i)} - \boldsymbol{D}_{co}^* \boldsymbol{D}_c \boldsymbol{C}_o \frac{\partial \boldsymbol{x}_o(k)}{\partial \theta_{D,q}(i)} +$$
$$\boldsymbol{D}_{co}^* \boldsymbol{C}_q \frac{\partial \boldsymbol{x}_q(k)}{\partial \theta_{D,q}(i)} + \boldsymbol{D}_{co}^* \frac{\partial \boldsymbol{D}_q}{\partial \theta_{D,q}(i)} \boldsymbol{r}(k) \tag{8-37}$$

$$\frac{\partial \boldsymbol{e}(k)}{\partial \theta_{D,q}(i)} = -\boldsymbol{D}_o \boldsymbol{D}_{co}^* \boldsymbol{C}_c \frac{\partial \boldsymbol{x}_c(k)}{\partial \theta_{D,q}(i)} + (\boldsymbol{D}_o \boldsymbol{D}_{co}^* \boldsymbol{D}_c - \boldsymbol{I}) \boldsymbol{C}_o \frac{\partial \boldsymbol{x}_o(k)}{\partial \theta_{D,q}(i)} -$$
$$\boldsymbol{D}_o \boldsymbol{D}_{co}^* \boldsymbol{C}_q \frac{\partial \boldsymbol{x}_q(k)}{\partial \theta_{D,q}(i)} - \boldsymbol{D}_o \boldsymbol{D}_{co}^* \frac{\partial \boldsymbol{D}_q}{\partial \theta_{D,q}(i)} \boldsymbol{r}(k) \tag{8-38}$$

利用式(8-34)~式(8-38),可以求得 $\dfrac{\partial \boldsymbol{u}(k)}{\partial \theta_{D,q}}$ 与 $\dfrac{\partial \boldsymbol{e}(k)}{\partial \theta_{D,q}}$,进而根据式(8-39)在线迭代更新参数 $\theta_{D,q}(i)$:

$$\theta_{D,q}(i+1) = \theta_{D,q}(i) - \lambda \frac{\partial J(i)}{\theta_{D,q}(i)}$$
$$= \theta_{D,q}(i) - 2\lambda \sum_{k=k_0+N(i-1)+1}^{k_0+Ni} \left[\boldsymbol{e}(k)^{\mathrm{T}} \boldsymbol{W}_e(k) \frac{\partial \boldsymbol{e}(k)}{\partial \theta_{D,q}(i)} + \boldsymbol{u}(k)^{\mathrm{T}} \boldsymbol{W}_u(k) \frac{\partial \boldsymbol{u}(k)}{\partial \theta_{D,q}(i)} \right]$$
$$\tag{8-39}$$

8.4.2 微小故障条件下悬浮控制系统容错控制仿真分析

在该部分的仿真中,模拟执行器出现微小故障的情况。仿真开始后,周期性地增加电流值,设故障幅值为1 A,持续时间为0.1 s。在该故障情形下,悬浮间隙在参数在线更新策略下的响应如图8-13所示。从仿真结果可以看出,随着参数的迭代更新,悬浮系统的容错能力得到了改善。

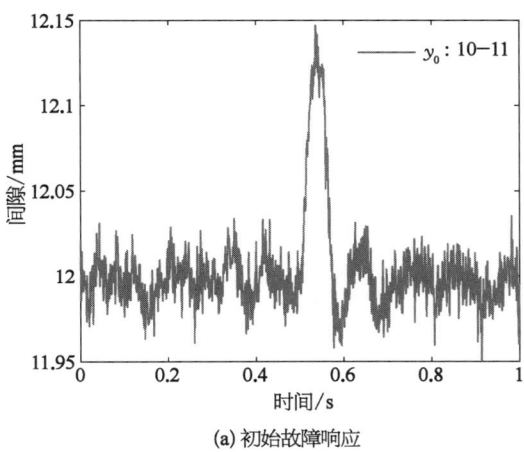

(a) 初始故障响应

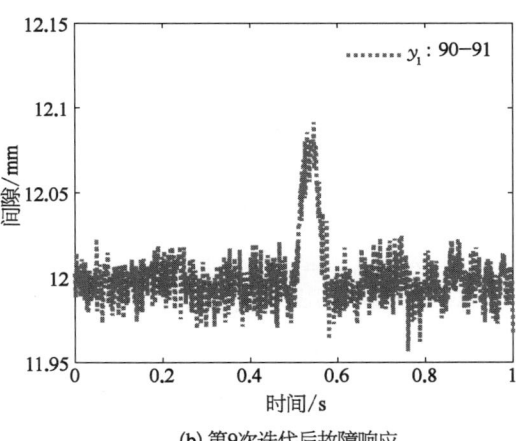

(b) 第9次迭代后故障响应

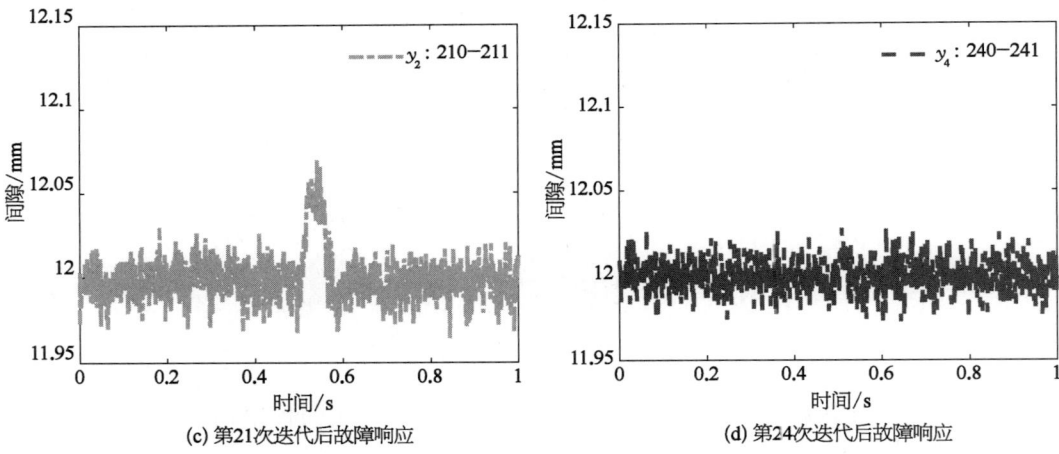

图 8‑13 执行器微小故障情况下参数更新过程中悬浮间隙响应

8.5 基于信号重构的单悬浮系统主动容错控制

基于信号重构的容错控制策略主要针对的是悬浮系统中和控制量计算直接相关的传感器，这些传感器中最重要且最容易发生故障的就是悬浮间隙传感器和加速度传感器。在"二合一"传感器中，间隙传感器和加速度传感器安装在同一个壳体内，具有独立的模拟信号调理电路。能够利用信号重构进行容错控制的前提是系统中存在着解析冗余，加速度信号和悬浮间隙信号之间正是存在着这种直接冗余关系。搭接结构悬浮系统的传感器分布情况如图 8‑14 所示，同样地图中将左右两侧单点悬浮系统中传感器信号分别以后缀 1、2 来区别。搭接结构中左右两侧的传感器配置是相同的，其中电流传感器、电压传感器及温度开关等位于控制器机箱内部，间隙传感器和加速度传感器集成在一个传感器壳体内，安装在电磁铁的上表面。其中和控制量计算直接相关的是电流传感器信号、间隙传感器信号及加速度传感器信号。每个单悬浮点配置两个间隙传感器的主要原因是轨道中两个轨排之间存在接缝，连续布置两个间隙传感器可以保证在任意一个间隙传感器面对轨道接缝的时候可以由另一个间隙传感器提供悬浮间隙信号。悬浮间隙传感器和加速度传感器安装在电磁铁模块表面，由于传感器随着电磁铁模块一起经受长时间振荡、电磁铁模块与轨道之间存在复杂的漏磁场且传感器会受到电磁铁磁极温度变化影响，因此在实

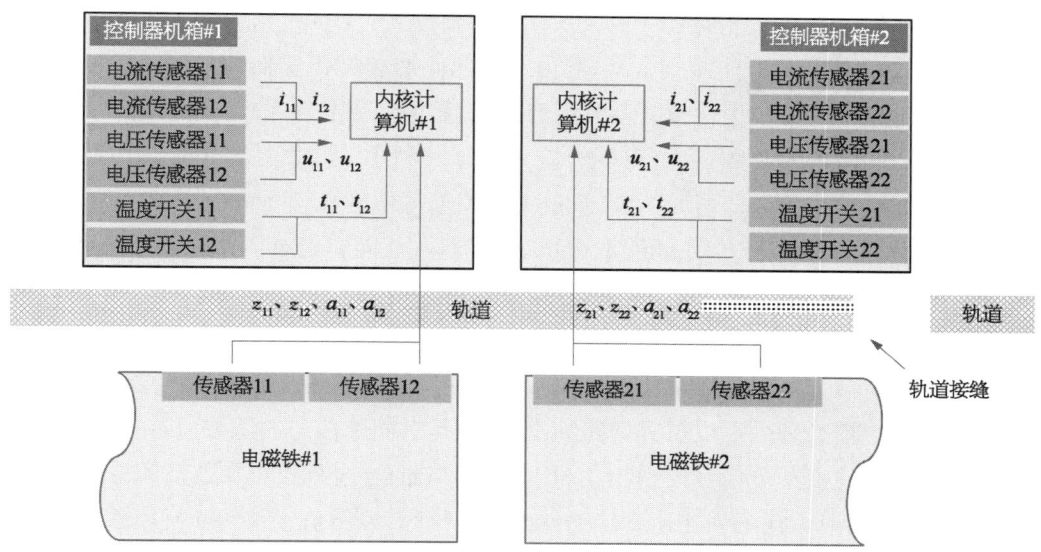

图 8-14 搭接结构悬浮系统的传感器分布示意图

际悬浮系统中间隙传感器和加速度传感器相比其他传感器存在更高的故障率,相应的容错控制问题应该得到更多的关注。

基于信号重构策略的容错控制结构如图 8-15 所示。正常情况下,选择系统正常传感器数值;系统故障时,通过信号重构的方法来切换信号来源,从而达到容错控制的目的。该方法同样需要有故障检测机构,用于判断原信号与重构信号的切换时机。该容错控制方法的关键在于故障诊断机构能够准确及时做出切换,重构信号需要同原信号一样能够反映系统的真实变化情况或者变化趋势。重构信号的获取可以采用构建观测器的方法,也可以利用系统变量、传感器之间的简单冗余关系。

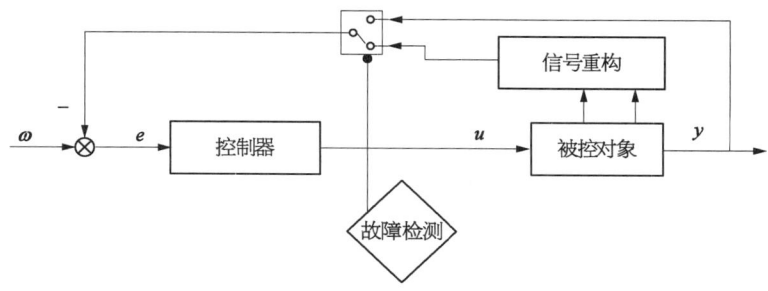

图 8-15 基于信号重构策略的容错控制结构

8.5.1 加速度传感器故障情况下间隙微分信号重构方法

在控制量的计算公式中,需要的系统变量为左右两侧悬浮间隙 δ_1、δ_2,以及左右两侧

悬浮间隙的导数 $\dot{\delta}_1$、$\dot{\delta}_2$。根据图 8-14 所示传感器配置,左右两侧悬浮间隙 δ_1、δ_2 由间隙传感器获取,悬浮间隙的导数 $\dot{\delta}_1$、$\dot{\delta}_2$ 则由左右两侧加速度传感器信号的积分来等效获取。在模拟电路中对信号进行微分运算是容易的,然而在磁悬浮系统的数字化控制器中,控制器获取的间隙信号是数字量,简单的差分运算及利用一阶惯性环节近似方法来求取给定数字化间隙信号的微分值,都会严重放大间隙信号中的高频噪声。因此,只有找到能够有效获取微分信号的方法,才能够重构 $\dot{\delta}_1$、$\dot{\delta}_2$ 信号,从而实现对加速度传感器故障的容错控制。

跟踪微分器的优点在于有效提取间隙微分信号的同时能够抑制高频噪声的放大作用。图 8-16 所示为基于间隙微分信号重构的加速度传感器故障容错控制结构。间隙信号经过跟踪微分器处理后可以得到两路输出,分别是对间隙信号的滤波值与微分值,其中微分输出作为加速度积分信号的备用信号。正常情况下,选择悬浮加速度积分来计算控制量,当故障检测单元检测到加速度传感器出现故障时,该路信号被切换到由跟踪微分器得到的备用信号上。

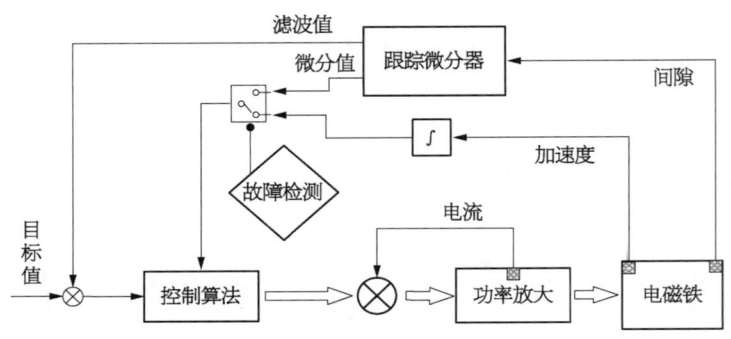

图 8-16 加速度传感器故障容错控制结构

8.5.2 单间隙传感器故障情况下悬浮间隙信号重构方法

悬浮系统中集成了加速度传感器,可以利用加速度二次积分等于位移增量的关系来对悬浮间隙信号进行重构。设加速度传感器信号为 $a(t)$,则可得到重构后的悬浮间隙信号为

$$\hat{z}_{rcf}(t) = \int_0^t \int_0^t a(t) \mathrm{d}t \mathrm{d}t \tag{8-40}$$

理想情况下,式(8-40)可以对悬浮间隙增量进行准确重构。考虑到加速度传感器作为加速度测量传感器不可避免地存在测量误差,假定加速度信号中不仅包含真实加速度值 $a_{real}(t)$,还存在固定量测偏差 ε,即 $a(t) = a_{real}(t) + \varepsilon$,那么基于式(8-40)的悬浮间隙信号重构值则为

$$\hat{z}_{rcf}(t) = \int_0^t \int_0^t a(t) \mathrm{d}t \mathrm{d}t = \int_0^t \int_0^t a_{\mathrm{real}}(t) \mathrm{d}t \mathrm{d}t + \int_0^t \int_0^t \varepsilon \mathrm{d}t \mathrm{d}t \qquad (8-41)$$

在式(8-41)中,对测量误差 ε 的二重积分可以使得该误差值迅速增加,影响重构信号的质量,因此需要对该重构值进行修正。

在磁悬浮系统中,平衡点电流与平衡点悬浮间隙密切相关。大电流使悬浮间隙减小,小电流使悬浮间隙增大。如果加速度传感器信号存在正误差,则加速度传感器信号的二重积分大于实际悬浮间隙。为了进行补偿,可以利用两个单点悬浮子系统的电流差将控制输出降低到适当的程度。考虑到这一点,不失一般性针对♯1悬浮点提出了一种改进的信号重构方法:

$$\hat{z}'_{rcf}(t) = \int_0^t \int_0^t a_1(t) \mathrm{d}t \mathrm{d}t - k_{\mathrm{cmp}}(i_1(t) - i_2(t)) \mathrm{d}t \qquad (8-42)$$

式中, k_{cmp} 为间隙重构信号的补偿系数。对于♯2悬浮点的间隙信号重构,也可以使用同样的方法。

针对单间隙传感器故障过轨道接缝问题得到的基于间隙信号重构的容错控制方案,同样可以表示为图8-16所示形式。在正常情况下,间隙传感器信号直接作为反馈,当检测到故障时,使用重构后的间隙信号代替。其中,故障检测可通过基于观测器的方法完成。此外,目前传感器具有简单故障自检测的能力,检测结果可以传送给控制器,因此也可以根据传感器自检测结果来做出传感器信号与重构信号之间的切换。

8.5.3 基于信号重构的传感器故障容错控制仿真

在高速磁浮轨道中,不可避免地会出现轨道接缝(图8-17)。当悬浮间隙传感器面对轨道接缝时,悬浮间隙传感器会输出其最大值,即 20 mm。考虑所示悬浮传感器配置,在高速磁浮列车悬浮系统中,每台控制器机箱对应两个间隙传感器,这两支间隙传感器沿轨道方向一前一后布置在电磁铁模块上。同一时刻,仅有一支间隙传感器面对接缝,因此在系统正常的情况下轨道接缝不会对悬浮系统产生影响,即任意时刻总有一个传感器可以反馈真实的悬浮间隙值。设左侧单点悬浮子系统对应的两个悬浮间隙传感器信号分别为 s_{11}、s_{12},右侧单点悬浮子系统对应的两个悬浮间隙传感器信号分别为 s_{21}、s_{22},两侧经过间隙选择算法得到的综合间隙值分别为 s_1、s_2。对每个单点悬浮子系统而言,通常采用的间隙信号选择算法为

$$s_j = \begin{cases} \dfrac{(s_{j1} + s_{j2})}{2} & (|s_{j1} - s_{j2}| \leqslant 2) \\ \min\{s_{j1}, s_{j2}\} & (|s_{j1} - s_{j2}| > 2) \end{cases}, j \in \{1, 2\} \qquad (8-43)$$

式中,min( )函数表示求两个输入变量的最小值。该算法逻辑是两个间隙传感器并排嵌入电磁铁的上表面,理想情况下,这两个传感器的输出应该是相同的。考虑到电磁铁的变

形和俯仰运动，两个传感器之间可能存在微小的差异。选择此差异的最大值作为阈值。当两个传感器的差值大于这个阈值时，就认为出现一个轨道接缝，此时选择数值较小的间隙传感器作为间隙信号。通过对间隙传感器试验数据的检验，可以得出当没有轨道接头时，两个间隙传感器的差值不大于 2 mm 的结论。因此，根据经验阈值选择为 2 mm。根据式(8-43)所示的间隙信号选择算法，当两个间隙传感器中的一个出现故障，比如其输出值卡死在 20 mm 时，此时的综合间隙值等于其中一个间隙传感器的值，这样就无法应对轨道接缝带来的问题。

图 8-17 高速磁浮轨道接缝

首先，通过仿真说明单个间隙传感器故障对于磁浮列车过轨道接缝的影响。仿真开始后，电磁铁稳定悬浮在目标间隙值 $\delta_0 = 12$ mm 处。然后假设单间隙传感器故障发生在 $t=10$ s，此时由两个间隙传感器信号得到的综合间隙等于正常工作的传感器信号。为了模拟故障和轨道接缝，从 $t=10$ s 开始，间隙传感器信号 s_{12} 设置为 20 mm，并在间隙传感器信号 s_{11} 中添加一个幅值为 20 mm、持续时间为 0.015 s 的脉冲（相当于列车以 20 km/h 的速度移动）。此过程中的故障响应如图 8-18 所示。其中，图 8-18a 是两侧真实的悬浮间隙。可以看出，由于轨道接缝的影响，在此过程中悬浮间隙减小了约 4 mm。图 8-18b 所示为此过程中根据式(8-43)得到的左右两侧综合间隙值，当出现轨道接缝时，左侧综合间隙信号中出现了向上的脉冲，该脉冲会误导控制器认为电磁铁在下降，因此会施加较大的输出电压并产生较大的电流（图 8-18c），从而使得电磁铁向上移动。

接下来对单间隙传感器故障情况下的信号重构处理方法进行仿真分析。首先采用间隙信号重构方法(8-40)，得到的系统响应如图 8-19 所示。然后采用修正后的间隙信号重构方法(8-42)，得到的系统响应如图 8-20 所示。

对于信号重构(8-40)，图 8-19d 中重构后间隙信号的波动幅度与图 8-18b 中的原始间隙传感器信号相比较小。在理想情况下，不会有这样的波动；出现该波动的原因是由于加速度信号偏差的双重积分使得重构后的间隙信号与真实间隙信号存在偏差。可以看出，在随后的动态响应中该波动振幅正在迅速减小，最终悬浮间隙恢复到平衡值。在此过程中，悬浮间隙的波动幅度最大为 0.9 mm（图 8-19a），小于图 8-18a。

对于修正的间隙信号重构(8-42)，重构后的间隙信号波动幅度减小到 0.8 mm（图 8-20d），在此过程中，悬浮间隙的波动幅度最大为 0.2 mm（图 8-20a），修正后的间隙信号重构方法具有更好的效果。

第 8 章 高速磁浮列车悬浮系统容错控制

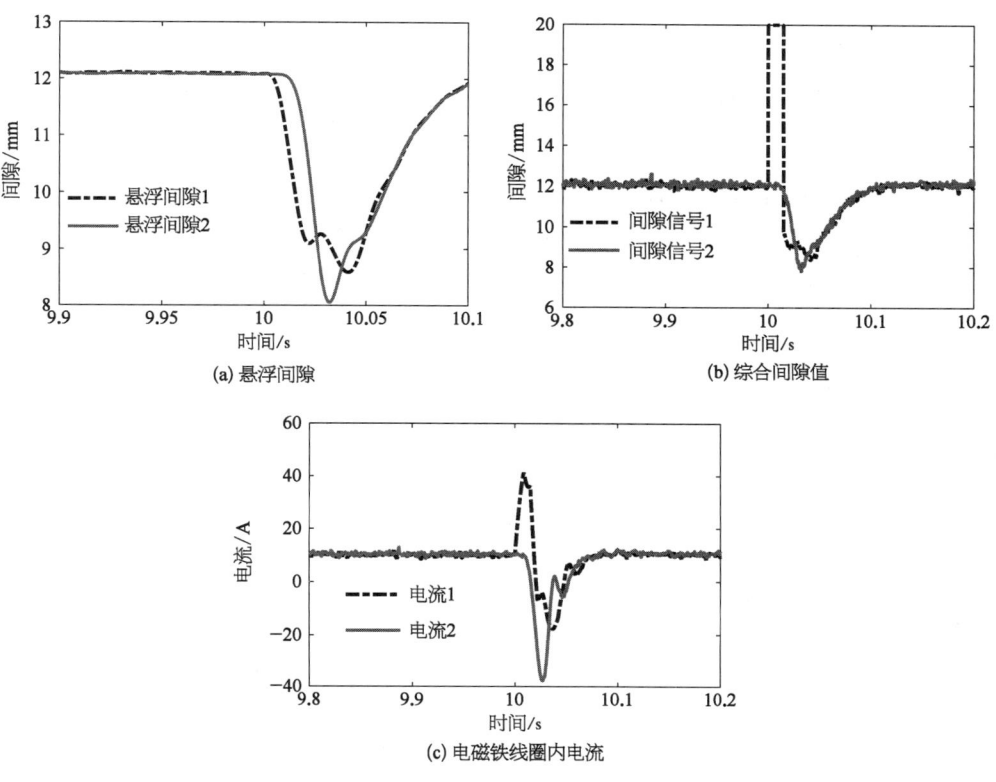

图 8-18 单间隙传感器故障过轨道接缝时悬浮系统响应

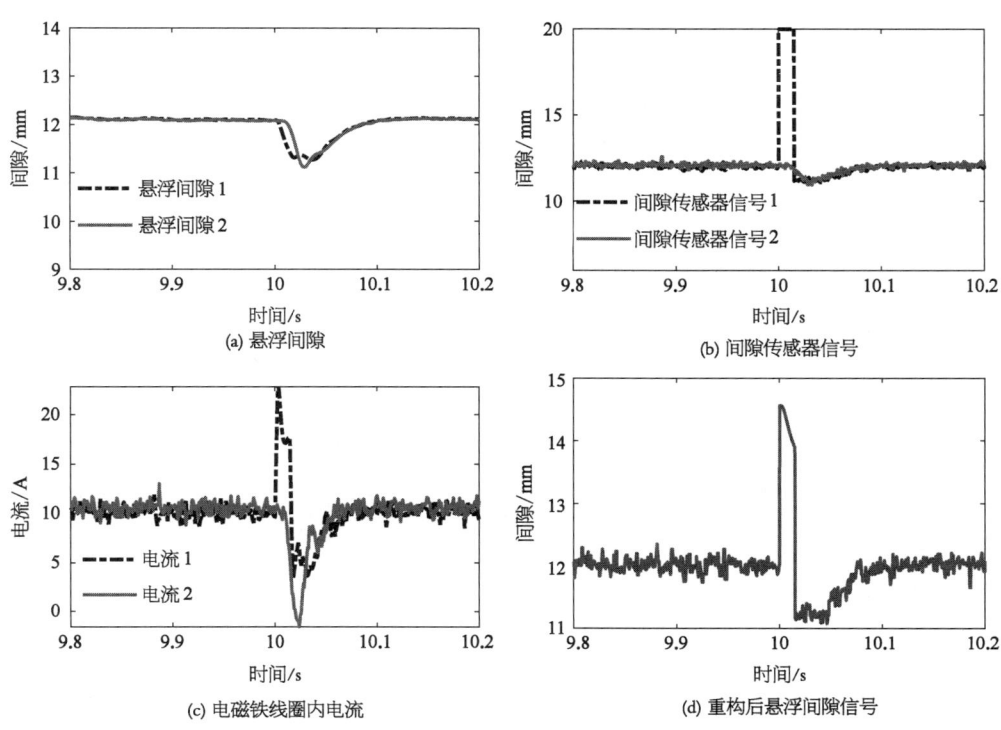

图 8-19 间隙信号重构算法下列车过轨道接缝时悬浮系统响应

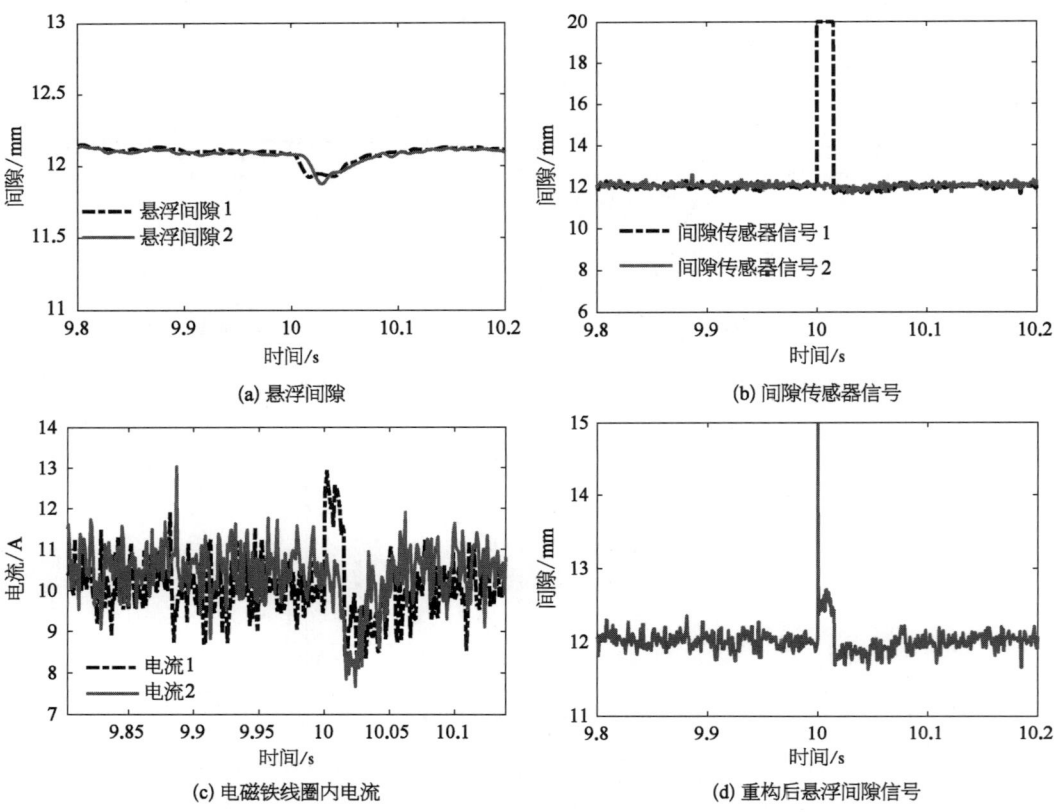

图 8-20 改进的间隙信号重构算法下列车过轨道接缝时悬浮系统响应

8.6 基于搭接悬浮结构的主动容错控制

由于不同的故障等效于系统处于不同的模型状态,因此可以事先离线设计不同模型状态下的控制律。故障发生后,由故障诊断系统识别出系统所处的模型状态,快速切换到新的控制律,实现容错。基于切换策略的主动容错控制(常简称"切换控制")方法的基本原理是:如果针对每一个不同的故障模型,相应的单个控制律能使系统稳定,那么当控制律从一个故障模型切换到另一个故障模型时,系统仍然能保持稳定,只不过在切换中有较短时间的震颤。

8.6.1 悬浮搭接结构单点故障时的数学模型

悬浮过程中,搭接结构的两个悬浮点如果一点突然发生故障,另一点必须要承担故障点的悬浮作用。这里假定搭接结构上的左侧悬浮点在工作过程中突然完全失效,则故障后对象模型为

$$\left.\begin{aligned} m\ddot{z}_l &= mg - k \cdot (z_l - z_r) + f_l + f_{dl} \\ m\ddot{z}_r &= mg - C \cdot \frac{i_r^2}{z_r^2} + k \cdot (z_l - z_r) + f_r + f_{dr} \\ u_r &= R \cdot i_r + \frac{2C}{z_r} \cdot \dot{i}_r - \frac{2C \cdot i_r}{z_r^2} \cdot \dot{z}_r \end{aligned}\right\} \quad (8-44)$$

即

$$\left.\begin{aligned} m\ddot{z}_r &= 2 \cdot mg - C \cdot \frac{i_r^2}{z_r^2} + f_r + f_l + f_{dr} + f_{dl} - m\ddot{z}_l \\ u_r &= R \cdot i_r + \frac{2C}{z_{r0}} \cdot \dot{i}_r - \frac{2C \cdot i_{r0}}{z_{r0}^2} \cdot \dot{z}_r \end{aligned}\right\} \quad (8-45)$$

为了便于表达,在对系统进行线性化时,直接用状态量表示状态的增量(如用 z_r 表示 Δz_r),且假设负载变化量 $\Delta f_l = 0$、$\Delta f_r = 0$。在系统的平衡点附近将上式线性化可得

$$\left.\begin{aligned} \ddot{z}_r &= -\frac{2Ci_0}{mz_0^2}i_r + \frac{2Ci_0^2}{mz_0^3}z_r + \frac{1}{m}f_{dr} + \frac{1}{m}f_{dl} - \ddot{z}_l \\ u_r &= R \cdot i_r + \frac{2C}{z_{r0}} \cdot \dot{i}_r - \frac{2C \cdot i_{r0}}{z_{r0}^2} \cdot \dot{z}_r \end{aligned}\right\} \quad (8-46)$$

定义状态变量 $\boldsymbol{X}_g = (x_1 \quad x_2 \quad x_3)^{\mathrm{T}}$,其中 $x_1 = z_r$、$x_2 = \dot{z}_r$、$x_3 = i_r$,定义输出变量 $Y_g = z_r$、控制变量 $U_g = u_r$,由此可得系统的状态方程如下:

$$\left.\begin{aligned} \dot{x}_1 &= x_2 \\ \dot{x}_2 &= \frac{2Ci_0^2}{mz_0^3}x_1 - \frac{2Ci_0}{mz_0^2}x_3 + \frac{1}{m}f_{dr} + \frac{1}{m}f_{dl} - \ddot{z}_l \\ \dot{x}_3 &= \frac{i_0}{z_0}x_2 - \frac{Rz_0}{2C}x_3 + \frac{z_0}{2C}u_1 \end{aligned}\right\} \quad (8-47)$$

将系统写成状态空间的形式:

$$\left.\begin{aligned} \dot{\boldsymbol{X}}_g &= \boldsymbol{A}_g \boldsymbol{X}_g + \boldsymbol{B}_g \boldsymbol{U}_g + \boldsymbol{E}_g \boldsymbol{Z}_g \\ \boldsymbol{Y}_g &= \boldsymbol{C}_g \boldsymbol{X}_g \end{aligned}\right\} \quad (8-48)$$

其中

$$\left.\begin{aligned}
\boldsymbol{A}_g &= \begin{bmatrix} 0 & 1 & 0 \\ \dfrac{2Ci_0^2}{mz_0^3} & 0 & -\dfrac{2Ci_0}{mz_0^2} \\ 0 & \dfrac{i_0}{z_0} & -\dfrac{Rz_0}{2C} \end{bmatrix} \\
\boldsymbol{B}_g &= \begin{bmatrix} 0 \\ 0 \\ \dfrac{z_0}{2C} \end{bmatrix}, \quad \boldsymbol{E}_g = \begin{bmatrix} 0 & 0 & 0 \\ \dfrac{1}{m} & \dfrac{1}{m} & -1 \\ 0 & 0 & 0 \end{bmatrix}, \quad \boldsymbol{Z}_g = \begin{bmatrix} f_{dr} \\ f_{dl} \\ \ddot{z}_l \end{bmatrix} \\
\boldsymbol{C}_g &= \begin{bmatrix} 1 & 0 & 0 \end{bmatrix}
\end{aligned}\right\} \quad (8-49)$$

8.6.2 容错控制器设计

由经典控制理论可知，引进间隙偏差积分反馈可以消除常值负载和常值参考输入下的静差。因此，先引进间隙偏差信号：

$$e(t) = z(t) - z_i = \boldsymbol{D}_g \boldsymbol{X}_g - z_i \qquad (8-50)$$

式中，z_i 为设定间隙。

再引进新的状态变量 $\theta(t)$，满足

$$\theta(t) = \int_0^t (\boldsymbol{D}_g \boldsymbol{X}_g - z_i) \mathrm{d}\tau \qquad (8-51)$$

改写成微分方程形式：

$$\dot{\theta}(t) = e(t) = \boldsymbol{D}_g \boldsymbol{X}_g - z_i \quad (\text{初值 } \theta(0) = 0) \qquad (8-52)$$

把它和原对象方程及其输出方程相结合，得到新的增广状态方程：

$$\left.\begin{aligned}
\begin{bmatrix} \dot{\boldsymbol{X}}_g \\ \dot{\theta} \end{bmatrix} &= \begin{bmatrix} \boldsymbol{A}_g & 0 \\ \boldsymbol{D}_g & 0 \end{bmatrix} \begin{bmatrix} \boldsymbol{X}_g \\ \theta \end{bmatrix} + \begin{bmatrix} \boldsymbol{B}_g \\ 0 \end{bmatrix} \boldsymbol{U}_g + \begin{bmatrix} \boldsymbol{E}_g \\ 0 \end{bmatrix} \boldsymbol{Z}_g \\
\boldsymbol{Y}_g &= \begin{bmatrix} \boldsymbol{C}_g & 0 \end{bmatrix} \begin{bmatrix} \boldsymbol{X}_g \\ \theta \end{bmatrix}
\end{aligned}\right\} \quad (8-53)$$

上式可以改写成

$$\left.\begin{aligned}
\dot{\boldsymbol{X}}'_g &= \boldsymbol{A}'_g \boldsymbol{X}'_g + \boldsymbol{B}'_g \boldsymbol{U}_g + \boldsymbol{E}'_g \boldsymbol{Z}_g \\
\boldsymbol{Y}_g &= \boldsymbol{C}'_g \boldsymbol{X}'_g
\end{aligned}\right\} \quad (8-54)$$

试选状态变量加权阵 $\boldsymbol{Q} = diag[q_1 \quad q_2 \quad q_3 \quad q_4]$，$q_1$、$q_2$、$q_3$、$q_4$ 分别对右侧电磁铁间隙偏移、速度、电流、间隙偏差积分加权，输入变量加权阵 $\boldsymbol{R} = r_1$。

将 Q、R 代入 Riccati 代数方程 $A^TP + PA - PBR^{-1}B^TP + Q = 0$，可以解得矩阵 $P(t)$。进而得到在此性能指标下的最优状态反馈增益矩阵：

$$K' = R^{-1}B^TP(t) \tag{8-55}$$

对于右侧电磁铁出现故障的情况，可以用同样的方法设计容错控制律。

8.6.3 搭接结构故障仿真与试验

分别假设以下几种情况，检验控制器性能。检验测试项目见表 8-1。

表 8-1 检验测试项目

序 号	故 障 状 态	仿 真 条 件
1	两侧悬浮点均正常工作	起浮
2		左侧电磁铁加 10 kN 阶跃干扰力
3		右侧电磁铁加 10 kN 阶跃干扰力
4	左侧悬浮点完全失效	左侧悬浮点突然失效
5		左侧电磁铁加 10 kN 阶跃干扰力
6		右侧电磁铁加 10 kN 阶跃干扰力
7		右侧间隙测量通道加 2 mm 阶跃干扰

1）两侧悬浮点均正常工作仿真

搭接结构无故障发生时，起浮阶段仿真曲线如图 8-21 所示。

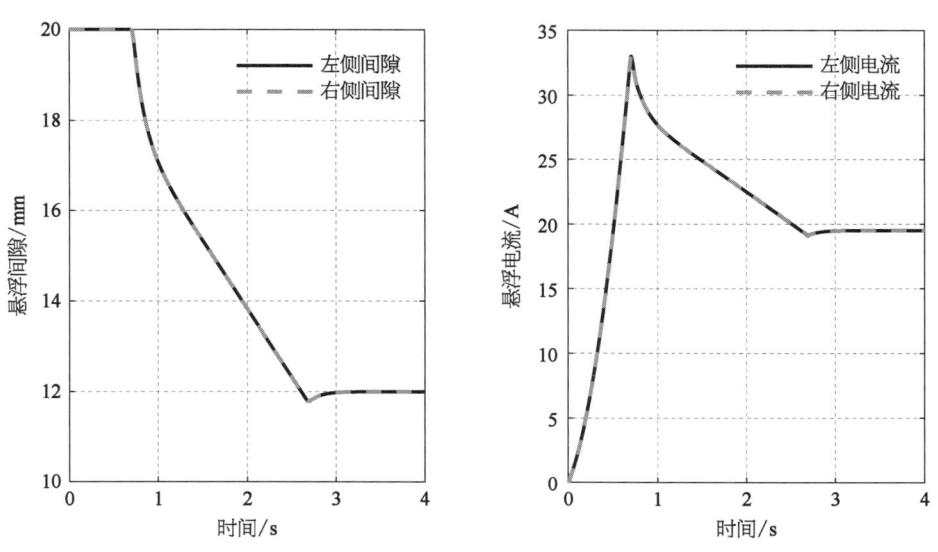

图 8-21 起浮阶段悬浮点电流、间隙变化曲线

对搭接结构中左侧电磁铁加 10 kN 阶跃干扰力,持续 3 s,电磁铁响应曲线如图 8-22 所示。

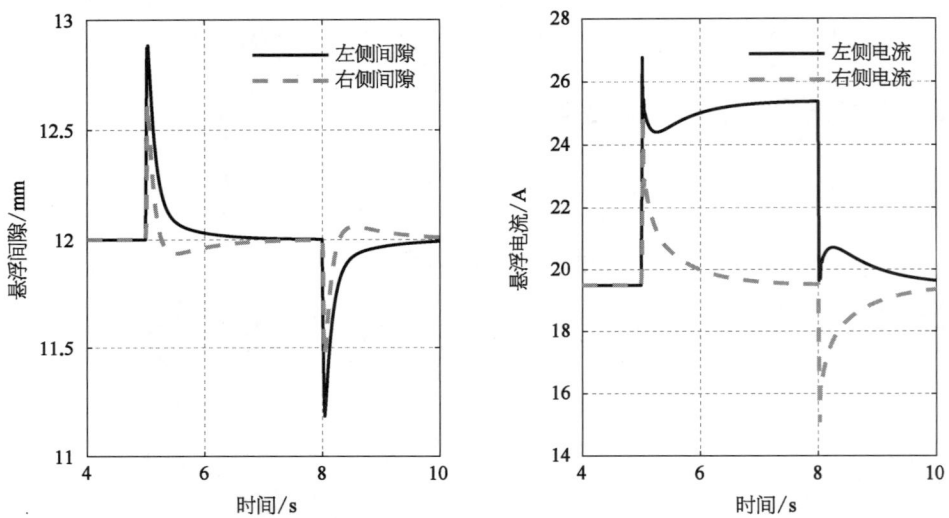

图 8-22　左侧电磁铁加 10 kN 阶跃干扰力,电流、间隙变化曲线

对搭接结构中右侧电磁铁加 10 kN 阶跃干扰力,持续 3 s,电磁铁响应曲线如图 8-23 所示。

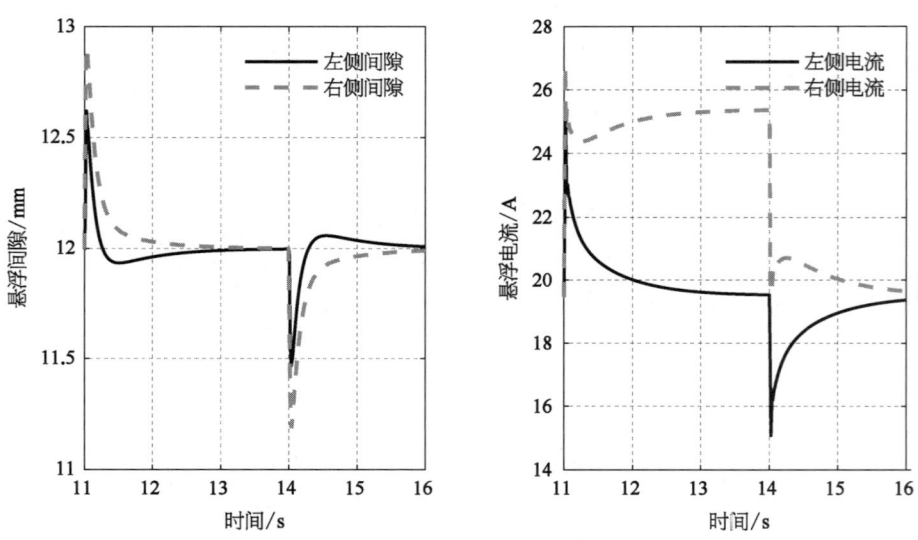

图 8-23　右侧电磁铁加 10 kN 阶跃干扰力,电流、间隙变化曲线

2) 左侧悬浮点完全失效仿真

悬浮过程中,假定搭接结构上的左侧悬浮点在工作过程中突然发生故障(完全失效),此时悬浮电磁铁电流、间隙变化情况的仿真曲线如图 8-24 所示。

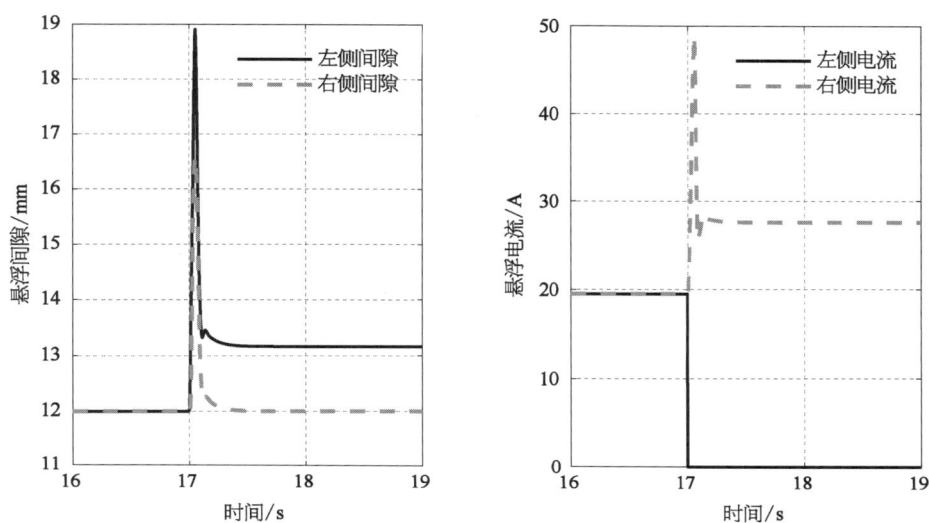

图 8-24　左侧悬浮点完全失效时,电流、间隙变化曲线

假定搭接结构左侧悬浮点已发生故障,且左侧悬浮点受到 10 kN 阶跃干扰力,持续 3 s。此时悬浮点电流、间隙变化情况的仿真曲线如图 8-25 所示。

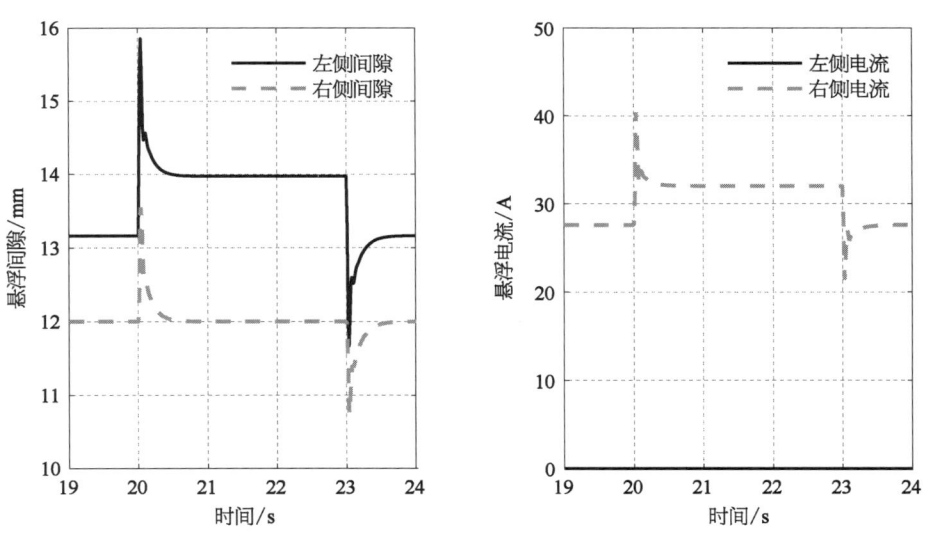

图 8-25　左侧悬浮点受到 10 kN 阶跃干扰力,悬浮点电流、间隙变化曲线

假定搭接结构左侧悬浮点已发生故障，且右侧悬浮点受到 10 kN 阶跃干扰力，持续 3 s。此时悬浮点电流、间隙变化情况的仿真曲线如图 8-26 所示。

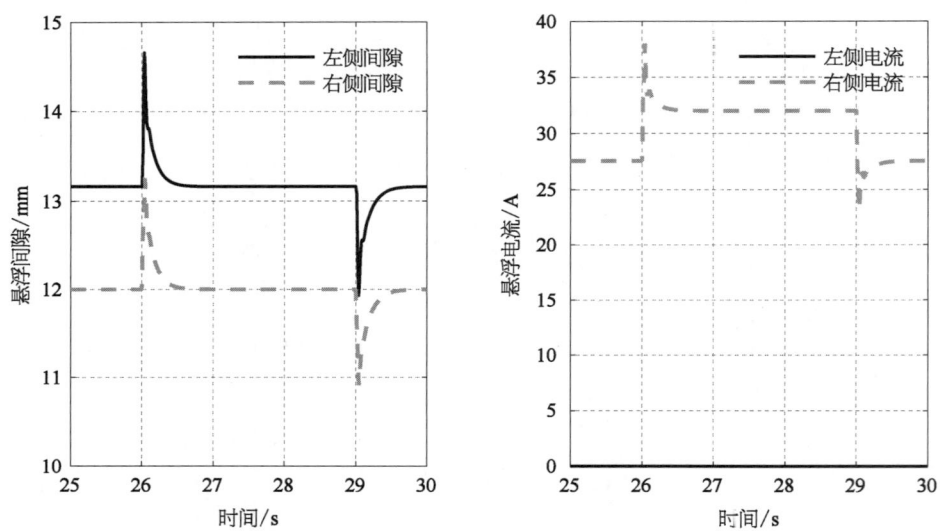

图 8-26　右侧悬浮点受到 10 kN 阶跃干扰力，悬浮点电流、间隙变化曲线

假定搭接结构左侧悬浮点已发生故障，且右侧悬浮点传感器间隙测量通道受到幅值 2 mm 阶跃干扰，持续 3 s。此时悬浮点电流、间隙变化情况的仿真曲线如图 8-27 所示。

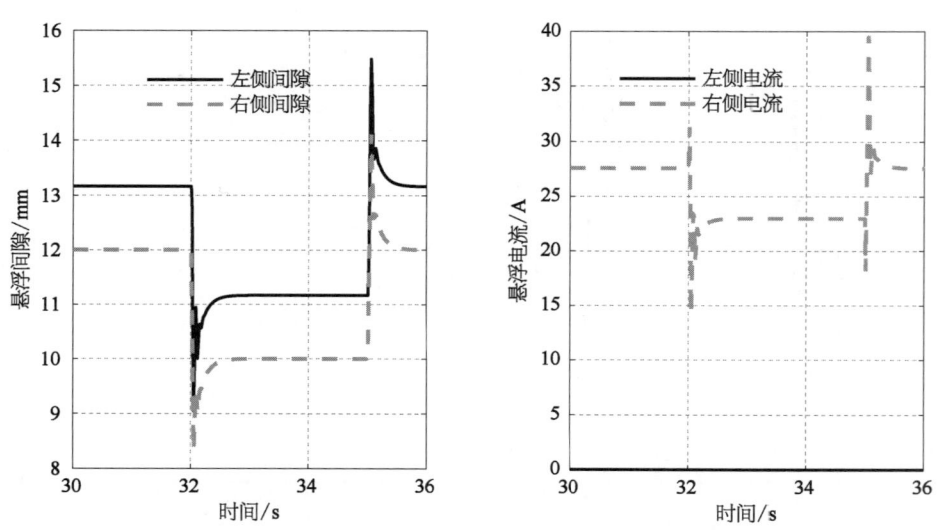

图 8-27　右侧间隙测量通道加 2 mm 阶跃干扰，悬浮点电流、间隙变化曲线

仿真表明，根据控制律切换方法设计的控制器不仅能够保证磁浮列车悬浮搭接结构无悬浮点故障时的稳定悬浮，而且当搭接结构的一个悬浮点完全失效的情况下，另外一个完好的悬浮点完全可以承担该故障点的负载，并具有抗干扰能力，从而增加了列车的安全性和可靠性。

3) 左侧悬浮点完全失效试验验证

为验证系统的容错性能，在高速磁浮列车试验现场(图8-28)以搭接结构为对象进行故障测试。测试条件为：在正常悬浮状态下关闭搭接点中一个悬浮点输出电流，模拟单侧悬浮系统严重故障。

图8-28 高速磁浮列车试验现场

测试结果如图8-29所示，由图可见在故障发生瞬间两侧间隙有较大波动，后逐渐收敛，悬浮系统恢复稳定。动态调节过程中系统平稳，达到容错的要求。

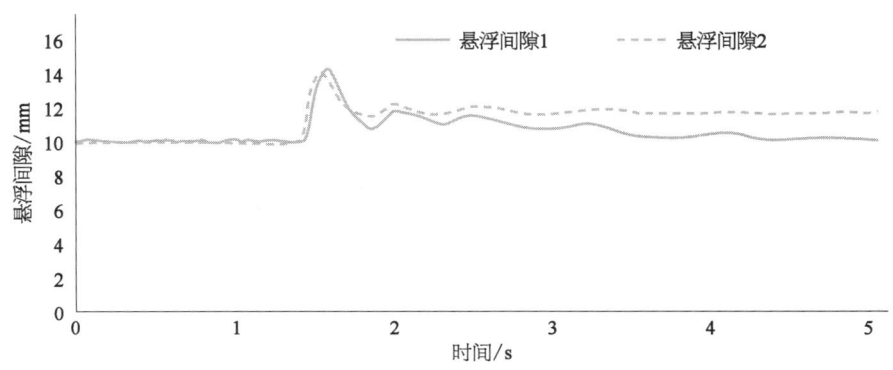

图8-29 搭接结构悬浮系统容错性能测试

参 考 文 献

[1] Sinha P K. Electronmagnetically suspension dynamics control[M]. London：Peter Peregrinus Ltd.，1987.

[2] 正田英介,藤江恂治,加藤纯郎. 磁气浮上铁道の技术[M]. [S. l.]：日本オーム社，1992.

[3] 常文森. 磁浮列车：最新研究趋势[J]. 科学,1993,33(6)：34-36.

[4] 连级三. 磁浮列车原理及技术特征[J]. 电力机车技术,2001(3)：23-26.

[5] 常文森. 磁浮列车技术发展与自动控制[C]. 第22届中国控制会议论文集(大会报告),2003：27-30.

[6] 严陆光. 关于中国高速磁悬浮列车发展战略的思考[J]. 中国工程科学,2002(12)：40-46.

[7] 吴祥明. 磁浮列车[M]. 上海：上海科学技术出版社,2003.

[8] 周庆瑞,金锋. 新型城市轨道交通[M]. 北京：中国铁道出版社,2005.

[9] 魏积朝,孔永健,时瑾. 磁悬浮铁路系统与技术[M]. 2版. 北京：中国科学技术出版社,2010.

[10] Liu Zhigang, Long Zhiqiang, Li Xiaolong. Maglev trains[M]. Berlin：Springer,2015.

[11] 杨新斌. 中低速磁浮交通技术[M]. 上海：同济大学出版社,2017.

[12] 谢海林. 中低速磁浮交通系统工程化应用[M]. 北京：中国铁道出版社,2018.

[13] 钱清泉,高仕斌. 中低速磁浮交通发展战略研究[M]. 成都：西南交通大学出版社,2019.

[14] 胡业发,王晓光,宋春生. 磁悬浮智能支撑[M]. 武汉：华中科技大学出版社,2021.

[15] 胡叙洪,伍卫凡. 磁悬浮交通技术与发展[M]. 北京：中国铁道出版社,2021.

[16] 张昆仑. 高速磁浮铁路技术[M]. 北京：中国铁道出版社,2021.

[17] 丁叁叁,等. 时速600公里高速磁浮交通系统[M]. 上海：上海科学技术出版社,2022.

[18] 龙志强,李晓龙,程虎,等. 永磁电磁悬浮技术及应用研究[M]. 上海：上海科学技术出版社,2023.

[19] 周晓明. 长沙磁浮快线建设管理实践[M]. 上海：上海科学技术出版社,2023.

[20] 龙志强,周晓斌. 永磁式磁悬浮列车系统研究[J]. 机车电传动,1996,36(3)：7-11.

[21] Masaaki Fujino. The overall running test of HSST-100 and the engineering of eastern hillside line in Nagoya[C]//Proceedings of the Maglev'2000, 2000：

35-39.

[22] Manfred Wackers. The transrapid superspeed maglev technology-system characteristics and market potential[C]//Proceedings of the Maglev'2006, 2006: 80-85.

[23] Eckert Fritz. Availability and punctuality analysis for the Shanghai Transrapid [C]//Proceedings of the Maglev'2008, 2008: 9-13.

[24] Tejima Y, Liu ZhiRong. Commercialization of HSST, an access line of for the 2005 world exposition in Aichi, Japan[J]. Converter Technology and Electric Traction, 2005, 3(1): 50-52.

[25] Yoshihide Yasuda, Masaaki Fujino, Masao Tanaka, et al. The first HSST maglev commercial train in Japan[C]//Proceedings of the Maglev'2004, 2004: 76-85.

[26] Osamu Fujiwara. Environment impact assessment on the Tobu-Kyuryo-Line (Hsst System) in Japan[C]//Proceedings of the Maglev'2004, 2004: 632-635.

[27] Noriyuki Shirakuni, Motoaki Terai, Katsutoshi Watanabe. The status of development and running tests of superconducting maglev[C]//Proceedings of Maglev'2006, 2006: 4-9.

[28] Sam Gurol, Bob Baldi. General atomics urban maglev program status[C]// Proceedings of the Maglev'2006, 2006: 44-47.

[29] Richard Thornton, Tracy Clark, Brian Perreault, et al. An M3 maglev system for old dominion university[C]//Proceedings of the Maglev'2008, 2008: 29-41.

[30] Cho, Hung-je, et al. Maglev program in Korea[C]//Proceedings of the Maglev'2002, 2002: 18-23.

[31] 王平,梅子,龙志强.基于改进典型相关分析的中低速悬浮系统异常检测方法[J].同济大学学报(自然科学版),2022,50(2):241-252.

[32] 王平,梅子,龙志强.基于超球体高斯分布的悬浮系统异常检测[J].机车电传动, 2021(6):9-17.

[33] 胡姣姣,王晓峰,张萌,等.基于深度学习的时间序列数据异常检测方法[J].信息与控制,2019,48(1):1-8.

[34] 韩昭蓉,黄廷磊,任文娟,等.基于Bi-LSTM模型的轨迹异常点检测算法[J].雷达学报,2019,8(1):36-43.

[35] Zhou X, Hu Y, Liang W, et al. Variational LSTM enhanced anomaly detection for industrial big data[J]. IEEE Transactions on Industrial Informatics, 2021, 17(5): 3469-3477.

[36] 龙志强,吕治国,常文森.基于模糊故障树的磁浮列车悬浮系统故障诊断[J].控制与决策,2004,19(2):139-142.

[37] Ding S X, Yin S, Peng K, et al. A novel scheme for key performance indicator prediction and diagnosis with application to an industrial hotstrip mill[J]. IEEE Trans. Ind. Informat, 2013, 9(4): 2239-2247.

[38] Luo H, Yang X, Krueger M, et al. A plug-and play monitoring and control architecture for disturbance compensation in rolling mills[J]. IEEE/ASME

Transactions on Mechatronics, 2018, 23(1): 200 – 210.

[39] Xu Y, Ding S X, Luo H, et al. A real-time performance recovery framework for vision-based control systems[J]. IEEE Transactions on Industrial Electronics, 2020, 68(2): 1571 – 1580.

[40] Zhang Y, Yang Y, Ding S X, et al. Data-driven design and optimization of feedback control systems for industrial applications[J]. IEEE Transactions on Industrial Electronics, 2014, 61(11): 6409 – 6417.

[41] Yin S, Luo H, Ding S X. Real-time implementation of fault tolerant control systems with performance optimization[J]. IEEE Transactions on Industrial Electronics, 2014, 61(5): 2402 – 2411.

[42] Wang Z, Long Z, Li X. Levitation control of permanent magnet electromagnetic hybrid suspension maglev train[J]. Proceedings of the Institution of Mechanical Engineers, Part I: Journal of Systems and Control Engineering, 2018, 232(3): 315 – 323.

[43] 宋伟. 广州地铁1号线故障诊断系统研究[D]. 北京：北京交通大学, 2008.

[44] 黄采伦, 樊晓平, 陈特放. 列车故障在线诊断技术及应用[M]. 北京：国防工业出版社, 2006.

[45] 邱浩, 王道波, 张焕春. 控制系统的故障诊断方法综述[J]. 航天控制, 2004, 22(2): 53 – 56.

[46] 李令莱, 周东华. 基于解析模型的非线性系统鲁棒故障诊断综述[J]. 信息与控制, 2004, 33(4): 457 – 462.

[47] 周东华. 国内动态系统故障诊断技术的一些最新进展[J]. 自动化博览, 2007, 24(5): 16 – 18.

[48] 龙志强, 吕治国, 常文森. 基于模糊故障树的磁浮列车悬浮系统故障诊断[J]. 控制与决策, 2004, 19(2): 139 – 142.

[49] 闻新, 张洪钺, 周露. 控制系统的故障诊断和容错控制[M]. 北京：机械工业出版社, 1998.

[50] 龙志强, 徐昕, 蔡楹. 基于分布估计算法的磁浮列车故障综合评判[J]. 控制与决策, 2009, 24(4): 551 – 556.

[51] 周东华, 孙优贤. 控制系统的故障检测与诊断技术[M]. 北京：清华大学出版社, 1994.

[52] 张育林, 李东旭. 动态系统故障诊断理论与应用[M]. 长沙：国防科技大学出版社, 1997.

[53] 萧德云, 李渭华, 方崇智. 一种适用于故障检测的归一化滑动窗格协方差格形滤波器[J]. 控制理论与应用, 1995, 12(2): 230 – 235.

[54] 李渭华, 萧德云, 方崇智. 一种基于自适应滑动窗格滤波算法的故障检测器[J]. 自动化学报, 1996, 22(2): 251 – 253.

[55] 萧德云, 李渭华. 双通道自适应lattice滤波器及其在故障检测中的应用[J]. 控制与决策, 1998, 13(3): 277 – 280.

[56] 叶昊,王桂增,方崇智. 小波变换在故障检测中的应用[J]. 自动化学报,1997,23(6):736-741.

[57] 叶昊,王桂增,方崇智,等. 一种基于小波变换的导弹运输车辆故障诊断方法[J]. 自动化学报,1998,24(3):1-30.

[58] 周小勇,叶银忠. 小波分析在故障诊断中的应用[J]. 控制工程,2006,13(1):70-73.

[59] 文成林,胡静,王天真,等. 相对主元分析及其在数据压缩和故障诊断中的应用研究[J]. 自动化学报,2008,34(9):1128-1139.

[60] 张爱玲,张文英,张瑞金. 控制系统故障检测与诊断技术的最新进展[J]. 系统工程与电子技术,2007,29(4):659-664.

[61] 方培培,李永丽,杨晓军. Petri 网与专家系统结合的输电网络故障诊断方法[J]. 电力系统及其自动化学报,2005,17(2):26-30.

[62] 郑晓霞,钱峰. 动态系统故障诊断技术的研究与进展[J]. 化工自动化及仪表,2005,32(4):1-7.

[63] Li L L, Zhou D H. Fast and robust fault diagnosis for a class of nonlinear systems: detectability analysis[J]. Computers and Chemical Engineering, 2004, 18(12):2635-2646.

[64] Zhong Maiying, Steven X Ding, James Lam, et al. LMI approach to design robust fault detection filter for uncertain LTI systems[J]. Automatica, 2003, 39(3):543-550.

[65] Long Zhiqiang, Lv Zhiguo, Huan Shang, et al. Analysis and design in safeties and reliabilities of the suspension system of maglev train[C]//Proceeding of the 5 th WCICA, 2004:1819-1823.

[66] Long Z, Lu Z, Chen H, et al. Analysis of the reliabilities of maglev train power system with FTA method[C]//Fifth International Symposium on Instrumentation and Control Technology. SPIE, 2003(5253):1001-1005.

[67] 葛建华,孙优贤. 容错控制系统的分析与综合[M]. 杭州:浙江大学出版社,1994.

[68] 王福利,张颖伟. 容错控制[M]. 沈阳:东北大学出版社,2003.

[69] 王仲生. 智能容错技术及应用[M]. 北京:国防工业出版社,2002.

[70] 杨伟. 容错飞行控制系统[M]. 西安:西北工业大学出版社,2007.

[71] 张志洲,龙志强,常文森. 一类基于 T-S 模型的非线性系统模糊完整性控制[J]. 系统仿真学报,2008,20(3):631-634.

[72] 龙志强,洪华杰,周晓斌. 磁浮列车的非线性控制问题研究[J]. 控制理论与应用,2003,20(3):399-402.

[73] 周东华,Ding X. 容错控制理论及其应用[J]. 自动化学报,2000,26(6):788-797.

[74] 周东华,叶银忠. 现代故障诊断与容错控制[M]. 北京:清华大学出版社,2000.

[75] 韩京清. 自抗扰控制技术[M]. 北京:国防工业出版社,2008.

[76] 张文革,韩京清. 跟踪微分器用于零点配置[J]. 自动化学报,2001,27(5):724-727.

[77] 韩京清. 从 PID 技术到"自抗扰控制"技术[J]. 控制工程,2002,9(3):13-18.

[78] Konstantinos Michail, Argyrios Zolotas, Roger Goodall, et al. Fault tolerant

control for EMS systems with sensor failure[C]//17 th Mediterranean Conference on Control and Automation,2009:712-717.

[79] Sung H K, Lee S H, Bien Z. Design and implementation of a fault tolerant controller for EMS systems[J]. Mechatronics,2005(15):1253-1272.

[80] 葛彤,冯正平,朱继懋. 分段重构控制策略[J]. 自动化学报,2000,26(6):807-810.

[81] 郝阿明. 常导高速磁浮列车悬浮导向系统关键技术研究[D]. 长沙:国防科技大学,2008.

[82] Sung Ho Kyung, Kim D S, Cho H J, et al. Fault tolerant control of electromagnetic levitation system[C]//Proceedings of the Maglev 2004, 2004:676-689.

[83] Li Ming Hsiu. Fault tolerant control of homopolar magnetic bearings and circular sensor arrays[D]. Texas:Texas A&M University,2004.

[84] Xie Yunde, Long Zhiqiang, Li Jie. Research on new nonlinear discrete-time tracking-differentiator filtering characteristic[C]//Proceeding of the 7th WCICA, 2008:6750-6755.

[85] 龙志强,吕治国. 基于模糊综合评估的磁浮列车故障诊断系统[J]. 信息与控制,2004,33(2):227-230.

[86] 杨苹,杨俊华,吴捷. 变权重模糊综合评判模型及其在故障诊断中的应用[J]. 控制理论和应用,2000,17(5):707-710.

[87] 周静. 系统故障评估在电动车组中的应用[D]. 上海:上海铁道大学,1998.

[88] 周静,乌正康. 电动车组模糊多层次故障综合评估模型[J]. 上海铁道大学学报,1999,20(2):45-51.

[89] 崔文彬,吴贵涛,孙培廷. 基于FMEA和模糊综合评判的船舶安全评估[J]. 哈尔滨工程大学学报,2007,28(3):263-267.

[90] 周树德,孙增圻. 分布估计算法综述[J]. 自动化学报,2007,33(2):113-124.

[91] 王治东. 对EDA算法模型的改进和探讨[D]. 上海:上海交通大学,2005.

[92] 钟润添. 分布估计算法及其应用研究[D]. 合肥:中国科学技术大学,2006.